U0505534

财政部"十三五"规划教材
高等财经院校"十三五"精品系列教材

# 新制度经济学教程

崔宝敏　编著

# The Course of
# New Institutional Economics

JINGPIN XILIE JIAOCAI

中国财经出版传媒集团
经济科学出版社
Economic Science Press

**图书在版编目（CIP）数据**

新制度经济学教程/崔宝敏编著 . —北京：经济科学
出版社，2020.10（2024.7 重印）
高等财经院校"十三五"精品系列教材
ISBN 978 - 7 - 5218 - 1897 - 0

Ⅰ.①新…　Ⅱ.①崔…　Ⅲ.①新制度经济学 - 高等学校 -
教材　Ⅳ.①F091.8

中国版本图书馆 CIP 数据核字（2020）第 181292 号

责任编辑：于海汛　冯　蓉
责任校对：隗立娜
责任印制：李　鹏　范　艳

**新制度经济学教程**

崔宝敏　编著

经济科学出版社出版、发行　新华书店经销
社址：北京市海淀区阜成路甲 28 号　邮编：100142
总编部电话：010 - 88191217　发行部电话：010 - 88191522
网址：www. esp. com. cn
电子邮件：esp@ esp. com. cn
天猫网店：经济科学出版社旗舰店
网址：http：//jjkxcbs. tmall. com
北京密兴印刷有限公司印装
787×1092　16 开　12.25 印张　220000 字
2020 年 10 月第 1 版　2024 年 7 月第 2 次印刷
印数：1001—3000 册
ISBN 978 - 7 - 5218 - 1897 - 0　定价：32.00 元
（图书出现印装问题，本社负责调换。电话：010 - 88191510）
（版权所有　侵权必究　打击盗版　举报热线：010 - 88191661
QQ：2242791300　营销中心电话：010 - 88191537
电子邮箱：dbts@ esp. com. cn）

# 总　序

大学是研究和传授科学的殿堂，是教育新人成长的世界，是个体之间富有生命的交往，是学术勃发的世界。* 大学的本质在于把一群优秀的年轻人聚集一起，让他们的创新得以实现、才智得以施展、心灵得以涤荡，产生使他们终身受益的智慧。

大学要以人才培养和科学研究为己任，大学教育的意义在于它能够给人们一种精神资源，这一资源可以帮助学子们应对各种挑战，并发展和完善学子们的人格与才智，使他们经过大学的熏陶，学会思考、学会反省、学会做人。一所大学要培养出具有健全人格、自我发展能力、国际视野和竞争意识的人才，教材是实现培养目标的关键环节。没有优秀的教材，不可能有高质量的人才培养，不可能产生一流或特色鲜明的大学。大学教材应该是对学生学习的引领、探索的导向、心智的启迪。一本好的教材，既是教师的得力助手，又是学生的良师益友。

目前，中国的大学教育已从"精英型教育"走向"平民化教育"，上大学不再是少数人的专利。在这种情况下，如何保证教学质量的稳定与提升？教材建设的功能愈显重要。

为了全面提高教育教学质量，培养社会需要的、具有人文精神和科学素养的本科人才，山东财经大学启动了"十二五"精品教材建设工程。本工程以重点学科（专业）为基础，以精品课程教材建设为目标，集中全校优秀师资力量，编撰了高等财经院校"十二五"精品系列教材。

---

* 雅斯贝尔斯著，邹进译：《什么是教育》，生活·读书·新知三联书店1991年版，第150页。

本系列教材在编写中体现了以下特点:

1. 质量与特色并行。本系列教材从选题、立项,到编写、出版,每个环节都坚持"精品为先、质量第一、特色鲜明"的原则。严把质量关口,突出财经特色,树立品牌意识,建设精品教材。

2. 教学与科研相长。教材建设要充分体现科学研究的成果,科学研究要为教学实践服务,两者相得益彰,互为补充,共同提高。本系列教材汇集各领域最新教学与科研成果,对其进行提炼、吸收,体现了教学、科研相结合,有助于培养具有创新精神的大学生。

3. 借鉴与创新并举。任何一门学科都会随着时代的进步而不断发展。因此,本系列教材编写中始终坚持"借鉴与创新结合"的理念,舍其糟粕,取其精华。在中国经济改革实践基础上进行创新与探索,充分展示当今社会发展的新理论、新方法、新成果。

本系列教材是山东财经大学教学质量与教学改革建设的重要内容之一,适用于经济学、管理学及相关学科的本科教学。它凝聚了众多教授、专家多年教学的经验和心血,是大家共同合作的结晶。我们期望摆在读者面前的是一套优秀的精品教材。当然,由于我们的经验存在欠缺,教材中难免有不足之处,衷心期盼专家、学者及广大读者给予批评指正,以便再版时修改、完善。

山东财经大学教材建设委员会
2012 年 6 月

本书受到山东省高等学校青创人才引育计划"理论经济学研究型创新团队"的资助。

# 目　录

# 第一章

# 导　论

　　制度是新制度经济学的研究对象，首先我们先对"制度"这一概念作出界定和解释。了解一下什么是制度？制度的含义是什么？制度有哪些类型和形式？制度具有什么样的特征和作用等。

## 一、制度的含义

　　我们先来看制度经济学家如何界定制度的含义。尽管经济学中对制度这个概念的使用频率很高，但不同的流派甚至同一流派的不同经济学家给制度的定义也并不完全一致。在众多制度经济学家中，真正从一般意义上讨论制度含义的主要是旧制度经济学家凡勃伦、康芒斯和新制度经济学家诺斯和舒尔茨等。

　　旧制度学派的主要代表人物凡勃伦是最早给制度下过一般定义的人，凡勃伦说："制度实质上就是个人或社会对有关的某些关系或某些作用的一般思想习惯；而生活方式所由构成的是，在某一时期或社会发展的某一阶段通行的制度的综合，因此从心理学的方面来说，可以概括地把它说成是一种流行的精神态度或一种流行的生活理论。"[①]凡勃伦所谓的"一般思想习惯""流行的精神态度"无非是新制度经济学家所指的以非正式约束形式存在的制度。可见，在凡勃伦看来，制度无非是"指导"个人行为的各种非正式约束。他认为，制度是由人制定的规则，它起着规范人们行为的作用，抑制人际交往中可能

---

　　① 凡勃伦：《有闲阶级论》，商务印书馆 1964 年版，第 139 页。

出现的任意行为和机会主义行为。它告诉人们可以干什么，不可以干什么，它具有奖惩的作用，以使人们的行为变得可以预见，同时促进人们之间的合作与交往。

旧制度学派的另一代表人物康芒斯也对制度的含义进行了界定。他说："如果我们要找出一种普遍的原则，适用于一切所谓属于'制度'的行为，我们可以把制度解释为集体行动控制个体行动。集体行动的种类和范围很广，从无组织的习俗到那许多有组织的所谓的'运行中的机构'，例如家庭、公司、控股公司、同业协会、工会、联邦储备银行以及国家。大家所共有的原则或多或少是个体行动受集体行动的控制。"[1] 康芒斯认为，集体行动控制个体行动的手段是各种行为规则，它告诉人们能够、应该、必须做什么，或者相反。可见，在康芒斯看来，制度就是集体行动控制个人行动的一系列行为准则或规则。

尽管科斯对旧制度经济学批判得很厉害，声称它只是一把火就能烧掉的描述性材料而已，除此之外没有任何东西流传下来，然而旧制度经济学关于制度的内涵的界定显然还是有一定价值的，尤其是新制度经济学家舒尔茨和诺斯等就基本上继承了旧制度经济学家康芒斯的上述观点。

舒尔茨说："我将一种制度定义为一种行为规则，这些规则涉及社会、政治及经济行为。例如，它们包括管束结婚与离婚的规则，支配政治权力的配置与使用的宪法中所包含的规则，以及确立由市场资本主义或政府来分配资源与收入的规则。"[2] 这就是舒尔茨的规则论，制度是约束社会主体行为的一系列规则。

诺斯是新制度经济学家中给制度下定义最多的。在《经济史中的结构与变迁》一书中，他说："制度是一系列被制定出来的规则、守法秩序和行为道德、伦理规范，它旨在约束主体福利或效应最大化利益的个人行为。"[3] 在《制度、制度变迁与经济绩效》一书中诺斯又说："制度是一个社会的游戏规则，更规范地说，它们是为决定人们的相互关系而人为设定的一些制约。"[4] 尽管诺斯关于制度的界定不少，但只不过是文字表述方式不同而已，其实质都是一样的，即制度就是一种规范个人行为的规则，它是人类设计的、构建人们相互交易行为的约束条件或框架。

新制度经济学以及其他一些学者对制度也提出了各种定义。例

[1] 康芒斯：《制度经济学》，商务印书馆 1962 年版，第 87 页。
[2] 舒尔茨：《制度与人的经济机制的不断提高》，载《财产权利与制度变迁》，上海三联书店 1994 年版，第 253 页。
[3] 诺斯：《经济史中的结构与变迁》，上海三联书店 1994 年版，第 226 页。
[4] 诺斯：《制度、制度变迁与经济绩效》，上海三联书店 1994 年版，第 3 页。

如，安德鲁·斯考特在《社会制度的经济理论》中对制度给出了明确的界定，他认为社会制度，指的是社会的全体成员都赞同的社会行为中带有某种规律性的东西，这一规律性具体表现在各种特定的往复情境之中，并且能够自行实行或者由某种外在权威实行之。埃里克·弗鲁博顿、鲁道夫·芮切特将制度看作是一定范围内的行为主体（包括个人和组织机构）共同承认并普遍遵守的社会关系和行为的规范。例如，法律法规、道德、风俗、习惯等①。布罗姆利认为，制度是影响人们经济生活的权利和义务的集合，包括两部分：一部分是行为准则；另一部分包括规则和所有权②。科斯（1990）认为："当代制度经济学应该从人的实际出发来研究人，实际的人是在由现实制度所赋予的制约条件中活动。"③ 杨德才说制度从短期来看是对人们行为进行约束的人类自身设计的规则；但从长期来看，制度又是人类社会内生的、社会博弈参与人之间策略互动从而最终自我实施的均衡结果④。

刘凤芹认为，制度是指在特定社会范围内由一系列习惯、道德、法律、戒律、规章等构成的约束个人社会行为的统一规则。它包含如下几个方面的含义：

第一，制度是"社会"约束个人、组织或团体的行为规则，是对个人、组织或团体行动范围及其权利、责任、义务的界定。规则就是指在一定情况下"能做什么""应该做什么"或者"不能做什么""不必做什么"，这就是制度的核心。制度的最终目的是调解人际关系，因而制度总是某种社会的行为准则。在鲁滨逊的孤岛上，在"星期五"出现之前并不存在制度，因为不存在人与人之间的关系。人与人之间的关系需要调节是因为他们具有不同的私利，在有限的资源条件下不同私利之间是相互冲突的。如果鲁滨逊要从孤岛上有限的果树上采果充饥维持生存，"星期五"也要这样做，他们就需要制定出对果子进行分配的某种规则，以免因为争夺果子而可能爆发的利益冲突。

第二，制度本身不会产生任何效率，只有同人或组织相结合时，才可能促进制度系统内的效率增长。制度能否促进效率增长的关键取决于它同人或组织的适应程度以及由此引起的"制度化"了的人或组织同外部环境的适用程度。

第三，作为社会的制度，人或组织需要对实行何种制度作出选

---

① 菲吕博顿、芮切特：《新制度经济学：一个交易费用分析范式》上海人民出版社2006年版，第2页。

② ［美］丹尼尔·W. 布罗姆利著，陈郁译：《经济利益与经济制度》，上海三联书店、上海人民出版社1996年版，第50～51页。

③ ［美］R. 科斯：《企业、市场与法律》，上海三联书店1990年版。

④ 杨德才：《新制度经济学》，南京大学出版社2016年版，第2页。

择。对制度的选择是在利益的冲突条件下的一种公共选择，从这个意义上而言，制度具有公共品性质：它必须被群体即有关各方共同消费。例如，国家制度是指在一个固定的范围内的个人和组织共同消费和遵守的制度。制度是精心构造的组织结构。任何组织都是按照某种制度框架构造而成的，因而也具有类似制度约束功能。制度不仅为任何组织提供了社会游戏规则，而且为组织的存在提供了构造模式和结构框架。组织是由特殊群体为了一定的目标并按照某种制度结构组成的社会集合体，组织的运行效率不仅取决于其构成要素的功能，而且取决于制约它的制度结构模式以及组织对制度框架的适应程度。

综上所述，在新旧制度经济学家看来，制度无非是约束和规范个人行为的各种规则和约束。

随着制度演化的博弈分析的兴起，一部分学者开始从博弈论的角度定义制度，认为制度是社会制度博弈的参与人之间策略互动而形成的自我实施的结果，借用一个主流经济学的概念，可以称之为"博弈的均衡"。为更加形象地理解制度的含义，下面利用青木昌彦在《比较制度分析》[①] 一书中提到的日本德川时代灌溉系统的例子进行说明。一般而言，灌溉系统作为一种社区内的公共产品，由于技术上排他性的困难，试图阻止社区灌溉系统修建与维护过程中偷懒的社区参与人从中受益是成本高昂的。但是由于社区本身的封闭性，青木昌彦认识到，社区可以采用在其他领域（比如社区活动、邻里之间的互助以及社区的内在认同感方面）对偷懒的社区参与人进行惩罚。由于社区的封闭性，小农经营的风险需要社区内的合作，这种有效的惩罚措施使得这种制度可以变成自我实施的。即每一个社区参与人都会自觉地参与社区对于灌溉系统的修建与维护，从而使这一制度得到很好的执行。

如果分析一个社区参与人的自身决策，这时已经形成的稳定制度所带来的惩罚措施对于社区参与人而言，是一种外在决策的约束。社区参与人在进行是偷懒还是合作的决策时，会意识到偷懒可以节省一些参与灌溉系统修建与维护所带来的成本，但是由于制度会对偷懒行为进行惩罚，这种惩罚对于社区参与人而言也会形成一种损失。所以在这样两种损失之间进行权衡，从而实现自身利益最大化成为理性参与人的选择方式。在这里，制度对于社区参与人而言，是一种对其选择行为的外在的约束，因为单靠一个社区参与人本身无力改变这种制度，而一旦社区参与人不遵循要求的行为就会受到集体的惩罚，这时对于社区参与人来说，制度是外生的。

但是制度本身的形成与瓦解又是如何进行的？如青木昌彦所说，

---

① ［日］青木昌彦：《比较制度分析》，上海远东出版社2001年版，第2页。

是由于在其他领域形成了可以进行惩罚以及足够的惩罚才使得理性社区的所有参与人都会自然选择合作的策略，从而旧的制度系统成为一种维持制度平衡的存在。然而，一旦外在条件以及其他情况发生变化，情况又会怎样呢？有学者对这一问题进行了研究。① 他们发现，在中国的中西部地区封闭社区内的灌溉系统瓦解了，由于存在技术进步的成本约束、外来的机会以及外部的服务替代，使得得以维持灌溉系统的惩罚措施变得无效了，这导致了对于社区内部参与人而言，偷懒是一种理性的选择。当偷懒成为社区参与人共同信念的时候，这一制度就不可避免地发生了变化。制度对于个体参与人地约束，由于理性的社区参与人共同信念的变化而变得没有效力，从而制度发生了变迁。这种制度就是内生的，是社区内部参与人之间策略互动使得原先自我实施的共同信念不能维持，新的共同信念的出现导致了制度的变化。所以，在研究制度演化、制度变迁的时候，将制度视为一种社区内部参与人之间策略互动的博弈均衡是比较合适的。

## 二、制度的类型

如何合理地对制度进行分类一直是新制度经济学家关注的事情，因为能否对制度进行合理、科学的分类关系到制度分析的效果。下面我们从制度的性质、制度的结构、制度的起源等方面对制度进行分类。

### （一）制度有好坏之分

现实中可以看到各种好的制度，有些制度使得人与人之间的交往变成可能，而一旦这些行为规范扩散开来，得到广泛遵守，就会使得这种交往变得更加容易。语言是说明这类演化制度如何作用的典型例子。人类将其能发出和听到的声音组合成各种被称为词的可识别模式，并用语法将词组合成各种句子。这些规则已随时间而演化，它们包含着大量关于交流的知识。一门活的语言可能不是由任何人设计出来的，相反，它是通过千百万人的交往演化而来的。红绿灯制度大大降低了交通事故率，也大大提高了道路利用率，没有红绿灯，现代交通的顺畅运行简直不可想象。

货币是另一种好的制度，从某种意义上说，货币制度适应了人类经济的发展。货币是一种大幅度节约交易成本的手段，它对于劳动分工和交易经济的运行极为重要。它发挥着一般交易手段的作用，这还

---

① 时磊：《由灌溉系统的崩溃到西部乡村社区的瓦解——一个博弈论的分析框架》，载于《贵州财经学院学报》2005 年第 2 期。

意味着它是一种度量和核算资产、债务和交易的单位，也是价值储藏的单位。货币的功能源于物质性货币符号，它们有许多不同的形式和模式：贝壳、金属块、纸片、计入银行账户借方的款项。当然，只有在货币的创造和使用受到约束，从而其按一定物品计算的价值的稳定性得到保障的情况下（受约束的货币供应），它才能发挥其功能。在货币符号取自自然并被确定为法定货币的场合（外生货币，如黄金），自然可获得性会控制货币供应。而当货币以信用为基础时（内生货币），对货币供应的控制就要依赖于对中央银行货币（外生货币的一种模式）的供应所施加的制度约束。

一旦将一种广泛的交易中介手段——货币导入一个易货系统，信息成本、储藏成本及其他交易成本都会大大降低。依靠货物中介，可以从直接交易转向间接交易。源于劳动分工的益处会显著增长。它将直接的双边易货划分开，变成两段分离的、以货币为中间交易媒介的交易（间接交易），从而节约了交易成本。在必要时，货币还能作为临时中介发挥价值储存的作用。在交易成本不为零的非完备信息世界里，货币成为一项在促进劳动分工上有用的、实际上具有决定意义的制度。

制度在性质上可以分为好的制度和坏的制度，从制度设计的初衷和目标原则来看，制度的好坏评判标准就是制度实施的结果与制度设计的初衷是否一致。这种分法比较简单粗暴，评判标准也相对缺乏客观性，因为制度实施的最终结果不仅取决于制度本身，还取决于制度执行过程中的效果和执行制度的人。因此，绝大多数新制度经济学家更多地倾向于将制度从结构上进行划分。

那么坏的制度存在吗？无论是语言制度、红绿灯制度还是货币制度，它们的好处不仅在于节约了交易成本、提高了经济效率，还在于这些好的制度给每个参与人都带来了好处而几乎没有坏处。这些制度使每个人的社会福利都大幅度地增加，而每个使用它的人或许只是为此缴纳了全部税收的一小点。但是，有很多制度并非如此，使用制度的成本可能很昂贵、也可能一些制度只为某些人使用而排除另一些人。例如，我们使用法律制度的成本非常高昂，以至于大约99%的经济纠纷可能寻求私下解决。换言之，这里制度并非能很好地或低成本地保护我们的产权和人权。而慈善组织则排除一些人受益，或只为非常少的人提供帮助。且不提这种慈善是否公平，从制度安排来看，一些被排除在外的人可能冒充内部人而获得慈善帮助；而慈善组织者也可能趁机设租寻租而得到黑色收入。

无论哪一种制度理论，几乎都不能推断出坏制度存在的理由。演化论、适应论、设计论、变迁论等都不能得出坏的制度能够产生的结论。制度的设计和演化的前提是组织和团体的一致性价值判断。而组织和团体认为，只要符合一致的价值判断，就是代表了组织或团体的意愿，能够代表或满足团体意愿的制度就是好的制度。从这个逻辑出发，只要存在的制度，就一定是好的制度。此外，难道现存制度不是被千挑万选出来的吗？然而，历史和现状均有相反的案例来推翻上述论断，而且这些案例为数不少。如果存在的制度都是好的制度，为何一个制度会被另外一个制度所推翻？革命为何能够发生？制度为何要重新修订？创新为何能够开始？难道不是制度出现问题了吗？是的，一切制度理论都在说明这个问题：制度是有缺陷的，制度是适应环境的。因此，制度需要不断完善，制度也要不断地适应新的环境。当新的环境出现以后，制度不能被调整和创新，那么这项制度就可能是一项坏的制度了。

### （二）正式制度和非正式制度

从结构上可以将制度区分为正式制度和非正式制度（见表 1-1）。正式制度又称正式规则、外在制度、硬约束，由某些人或组织自觉和有意识地制定的各项法律、法规、规则（如宪法、企业法、知识产权保护法）以及经济活动主体之间签订的正式契约（如合同、协议等）。正式规则可以在短时间内发生变化，一般可移植。正式规则的有效性在很大程度上取决于与非正式规则是否相容和互补。

非正式制度又称非正式规则、内在制度、软约束，是从人类经验中渐进演化出来的、不依赖人们主观意志的文化传统和行为习惯，如社会的价值观念、伦理规范、文化传统、意识形态等。非正式规则的改变是长期的过程，往往不可移植。一个社会的经济制度健全与否，除了看它正式规则是否完善之外，还要看它的非正式规则与正式规则是否契合，是否能够和谐共处。

表 1-1 　　　　　　正式制度与非正式制度的区别

| 类型 | | 正式制度 | 非正式制度 |
|---|---|---|---|
| 存在形式 | 表达方式 | 成文、公开言明 | 不成文、未公开言明 |
| | 内容 对关系和行为评价 | 有 | 有 |
| | 评价标准与条件 | 有 | 无 |
| 实施方式 | 强制性来源 | 外部、他人 | 自我内心、外界舆论 |
| | 监督和执行机构 | 有（至少一个） | 无 |
| | 供给过程 | 法定程序 | 约定俗成 |

在诺斯看来，制度可以分为正式规则、非正式规则。正式规则即约束人们行为关系的有意识的契约安排，包括政治规则、经济规则和

一般性契约，也就是包括从宪法到成文法和不成文法，到特殊的细则，最后到个别契约等这样一系列的人们有意识创设的行为规则（宪法、法令和契约）。可细分为：界定每个人在分工中的"责任"的规则；违反上述规则的惩罚规则；约定交易各方如何度量投入与产出的"度量衡"规则。

非正式规则即从未被人有意识地设计过的规则，是人们在长期交往中无意识形成的行为规则。主要包括价值信念、道德观念、风俗习性、意识形态等，它们在正式规则没有"定义"的地方起着约束人们行为关系的作用。在非正式约束中，意识形态居于重要地位。

一般来说，正式约束可以在一夜之间发生变化，非正式约束的改变却是长期的过程；正式约束一般是可移植的，而非正式约束则是不可移植的。正式约束只有在与非正式约束相容的情况下才能发挥作用，否则就会出现"紧张"，其"紧张"程度取决于正式规则与非正式约束的偏离程度。

诺斯在 1993 年获诺贝尔经济学奖演讲时指出，离开了非正式规则的土壤，将成功的西方市场经济制度的正式政治经济规则搬到第三世界和东欧，就不再是取得良好的经济实绩的充分条件。因此，非正式约束为正式规则的变迁指出成本较小的方向。

实施特征，正式规则和非正式规则如何实施也是制度的重要组成部分。制度的实施可以由专门的机构如政府、法庭等作为第三方，以法律等手段来实施；也可以由交易的对方作为第二方，通过报复、威胁等手段来实施；也可以由经济主体自身作为第一方，通过自律行为来实施。得不到实施的规则是没有约束力的，也不构成制度；同样的规则其实施力度不同，也会形成不同的制度。

具体来说，正式规则是指人们自觉发现并用以规范化的一系列规则，包括政治规则、经济规则和契约。这些规则的排列顺序是，从宪法到成文法和不成文法，再到明确的规则，最后到个别的契约。它们共同约束着人们的行为，其中，政治规则可定义为政治团体的等级结构，以及它们的基本决策结构和支配议事日程的明晰特征。经济规则用于界定产权，即关于财产使用、从中获取收入的权利，以及转让一种资产或资源的能力。正式规则的主要特征在于其具有强制性。例如，在学校，校规就是正式规则，学生必须遵守；在公司，纪律就是正式规则，员工必须服从；在社会，国家法律（包括宪法、民法、商法等）就是正式法则，居民必须执行。在所有这些场合，正式规则都是强制实行的，如果有人违反，就会受到相应的惩罚。非正式规则包括习俗、传统、道德观念、意识形态等可以统称为"文化"的一些东西。其中意识形态处于核心地位，因为它蕴涵着价值观念、伦理规范、道德观念和风俗习性。诺斯（1981）认为，人们通过意识形态了解自己所处的环境，建立起一种指导行为的世界观。因此，非正式规则的作用在于克服搭便车的问题，促进一些群体不再按有关成本与收益的简单的、享乐主义的和个人的计算来行事。非正式规则也无处不在，它深深地植根于人类的心灵深处，通过口头传统代代相传。非正式规则具有多样性和本地性的特征，即使在同一种正式规则下，各个地方的习俗可能五花八门，甚至匪夷所思。非正式规则界定了文化的类型，对人们的日常生活有重要影响。所谓"入乡随俗"其实就是要人们在不同的地方遵循不同的非正式规则。非正式规则是在正式规则的框架下发挥作用的，故非正式规则往往与正式规则和而不同，也有一些非正式规则和正式规则是相悖的。比如，在中国过去的农村，赡养父母的任务往往是由儿子承担的，父母去世后留下的遗产也由儿子继承，这与法律的规定虽有不同，但却是通行的惯例。

### （三）内在制度和外在制度

柯武刚和史漫飞将制度分为内在制度和外在制度。所谓内在制度，是群体内随经验而演化的规则，而外在制度是外在地设计出来并靠政治行动由上面强加于社会的规则。[①] 显而易见，柯武刚和史漫飞关于制度的内在性与外在性之间的区分也是有问题的。因为，许多制度的形成并不是自发演化来的，也不完全是外在地设计出来的，而是自发演化过程与认为设计相互交织的结果。正如卢瑟福所说："人们常常可以发现，看不见手过程与设计过程会在给定制度的历史中相互影响并发挥作用。奥地利学派经常援引货币和市场作为来自看不见手过程的自发发展的例子。虽然这是可能说明这些制度的最初起源，但政府早就卷入到两种制度的发展和管理之中也是事实。"[②] 既然许多制度是自发演化过程与人为设计相互交织的结果，那么，我们如何将它们区分为"内在制度"和"外在制度"呢？显然，要做这样的区分是十分困难的。这就说明，制度的内在性与外在性之间的区分并非一种合理的制度分类方法。

肖特也从制度的起源方式的角度对制度进行了分类，具体分类如下：一是作为博弈均衡解的有机孪生的制度，二是社会计划者设计的制度，三是作为多边谈判结果的制度，他把后两类制度统称为显形创生的制度。[③] 很明显，肖特的制度分类也与柯武刚和史漫飞的分类一样，存在分类的重叠性问题。

---

① 柯武刚、史漫飞：《制度经济学》，商务印书馆 2000 年版，第 35～37、119～126、130～131 页。

② 卢瑟福：《经济学中的制度》，中国社会科学出版社 1999 年版，第 107 页。

③ 肖特：《社会制度的经济理论》，上海财经大学出版社 2003 年版，第 42～43 页。

### （四）个人规则与社会规则

卢瑟福将制度分为个人规则与社会规则，在此基础上卢瑟福还进一步分析了个人规则与社会规则的具体构成。他指出，个人规则包括习惯和常规、道德规则。个人的习惯和常规靠便利或惯性来维持，个人道德规则的维系则凭个人良知。社会规则则包括惯例、法律规范和社会规范。惯例可能因遵守统一规则符合所有个人的利益而自我实施。法律规范则是由惩罚违抗者的警察力量和司法系统强迫实施的规则。社会规范包括许多类型各异的规则和礼节，规则的实施靠社会的认可与不认可。违反规则要受批评，甚至被他人排斥。社会规范还可能被内部化，这时，遵从规范不需要外部的约束。规则的维持依赖于个人的自我价值意识，违反社会规范可能使个人产生负罪感或良心上的不安。[①]

依据个体规则与社会规则的区分，张旭昆（2007）也对其做了进一步的细分研究。其中，个体规则分为纯粹的个体的规则和流行的个体规则，社会规则分为强制性的社会规则和非强制性社会规则，而强制性的社规则又分为法律法令法规政策、非政府组织指定的规则、非政府组织之间的契约和强制性习俗。[②]

## 三、制度的作用

制度之所以被人为选择和创造出来，是因为它具有满足人们需要的功能和作用。下面我们先介绍新制度经济学家对制度功能的论述，再总结分析。

对制度的功能进行过揭示的新制度经济学家主要是科斯、德姆塞茨、舒尔茨、诺斯和林毅夫等。

如前所述，早在1937年发表的《企业的性质》一文中，科斯就发现了交易存在费用，他认为企业代替市场就是因为它可以节省一部分交易费用。因此，科斯认为降低交易费用是制度的一项重要功能。

德姆塞茨（1967）指出，产权制度具有两项重要功能，即帮助人们形成合理的预期和外部性内部化。他同时认为，外部性内在化功能是一种具有激励功能的功能。正如他所说："产权是一种社会工具，其重要性就在于事实上它们能帮助一个人形成他与他人进行交易时的合理预期。""产权的一个主要功能是导引人们实现将外部性较

---

① 卢瑟福：《经济学中的制度》，中国社会科学出版社1999年版，第64~65页。
② 张旭昆：《制度演化分析导论》，浙江大学出版社2007年版，第102~103页。

大地内在化的激励。"①

舒尔茨（1968）认为制度具有五种功能，即提供便利、降低交易费用、提供信息、共担风险和提供公共品（服务）。他说："制度是某些服务的供给者，它们可以提供便利，便利是货币的特性之一。它们可以提供一种使交易费用降低的合约，如租赁、抵押贷款和期货；它们可以提供信息，正如市场与经济计划所从事的那样；它们可以共担风险，这是保险、公司、合作社及公共社会安全安排的特性之一；它们还可以提供公共品（服务），如学校、高速公路、卫生设施及实验站。"②

对于制度的功能，诺斯（1973）也做了许多论述。他表达了与德姆塞茨相似的观点，即制度具有外部性内部化的功能，并且这一功能可以对人形成一种激励的功能。在他看来，所有能使私人收益率接近社会收益率（即外部性内部化）的制度安排都能形成对人们从事合乎社会需要的活动的激励。在强调制度的激励功能的同时，诺斯还认为，制度具有减少不确定性的功能。

威廉姆森（1985）认为，人的机会主义行为是引起交易成本上升的一个重要因素，许多合约安排和治理结构都是适应减少人的机会主义行为和降低交易费用的需要而产生的。当然，除了人的机会主义行为外，他还从人的有限理性、资产专用性、交易的不确定性、交易的频率和交易的市场环境因素等方面对引起交易费用上升的因素进行了分析。

林毅夫（1989）论述了制度的两种功能：安全功能和经济功能。他说："由于人的生命周期和他面对的不确定性，也由于人'局限于知识、预见、技巧和时间'，人需要用制度来促进他与其他人的合作，从而为确保年幼和年老时的安全作好准备，拉平随时间变化的收入和消费水平，并获得对风险和灾难的保障。本书称这些功能为安全功能。制度存在的另一个理由是来自规模经济和外部效果的收益。作为生产单位的个人是太小了，以至于他不能把这些经济中的大部分内在化。为开拓这些收益需要有集体的行动，这些功能本文称为经济功能。正是出于安全和经济两方面的原因，人们需要彼此交换货品和服务并使制度成为不可或缺。"③

柯武刚和史漫飞（2000）则认为，制度主要具有以下四种功能：有效协调和信任、保护个人自主领域、防止和化解冲突、权势和选择。

---

① 德姆塞茨：《关于产权的理论》，载《财产权利与制度变迁》，上海三联书店1994年版，第97、98页。
② 舒尔茨：《制度与人的经济价值的不断提高》，载《财产权利与制度变迁》，上海三联书店1994年版，第256页。
③ 林毅夫：《关于制度变迁的经济学理论》，载《财产权利与制度变迁》，上海三联书店1994年版，第377页。

总体来说，制度的作用表现在通过市场、企业、货币、法律等制度安排，为现实的复杂的经济系统提供正式与非正式的规则约束，保证经济主体之间的分工协作与正当竞争，激励各经济主体的积极性，减少经济运行中的摩擦。我们可以将制度的功能分为两个方面：减少不确定性以提供秩序；降低交易费用以提高效用和激励。

1. 降低交易成本并为实现合作创造条件

制度可以降低交易成本，这是制度的基本功能之一。制度为节约交易费用提供了有效途径，而交易费用的节约则是市场秩序稳定有序的主要标志。当这类成本很高时，意味着资源遭到浪费，因为它们未能被转入最有价值的用途。当存在明显的交易成本的时候，市场制度就被制定出来引导交易人获得使之具有正确模式的信息。

许多制度被制定出来的目的就是降低交易成本，有效的制度能降低市场中的不确定性、抑制人的机会主义行为倾向，从而降低交易成本。科斯最早提出企业制度的存在就是为了降低交易成本。科斯的制度起源理论揭示了交易费用与制度形成的内在联系：交易费用的存在必然导致制度的产生，制度的运行有利于稳定有序的秩序形成，从而能实现交易费用的节约。

经济活动具有高度复杂的相互关联性，因此对他人行为的预测就成为个人选择的必要前提，但信息不完全、有限理性及道德判断的分歧使人的行为往往难以确定，唯有在一定的制度框架下，人的行为才具有可预知性。因为一定的制度框架作为行为人责、权、利的关系，因此每个行为人的行为不仅具有最大限度的可预知性、可计算性，而且具有相对的明确划分和强制规范，使每个行为人的目的、手段及与之伴随的后果之间具有客观的因果关系，因此每个行为人的行为不仅具有最大限度的可预知性、可计算性，而且具有相对的稳定性，给主体间的合作创造了条件。

传统经济学家强调经济当事人之间的竞争，而忽略了合作。如果说竞争能够给人们带来活力与效率的话，那么合作能够给人们带来和谐稳定的秩序与高效率。在社会生活中，传统经济学强调经济当事人之间的竞争，而忽略了合作。如果说竞争能够给人们带来与人之间的关系并非只有竞争，同时还需要合作，竞争与合作是一对矛盾的统一体。因为人的有限理性和信息不对称等方面的原因，人自身不可能处理好竞争与合作的关系，正是从这个意义上讲，制度是人们在社会分工与协作过程中经过多次博弈而达成的一系列契约的总和。制度为人们在广泛的社会分工中的合作提供了一个基本框架。制度的功能就是为实现合作创造条件，保证合作的顺利进行。尤其在复杂的非个人交换形式中，制度更加重要。

2. 提供人们关于行动的信息并为个人选择提供激励系统

制度规定人们能做什么，不能做什么，该怎样做，不该怎样做，也就等于告诉了人们关于行动的信息。借助制度提供的信息，人们可以确定自己的行动，只要自己的行动是符合规则的，一般来说，他的行动就能达到目的。借助制度提供的信息，人们也可以预期他人的行动。人的行动是与他人发生关系的，是和他人的行动互动的，因而获悉他人的行动信息就显得尤为重要。只有知道他人的行动，知道他人对自己行动的反应，才能决定自己的行动，才能合理地调节与他人的关系，从而达到自己的目的。在现实生活中，人们从事一项活动，不担心该活动没有做过，而担心没有制度，即没有程序、没有模式、没有尺果。这会导致两种情形：一是无所适从，二是产生从众心理。这两种情形在新旧制度交替和转型时期表现尤为突出。在这种情况下，人们无法得知他人的反应，从而也不知道自己的活动会产生什么结果，这会使社会上的一些特殊阶层或"聪明人"抓住制度空白和比较混乱的时机，大肆捞取不正当的利益。在存在制度的情况下，人们担心的是该程序、模式或尺度能否像规定的那样得到执行。如果一种看上去很好的制度得不到严格的执行或者根本就没有被执行，这种信息就会对人们产生强烈的刺激：人们或者冷眼旁观、静观其变；或者猛烈抨击、大加谴责；或者干脆就同流合污。无论上述哪种情况发生，对社会的危害都是巨大的。

从事经济活动的人总是希望收益达到最大化，因而总是寻觅能够达到收益最大化的决策、信息和途径。然而，在现实生活中，最大化的努力和结果之间、人们的希望和现实之间总存在差距，有时是巨大的差距。这一现象的产生，如果抽象掉其他因素不谈，则主要是制度方面的原因，即制度是否对人的行为给予激励以及激励程度的大小。

制度的激励功能通过提倡什么、鼓励什么或压抑什么的信息传达出来，借助奖励或惩罚的力量得以执行。制度可以规定人们行为的方向，改变人们的偏好，影响人们的选择制度的激励功能通过提倡什么、鼓励什么或压抑什么的信息传达出来，借助奖励或惩罚。任何制度都有激励功能，但不同的制度产生的激励效应不一样，因此才有不同国家或同一国家不同时期，人们的价值观念、生活态度、工作学习积极性和创造性的不同。对社会来说，制度激励程度的大小差异，足以决定发展的快慢。

3. 约束主体的机会主义行为

制度就是限制，制度规则的目的也在于限制。制度的限制或约束是必要的，正是因为它的存在，社会才可能稳定，秩序才可能形成。如果每个人都凭个人的好恶或个人利益而损人利己，社会必然陷入混乱或无序。所以制度可以在一定程度上约束人的机会主义行为倾向。

制度告诉并强制规定人们可以做什么、不可以做什么，从而限制人们活动的范围，在制度规定的范围内，人的活动具有选择自由，超出这一范围就要受到惩罚。由此，制度决定了人的活动在操作层面的选择集。尽管制度是后天的，依生产方式、交往方式的变化而变化，但对特定时代的人来说，却是他们一出生就面对的、既定的，因而是无法选择的。人们只能在它提供的范围内或设计的框架中活动，不能脱离它、跨越它。

4. 降低不确定性风险，减少外部性

关于这一功能，人们通常都是通过产权制度的建立来解释的。市场秩序的混乱，实际上是一种负的外部性，只有明确产权，才能消除或减少这种外部性所带来的危害。在明确产权的基础上，引入市场价格机制，就能有效地确认相互影响的程度及应该承担的责任。不确定性风险作为一种普遍现象存在于社会经济生活的各个方面。在不确定性条件下，没有人能够知道解决人们所面临的全部问题的方法。在不确定性条件下人类怎样生存、发展以及决策是经济学要解决的一个重要问题。制度的功能之一就是为整个社会提供一种保险机制，它帮助经济社会中的参与人形成对自己策略选择的合理预期。在一个产权得不到切实保障的社会中，如果经济活动参与人没有足够的安全感，他们进行物质财富生产的行为就会显得不足。产权制度的出现有效避免了这一情况的发生，他帮助经济社会中的参与人降低了不确定性风险带来的损失。

经济活动的参与人总是希望获得最大的收益，所以总是在寻找能够实现最大收益的决策、信息以及途径。可是，最大化的努力与实际结果在现实生活中总是存在一定的差距，有时甚至差距巨大。如果撇开其他因素不谈，这些差距的产生主要是制度方面的原因，制度是否对人的行为给予某种激励以及这种激励程度的水平高低起着关键的作用。

制度为整个社会提供一种服务，社会成员从社会制度中能够获取更大的经济收益，否则，制度就将被改变或废除。每一种制度都有其独特的功能和经济价值，货币制度为人们之间的交易行为提供了一种便利；市场制度为交易双方提供了一定的交易信息等。一般认为，制度所执行功能的经济价值是由制度的供求关系决定的，这一经济价值在某种意义上意味着给交易双方带来了一定的额外收益，而双方收益的增加也促进了社会总福利的提高。

今天，人类社会的现代文明，是一个分工明确、竞争激烈的复杂系统，而制度则是维持这一系统正常运行的关键因素，市场就是配置资源的一种制度。

## 第二节　新制度经济学的渊源

### 一、新制度经济学与旧制度经济学

从纵向上看，制度经济学经历了旧制度经济学、过渡时期的制度经济学、新制度经济学的演变和发展。旧制度经济学（old institutional economics，OIE），从 19 世纪末到 20 世纪 30 年代初，以凡勃伦、康芒斯和米切尔为主要代表；过渡时期的制度经济学（neo-institutional economics），20 世纪 30～60 年代，以艾尔斯、贝尔、米恩斯、加尔布雷斯、缪尔达尔等为主要代表；新制度经济学（new institutional economics，NIE），以科斯、诺斯、威廉姆森、阿尔钦和德姆塞茨等为主要代表。

#### （一）旧制度经济学

旧制度经济学兴盛于 19 世纪末到 20 世纪 30 年代初，代表人物有凡勃伦、康芒斯、米契尔等。其主要观点和主张有反对新古典的经济理论和分析方法，强调经济的整体、演进观点，主张用动态、进化等概念替代一般均衡概念。强调制度因素对经济生活的影响；反对自由放任的意识形态；主张整体主义，强调整体或社会个体（而非自然个体）的重要性。

凡勃伦是一位与马歇尔同时代的一生颇不得志的天才经济学家，他一般被认为是旧制度学派的创始人，现代的演化经济学也认为凡勃伦是这一学派的鼻祖。[①] 在马歇尔将新古典经济学精密化、数学化以后，新古典经济学开始流行起来，但是由于数学化要求带来的很多假设脱离了现实，使得其对现实的解释力下降了。凡勃伦敏锐地发现了这一问题，他指出新古典经济学的框架是封闭的、静止的，他引入达尔文的理论认为人类社会是不断动态该的；人们的决策并不完全是功利主义取向的，也就是说，人们的决策并不完全是经济人最大化自己的收益，制度会影响人作为一个社会人的活动。针对新古典经济学的反思，凡勃伦发展了制度经济学派，他从威廉·杰文斯的新心理学出发来解释人类的一切活动。他认为一切经济制度都是人类利用自然环境以满足自己物质需求所形成的社会习惯，由于人的本能决定了人类

---

① 傅殷才：《制度经济学派》，武汉出版社 1996 年版，第 26～37 页。

行为最终的目的，本能是天赋的、不变的，所以制度的本质是不变的，变化的只是制度的具体形态。凡勃伦将制度定义为大多数人共有的一些思维习惯或者广泛存在的社会习惯。他认为这种社会习俗会随着社会环境的变化而变化，所以他又认为制度不会是一成不变的，而应该是不断演化的。

凡勃伦另一方面又承袭了马克思的"技术决定论"。他将社会制度分为两大类型：一类是满足人们物质生产生活的生产技术制度，另一类是与私有财产和金钱有关的财产制度。他认为在手工业时代，商品生产的扩大与利润增加是一致的，也就是两种制度是一致的，所以会促进经济快速发展。但是到了机器生产时代，由于市场容量的增加赶不上生产的增加，所以两种制度出现矛盾，就会以经济危机的方式爆发。他认为垄断组织可以暂时地解决这些问题，但是根本的解决途径还是要让技术人员掌握控制权，将有闲阶级排除出去。他从本性的角度认为人的工艺本性是促进技术进步与创新的源泉，由于传统的习俗与习惯会阻碍这种本性的发挥，所以他提出了制度与技术之间相互协调、制度怎样才能朝着有利于技术的方向演化等问题。

康芒斯理论的出发点是资源的稀缺性。他认为稀缺性是冲突的根源，而且也是合作、情、公道、私有财产以及社会商业伦理的存在依据。所以他提出，制度（特别是法律制度）是证人们遵守商业伦理，保证社会良好运转的根本。与魁奈的自然秩序不同，康芒斯的社会秩序是集体行动的人为秩序。他认为在秩序中仍然存在冲突，秩序与冲突相互依存、相互协调，这样就会促进社会制度的不断演化。康芒斯认为经济学家研究的基本单位应当包含冲突、依存与秩序，他认为交易很好地符合这一点。他所认为的交易是所有权的转换，所以所有权是制度经济学的基础。他将交易分为买卖的交易、管理的交易与限额的交易。买卖交易参与者是个人；管理交易里，上级是一个特权组织或个人，发号施令，下级必须服从；限额交易里，上级是一个集体或其代表。买卖交易的一般原则是稀缺性，管理交易的一般原则是效率。

作为一个制度学派的经济学家，米契尔认为，制度因素对任何一种经济现象或经济过程的重要性是以经验统计的分析为依据的。米契尔自己长期研究经济周期，试图建立一个与所观察到的经验事实较为一致的经济周期理论。他将经济活动区分为创造财富和挣取货币，认为二者之间的不一致性是导致经济的内在不稳定的根本原因。在货币经济条件下，挣取货币的能力取决于人们对于生产经济的预期，而利润又同时取决于成本等供给因素，这些因素会导致它们之间关系的调整并出现不一致性，从而出现经济周期。米契尔对于经济周期的研究，本身就是反对主流经济学的均衡分析范式，从经验事实中整理出影响经济波动的各种因素，这些因素大都隐含着制度。

### （二）过渡时期的制度经济学

过渡时期的制度经济学兴盛于 20 世纪 60~70 年代，代表人物有加尔布雷斯、缪尔达尔等。过渡时期的制度经济学观点及主张是批判新古典经济学，反对"经济人"假定，主张"文化人"；反对一般均衡，主张用动态、进化等概念替代一般均衡概念；反对自由放任的意识形态，主张国家干预主义；主张整体主义，强调整体或社会个体（而非自然个体）的重要性；反对形式主义，主张以规范分析构建经济学体系，主张用典型模型来解释经济现象。过渡时期的制度经济学进一步发展成为演化经济学。

加尔布雷斯是一位技术决定者，他认为，在大型垄断组织组成的"新工业国"里，由于专门的知识已经成为最重要的生产要素，那么相应的权利也由资本家手里转移到了"专家组合"手里（Galbraith，1967）。这种转变使得成熟的大公司并不再是以利润最大化为目标，而是以稳定、经济增长与技术进步为目标。而相应的小企业是"企业家的"企业，愿意冒险，有利于创新，这就形成了一个"二元社会"。加尔布雷斯仍然认为大公司会对小企业进行剥夺与掠夺，因此他试图说服公众对大公司进行限制，以经济学的手段实现公共目标。但是加尔布雷斯显然低估了小企业在市场竞争中的巨大优势。

缪尔达尔（Myrdal，1930）认为，发达国家的经济模式搬到不发达国家是不合适的，不发达国家存在着影响经济进步的制度上和结构上的不利因素。只有进行旨在实现社会平等的民主改革和经济平等的制度改革以及制定和实施以工业化发展为目标的国民经济计划，才能实现不发达国家经济上的迅速进步。他同时认为，发达国家只有通过制度和结构改革才能解决资本主义社会存在的问题。缪尔达尔认为，一方面贫穷国家只有实施他所指出的政策、谋求独立发展自己的经济道路，另一方面富裕国家只有以平等精神自我抑制歧视、侵略贫穷国家，才能实现贫富国家间差距的缩小，达到世界范围内的平等。由于缪尔达尔的研究转向社会平等与经济等问题，使得他越来越远离主流经济学，他自己指出，"通过我研究过的各种各样的问题，我成为一个制度学派的经济学家"。

### （三）新制度经济学

新制度经济学试图建立的是对现实经济问题采取传统经济分析方法，着重从制度角度进行探讨的经济学。代表人物：科斯，诺斯等。

将新制度经济学与旧制度经济学区别来看，新制度经济学具有技术理性主义的特征。虽然新制度经济学是以制度和制度变迁作为其研究对象，但其是从资源配置的角度来进行研究的，资源最优配置的技术处理方式是用数学上一组约束条件下求目标函数的最大值来表示，而制度是其中的约束条件。换句话说，新制度经济学是以技术理性主义来观察、分析制度约束条件下的资源配置效率。它从经济人（有限理性）的抽象假设开始来构建其理论体系。它撇开特定社会制度下的公正、平等、自由等研究内容（即使研究也是从效率的角度），认为资本主义经济制度是一种"自然形成"的自由、公正、合理的制度。它将这个基本制度当作一个既定的假设前提。新制度经济学只需研究在具体制度约束下，如何使资源配置效率或社会经济福利达到帕累托最优。如果说新古典经济学是一门研究资源配置效率的技术经济学，那么新制度经济学则是一门研究资源配置效率约束条件的理论体系。

旧制度经济学具有人文关怀主义的特征。旧制度经济学指责正统经济学的价值判断标准的片面性，认为从亚当·斯密到凯恩斯都只关注经济价值而忽视经济以外的价值。在商品越多越好这种价值判断标准下，对物的关心超过了对人的关心。正统经济学以国民生产总值作为进步与落后、发达与不发达的标志，往往旧制度经济学家质问道：经济增长究竟是增进了人们的幸福呢？还是增进了人们的痛苦和烦恼。在旧制度经济学看来，经济增长不仅不与生活质量提高成比例，不是解救资本主义的灵丹妙药，而且还会造成一系列的社会经济问题，如环境污染、收入分配不均，道德败坏、个人独立性丧失和社会危机等。它的这种"增长价值怀疑论"带有明显的人文关怀主义特征。旧制度经济学的学者们认为资本主义是一个病态的社会，主张进行制度结构改革，建立一个公正、平等和人性复归的社会。他们还广泛地研究了小生产问题、妇女问题、种族问题、家务劳动问题、贫困区问题、教育和文化问题、卫生保健问题等，从而使其构成了一个具有人文关怀主义倾向的庞大理论体系。它不仅关注经济价值，还关注经济价值以外的社会价值或文化价值如社会的平等、个人的独立、自由和自我创造精神，生态的平衡，都市的整洁，以及美、尊严、生活乐趣等。他们将这种包括经济价值和文化价值在内的总价值标准，概括为"生活质量"。

新旧制度经济学在经济学说史上的地位不同。新制度经济学派通过对新古典经济学基本假设前提的修正来拓展正统经济学的研究领域和应用领域，从而将新古典经济学的研究领域从人类的生产活动拓展到人与人之间的交易活动（生产的制度结构），并被纳入新古典的分析框架，从而使正统经济学获得了对现实经济问题的新的解释力。这些说明，新制度经济学一开始就来源正统经济学并逐渐成为对正统经济学的补充和发展，它被正统经济学所接纳并成为正统经济学的一个组成部分。旧制度经济学反对新古典经济学关于经济人行为的假定，反对把个人从社会历史中抽象出来，以孤立的个人的经济行为来说明社会经济现象，认为现实中的"人"是一个复杂的概念，是受各种制度制约的"社会人"。旧制度经济学认为社会制度本身就是研究的起点，我们要研究"制度何以达到这里，又走向何方"。旧制度经济学不像新古典模式那样向社会提供一套严密的和统一的理论思想，但它不只否定后者。它把经济看作是一个演进的、历史的过程的一部分，从一个已知的过去向一个未知的——也许是不可知的未来，这过程分成两个不同的人类行为形式，制度和技术影响着行为，其中许多可能是不合理的行为。旧制度经济学虽然是一个松散的理论知识结构，但它确实存在一套完全不同于正统经济学（从而也不同于新制度经济学）的分析框架或说明方法。正因为如此，旧制度经济学的命运不同于新制度经济学，在新制度经济学发展过程中一直处于被主流经济学排斥的非正统经济学或反正统经济学的地位。

卢现祥（2012）从以下几个方面对新旧制度经济学进行了比较：

（1）价值判断标准不一样。旧制度经济学派以现实的资本主义社会的批判者和想象中的未来社会的设计者的身份出现，而新制度经济学派则是以人类选择的合理性这一基本假设为基础的。

（2）从对研究对象的选择来看，旧制度经济学派指责正统经济学的范围过于狭小，但其研究对象实际上包括经济学、政治学、社会学、心理学及法学等，范围过大，从而丧失了明确的研究对象。这是旧制度经济学派不能形成系统的经济学理论的重要原因。新制度经济学派在把古典经济学拓展到制度问题的研究上要理智得多。

（3）旧制度经济学派的观点不是理论性的，而是反理论的，他们尤其反对新古典理论，而新制度经济学则利用新古典理论去分析制度与现实问题。

（4）旧制度经济学主要以资本主义制度为研究对象，缺乏一般性；新制度经济学更具有一般性，其原理对发达国家与发展中国家都适用。

## 二、新制度经济学与新古典经济学

新制度经济学与新古典经济学的关系可以概括为：新制度经济学利用新古典经济学的理论和方法去分析制度问题，将制度内生化，但是这种利用并不是一种简单的、照搬式的应用，而是一种有修正、有发展的运用。诺斯在获诺贝尔经济学奖时指出，新制度经济学的框架是对新古典理论的修正，它所保持的是稀缺性的基本假设和由此产生的竞争及微观经济理论的分析工具，它所修改的是理性的假设，它所引入的是时间维。制度经济学与当代古典经济学有很大的不同。新古典经济学的基础是一些有关理性和信息的苛刻假设，它隐含地假设制度是既定的。制度经济学与法学、政治学、社会学、人类学、历史学、组织科学、管理学和道德哲学都有重要的联系。

新制度经济学对新古典经济学的修正和发展可以从表1-2中直观展现。①

表1-2　　　　　　　　新古典经济学与新制度经济学的比较

| | 新古典经济学 | 新制度经济学 |
|---|---|---|
| 硬核 | 稳定性偏好<br>理性选择模型<br>均衡分析方法 | 保留了新古典经济学的硬核 |
| 保护带 | 无交易费用的虚拟世界（主体面临的环境约束） | 真实的世界有交易费用 |
| | 完全信息、信息无成本（主体的信息状况） | 不完全信息、有限理性、满意原则 |
| | 主客体相互作用的均衡结构 | 产权、交易成本如何影响均衡结构解释组织并使之内生于经济过程 |

因此，可以说新制度经济学是对新古典经济学的补充、修正和发展。其修正主要表现在不改变新古典硬核的基础上，加上产权和交易成本的约束，使这个理论更有解释力，而不是摧毁它。其中包括：把制度的限制和约束交易的契约纳入经济模型；放宽了完全信息和零交易成本的假设；对商品的度量维度（产权）放宽了。即：

新制度 = 新古典 + 交易成本 + 产权

科斯是最早认识到新古典经济学对交易费用、产权和制度忽视的新制度经济学家，他在对新古典经济学的批判中说："主流经济学理论把企业描绘成一个'黑箱'。"这是非常离奇的事情。在现代经济中，大部分资源是在企业内部使用的，这些资源怎样使用依赖行政性的决策，而不是直接依赖市场的运作。结果，经济体系的效率在很大程度上取决于这些组织，当然特别是现代公司，是如何处理他们的事务。更令人惊讶的是，尽管经济学家的兴趣在于价格制度，他们却忽略了市场这种支配着交换过程的更具体的制度安排，由于这些制度安排在很大程度上决定着生产什么，所以我们现在拥有的是一个很不整的理论。

新制度经济学利用新古典经济学的理论和方法分析制度问题，但

① 思拉恩·艾格特森：《经济行为与制度》，商务印书馆2004年版，第12~15页。

是这种利用并不是一种简单的、照搬式的应用，而是一种修正、有发展的运用。诺斯在接受诺贝尔经济学奖时发表的演说中指出，这一分析框架（新制度经济学）是对新古典理论的修正。它所保持的是稀缺性的基本假设和由此产生的竞争和微观经济理论的分析工具。它所修改的是理性的假设，所引入的是时间维。有人认为，新制度经济学所涉及的方法论在本质上与新古典经济学是一致的。威廉姆森声称："新制度经济学家认为，他们正在做的乃是对常规分析的补充，而不是对它的取代。"① 这种方法论上的一致性表明，新制度经济学融入主流经济学是没有什么问题的。

## 三、马克思的制度分析

马克思丰富的制度经济学思想对新制度经济学理论的形成和发展产生了重大的影响是显而易见的。具体来说，主要表现在以下两方面：

首先，马克思注重制度分析并把制度作为社会经济发展的一种内生变量对新制度经济学产生了深刻的影响。在马克思的理论中，制度因素是社会经济发展中的内生变量，而不是独立于社会经济发展之外的。马克思揭示的生产关系一定要适应生产力的规律能够有效地解释人类社会经济发展的变迁过程。新制度经济学从马克思的历史观中得到了许多启发。新制度经济学家尤其意识到，在人类历史的长期变迁的分析中更不能离开制度分析。在马克思看来，任何社会的生产都是在一定的生产关系及其制度条件下进行的，并且不同的制度效率也是不同的，例如资本主义制度比封建制度、奴隶制度更有效率。新制度经济学在这个基础上把成本—效益分析引入了制度效率分析之中。

其次，马克思的历史唯物主义框架对新制度经济学体系的形成产生了重要的影响。新制度经济学在对制度问题的分析中发现，马克思对社会经济发展问题的分析框架是最有说服力的。抽象掉生产关系与制度的演变来分析经济的运行，这是西方正统经济学的问题所在。新制度经济学要寻找回的就是被正统经济学家们忽略掉的制度问题、产权问题、国家问题甚至意识形态问题。诺斯认为，马克思的分析力量恰恰在于强调了结构变迁和社会生产潜力与产权结构间的矛盾。这实际上就是指马克思的生产力与生产关系相互作用的原理。此外，马克思的国家理论、意识形态理论等对于新制度经济学的形成都产生了重要的影响。

---

① 迪屈奇：《交易成本经济学》，经济科学出版社1999年版，第3页。

## 四、其他制度学派

### （一）德国历史学派

德国历史学派划分为新、旧两派。旧历史学派的主要代表人物是李斯特、罗雪尔，在方法论上与历史主义一脉相承，强调国家利益和民族精神，反对古典学派的抽象、演绎的自然主义的方法，主张以历史方法为基础建立经济学。他们的政策主张充满着实用主义和浪漫色彩。由于英国的产品大量低价进入德国，使得落后的德国经济更加困难，因此李斯特主张国家通过征税和贸易限制干预经济自由和贸易自由，主张采取国民主义和保护主义的贸易政策。罗雪尔在批判性和经济浪漫主义上比李斯特更强烈，认为国民经济学是研究国民经济发展的科学，不是单纯的"货殖术"。他反对经济人假设的理论前提，认为经济发展应该遵循国民经济的自然法则，但这个自然法则究竟是什么，他自己也并不清楚。

新历史学派是在德国产业资本壮大、垄断资本主义形成且内在矛盾开始显露的时期产生的，代表人物是施穆勒、瓦格纳和布伦塔诺等。1873 年的经济危机导致了中产阶级的没落，工人阶级失业和贫困，社会问题严重。为了对抗工人运动和马克思主义，缓和阶级矛盾，新历史学派提出了各式各样的社会改良主义主张。他们认为古典经济学不能克服社会主义兴起的潮流，不受限制的竞争会促进工业的发展并使之经济力量集中，从而加速社会主义进程。他们主张从意识形态上批判"世界主义""经济人"的利己心和古典学派的"唯物主义"。在研究方法上强调研究经济现象、经济生活和文化现象，用历史统计的方法替代孤立的抽象法，认为经济行为的驱动力不再是利己主义而是精神因素，即宗教信仰。在政策主张上强调国家救助是社会改良的主要支柱，对货币理论的认识则是倒退的，认为货币理论属于金属主义。

德国历史学派对经济发展规律的探索是不成功的，他们试图提出方法论和政治的批判，但是并未能建立一种新的、不同于古典经济学和社会主义并取而代之的经济学。他们的学说与他们的后继者一样，更多的是说教和批判，理性和可操作的政策是罕见的。俾斯麦下台后，新历史学派存在的基础开始动摇，第一次世界大战后彻底解体。

### （二）奥地利学派

奥地利经济学派反对德国历史学派否定抽象演绎的方法，以及否定理论经济学和一般规律的错误态度，也反对英国古典学派及其庸俗追随者的价值论和分配论，特别是反对李嘉图的劳动价值论。它认为社会是个人的集合，个人的经济活动是国民经济的缩影。通过对个人经济活动的演绎、推理就足以说明错综复杂的现实经济现象。奥地利经济学派把社会现实关系中的"经济人"，抽象还原为追求消费欲望之满足的孤立个人；把政治经济学的研究对象从人与人之间的生产关系，改变为研究人与物的关系，研究消费者对消费品的主观评价，把政治经济学变成主观主义的个人消费心理学。

奥地利经济学派的理论核心是主观价值论，即边际效用价值论。与萨伊等的"效用价值论"不同，边际效用价值论认为：一件东西要有价值，除有效用之外，还必须"稀少"，即数量有限。以致它的得、失成为物主快乐或痛苦所必不可少的条件。

奥地利经济学派有各不相同的分配理论，门格尔认为劳动、资本和土地的收入是它们各自提供的效用的报酬；维塞尔则把它们当作补全财货价值中各个组成要素的价值"归属"问题；庞巴维克则以现今财货的边际效用估价高于未来财货的"时差利息论"解释之。

奥地利经济学派的边际效用价值论和分配论，是同马克思的劳动价值论和剩余价值论针锋相对的。它的主要论点有：价值是主观的，是物对人的欲望满足的重要性；价值的成因是效用加稀少性；价值量的大小也只取决于边际效用的大小，与社会必要劳动无关；价值产生于消费领域，不是生产资料将其价值转移到其产品上，相反，是产品价值赋予其生产资料以价值；资本和土地的收入，或是各自提供效用的报酬，或是产生于现今财货与将来财货的不同估价，与剥削劳动毫不相干。总之，奥地利学派全部否定了劳动在价值创造中的决定性作用。

### （三）公共选择学派

宪政经济学是经济学方法在宪法领域的推进，侧重的是宪法规则的经济学分析。宪政经济学是分析宪法和宪政的经济后果的经济学。它着重研究在社会共同生活中制约和影响经济和政治行为者的规则的性质，宪政经济学的核心问题之一是"政府悖论"，经济的发展离不开政府的支持甚至推动，即政府的存在是经济发展的一个重要条件，但政府又常常成为经济发展的最大障碍。在这一问题的背后是权力与权利的博弈，是政治与经济的冲突，是政府对市场的侵犯。

公共选择学派（public choice theory）是以经济学方法研究非市场决策问题的一个重要学派，其主要代表人物是詹姆斯·布坎南、戈登·塔洛克。他们主张：尽管经济市场中的主体标签是消费者和厂商，而政治市场中的主体标签是政治家、政客、选民和利益集团，但他们的行为目标并无差别，区别仅在于，在经济市场交易的是私人物品，而在政治市场交易的是公共物品；前者的最大化目标表现为效用和利润的最大化，后者的最大化目标表现为公共物品利益和政治支持的最大化。

在公共选择理论家眼中，政府不过是个无意识、无偏好的"稻草人"，公共行为和公共目标在很大程度上受政治家和官员的动机支配。此外，由于政治市场上，政治家和官员之间的双边垄断，他们在预算规模上的目标一致性，必然导致政府规模的不断膨胀。由于民主制度下，没有一种选择机制可以称得上是最优选择机制（直接民主面临高成本，而间接民主面临机会主义），公共选择学派为此提供了两种改革思路：一是市场化改革，二是宪法制度改革。

作为新自由主义思潮的重要分支，公共选择学派一直是市场失灵的坚定辩护者。他们所提供的救治政治市场失灵的两条思路，也只不过是将经济市场的运行规则引入政治市场。公共选择学派的市场化改革，是指通过将经济市场的竞争机制引入政治市场来提高后者的效率，这主要包括三个方面的内容：①明确界定公共物品的产权；②在公共部门内部和部门之间引入竞争机制，重构官员的激励机制，按照市场规则来组织公共物品的生产和供给；③重新设计公共物品的偏好显示机制，使投票人尽可能真实地显示其偏好。

所谓宪法改革，是指通过重新确立一套经济和政治活动的宪法规则来对政府权力施加宪法约束，通过改革决策规则来改善政治。布坎南认为，规则和政策的关系如同博弈规则和博弈策略的关系，前者的改变可能增加所有参与者的利益，而后者的改变只会改变利益在参与者中的分配格局。

## 第三节　新制度经济学概述

新制度经济学（new institutional economics）由威廉姆森最早命名。在20世纪30～60年代这一段时间孕育和产生，20世纪70～80年代在美国形成和发展，意指以科斯为代表的、强调交易费用和制度重要性的学术思潮。简单地说，这种思潮以各种制度安排为主要研究对象，研究了各种制度安排的内涵、构成、功能和起源，说明了制度安排对人类经济活动的重大作用。它的核心思想是，产权结构和交易费用影响激励和经济行为，因而制度安排对于人的行为和资源配置以及经济增长具有至关重要的影响。它讨论的问题包括制度为什么很重要，它是如何产生又是如何演变的，各种制度安排尤其是经济组织的背后逻辑是什么，为什么不纳入制度因素就不能说明有史以来的经济增长等。由于这种思潮既不同于以凡勃伦、康芒斯等为代表的旧制度学派，也不同于当代占主流地位的新古典经济学，而是继承了制度学派重视制度的观点，同时用交易费用和产权的思想修正和补充了新古典经济学，故称为新制度经济学。

## 一、新制度经济学的提出

新制度经济学是用规范的经济学方法分析制度的起源、演化和功能及其对经济后果的影响。这门学问关注经济制度与经济行为及其结果之间的双向关系及交互影响。新制度经济学就是用新古典经济学方法去分析制度的构成和运行，并去发现这些制度在经济体系运行中的地位和作用。在此的"新"是相对于"旧制度经济学"而言的。

## 二、新制度经济学代表人物

### （一）罗纳德·哈里·科斯

罗纳德·哈里·科斯（Ronald H. Coase, 1910~2013）——新制度经济学的鼻祖，美国芝加哥大学教授、芝加哥经济学派代表人物之一，1991年诺贝尔经济学奖的获得者。科斯是法律经济学的创始人之一，也是科斯定理（coase theorem）的创始人。

科斯是芝加哥大学法学院慕瑟经济学荣誉教授及法律与经济学资深研究员。科斯对经济学的贡献主要体现在他的两篇代表作《企业的性质》和《社会成本问题》之中，科斯首次创造性地通过提出"交易费用"来解释企业存在的原因以及企业扩展的边界问题。科斯还认为，一旦交易费用为零，而且产权界定是清晰的，那么法律不会影响合约的结果。瑞典皇家科学委员会因此说一门新的科学——法律经济学应运而生。2013年9月2日，科斯在美国芝加哥逝世，享年103岁。

科斯在1960年《社会成本问题》一文中发现：为了进行市场交易，有必要发现谁希望进行交易，有必要告诉人们交易的愿望和方式，以及通过讨价还价的谈判缔结契约，督促契约条款的严格履行，等等（Coase, 1960）。这与他本人1937年论文的主旨一脉相传："这就是利用市场价格机制的成本。"

1988年科斯本人在讲述《企业的性质》的缘起、含义和影响中回顾了他的求学时代和知识背景，1931年科斯获得了恺撒奖学金并且去访问美国福特公司，得到了令人吃惊的评论：新古典经济学

"全是废话"。然而科斯在 20 世纪 30 年代发表的论文长期得不到学界的关注，直到 20 世纪 60 年代发生了滞胀，科斯 1960 年《社会成本问题》的发表，其观点才开始得到广泛认可。1932 年科斯回顾他访问福特公司的情况时说：

> 我今天去了福特汽车公司……你首先必须知道我没有致福特公司的介绍信。由于只能通过会晤多少负有责任的高级职员来获得我需要的资料样本，所以对接近公司心存疑虑……用下述方式去干这件事：我抵达福特公司的办公大楼时，进去询问是否可以会晤埃德赛尔。福特先生——亨利·福特的儿子，现任福特总经理——我被告知他已经出城，当然我并不指望他在城里。于是我问是否可以会晤他的秘书，然后……填表说我从英国来，有些事情远道而来会晤埃德赛尔，几分钟后一个人出来会见我，于是我说明我究竟是谁……然后我向这个人简单谈起一体化问题。我很像个律师诡计多端地提出问题，我能从他们那里套出成本情况当又不让他们知道已经说出去了，当然统计数字也帮了我的忙。我所需要的就是对符合一体化理论的观点有启发的陈述。此后，我在福特公司的顾客自助餐厅里吃了午饭，饭后公司配备了一个专人领我在工厂里参观我想看的任何东西。环绕工厂一圈后，我说想见见采购部门的人。后来我与他讨论了供应合同，采购计划（日程表）等有关问题……第二天我又去了解问题的另一面——我去参观了一个福特公司的供应商，当然，福特公司并不知道。①

科斯"似乎又论证说，如果我们能把握的仅有的设想是不现实的，那么除了采用这种假设，别无选择。这个说法流传下来的东西实际上就是，当经济学家发现他们不能分析现实世界中出现的问题时，就创造一个他们能够把握的假想世界"。"这绝不是我在 30 年代想要遵循的程序，这也说明为什么我试图在工厂和机关而不是在我无礼地谑称为"废话"的经济学家的著作中去寻找企业存在的理由。我的目的是揭示一个'现实主义的假设'"。②

科斯给我们的答案是，在市场里存在企业的原因是：市场的价格机制并不免费，为了节约市场交易费用，企业出现在市场经济之中。但是，为了节约更多的交易费用，企业要支付更多的组织成本。

## （二）道格拉斯·诺斯

道格拉斯·诺斯（Douglass C. North，1920～2015），美国经济学家、历史学家。1920 年出生于美国马萨诸塞州坎布里奇市。1942 年、1952 年先后获加州大学伯克利分校学士学位和博士学位。诺斯是新

---

①② 资料来源：《"企业的性质"的由来》，载于《法律、经济和组织学报》1988 年春季号第 4 卷第 1 期。

经济史的先驱者、开拓者和抗议者。曾任《经济史杂志》副主编、美国经济史学协会会长、国民经济研究局董事会董事、东方经济协会会长、西方经济协会会长等职务。历任华盛顿大学经济学教授、剑桥大学庇特美国机构教授、圣路易斯华盛顿大学鲁斯法律与自由教授及经济与历史教授、经济系卢斯讲座教授。2015 年 11 月 23 日逝世于密歇根州家中，享年 95 岁。

由于建立了包括产权理论、国家理论和意识形态理论在内的"制度变迁理论"，道格拉斯·C. 诺斯获得 1993 年诺贝尔经济学奖。道格拉斯·C. 诺斯说过，历史总是重要的。它的重要性不仅仅在于我们可以向过去取经，而且还因为现在和未来是通过一个社会制度的连续性与过去连接起来。今天和明天的选择是由过去决定的。

诺斯认为有效率的产权之所以对经济增长起着促进作用，因为一方面产权的基本功能与资源配置的效率相关，另一方面有效率的产权使经济系统具有激励机制。诺斯还提出了有名的诺斯悖论的思想："国家的存在是经济增长的关键，然而国家又是人为经济衰退的根源"。诺斯认为意识形态是一种行为方式，这种方式通过提供给人们一种"世界观"而使行为决策更为经济，使人的经济行为受一定的习惯、准则和行为规范等的协调而更加公正、合理并且符合公正的评价。

道格拉斯·诺斯的主要著作有《1790—1860 年的美国经济增长》《美国过去的增长与福利：新经济史》《制度变迁与美国的经济增长》（与戴维斯合著）《西方世界的兴起：新经济史》（与托马斯合著）《经济史中的结构与变迁》《制度变迁与经济绩效》等。

### （三）奥利弗·伊顿·威廉姆森

奥利弗·伊顿·威廉姆森（Oliver·Eaton·Williamson，1932 ~　），"新制度经济学"的命名者。自 1998 年以来在美国加州大学伯克利分校担任"爱德华·F. 凯泽"名誉企业管理学教授、经济学教授和法学教授。曾任美国政治学与社会学学院院士（1997 年）；美国国家科学院院士（1994 年）；美国艺术与科学院院士（1983 年）；计量经济学学会会员（1977 年）。2009 年诺贝尔经济学奖获得者之一。奥利弗·伊顿·威廉姆森的主要著作有：《自由裁量行为的经济学》（1964），《公司控制与企业行为》（1970），《市场与等级制》（1975），《资本主义经济制度》（1985），《治理机制》（1996）等。

威廉姆森的重要贡献是具体分析了在什么情况下会使市场交易成本提高到使它失效的程度。威廉姆森还首创了资产专用性的概念，认为有些投资一旦形成某种特定资产就很难以转向其他用途，即使进行再配置也会造成重大的经济损失。对于拥有专用性资产的厂商，一方面是降低了生产费用，另一方面如果他仍然依赖市场的话，他将大大提高自己的交易费用。

### （四）哈罗德·德姆塞茨

哈罗德·德姆塞茨（Harold Demsetz，1930～），美国伊利诺伊州芝加哥人，1930年生于美国伊利诺伊州芝加哥。1953年在伊利诺伊大学获学士学位，1954年和1959年先后在西北大学获工商管理硕士学位和经济学博士学位。1963年在芝加哥大学任教授。1971年离开芝加哥大学，在斯坦福胡佛研究所任高级研究员直至1977年。1978年在加利福尼亚大学洛杉矶分校任教授至今。从1955年起成为蒙特·佩尔兰学会的最活跃成员之一。

哈罗德·德姆塞茨的精彩论文"产权理论探讨"回答了"什么是交易"。产权依靠交易费用，交易费用又依靠获得市场信息的费用。所以，产权理论与信息费用理论密切相关，劳动力市场上的雇佣契约很好地说明了这一点。雇佣合同只写明工人的劳动工资和劳动时间，没有具体规定劳动速度和强度，从本质上讲合同是"不完全的"。固然可以用失业这根"大棒"威胁工人，用升级这根"胡萝卜"笼络工人，但这种做法只有在经常检查工人劳动成绩时才有效。这样，雇佣关系基本上是一个信息问题。

在《经济活动的组织》和《生产、信息费用和经济组织》中，德姆塞茨认为雇佣关系不论表面现象如何，可以看作是付出"公平的每日工资"的雇主和提供"公平的每日劳动"的雇员间的一种自愿交换形式。换句话说，劳动力市场要求，借用奥肯的名言，用"看不见的握手"（invisible handshake）取代管制其他市场的运转的"看不见的手"（invisible hand）。这种不完全雇佣合同理论，又称为"隐含合同理论"（implicit contract theory）或"委托—代理问题"（principal agency problem），这一理论现已被其他一些研究劳动经济学和宏观经济学的经济学家所采纳。

在《竞争的经济、法律和政治维度》中，德姆塞茨又详细阐释了不完全雇佣合同理论。雇佣合同是一种不确定程度很高的隐含合约，雇佣契约不完全性使雇员具有劳动自决权。雇佣契约的不完全性既为逃避责任提供可能，也隐含着诚实与守信。企业组织的稳定性有利于降低不完全雇佣契约所造成的效率损失。不完全性雇佣契约使雇员认知能力的发展具有动态特征，这种特征导致劳动力的异质性和高度流动性。

### （五）阿曼·阿尔钦

阿曼·阿尔钦（Armen Albert Alchian），1914年生于美国加利福

尼亚州弗雷斯诺，1936 年在斯坦福大学获得学士学位，1944 年在斯坦福大学获得博士学位，是现代产权经济学创始人。主要著作有《生产、信息成本与经济组织》《产权经济学》等。

阿尔钦产权理论的主要贡献是提出了产权界定成本和产权排他性、分割性、外部性。阿尔钦提出，不仅产权交易有成本，产权界定也有成本。他认为产权的不同界定也会带来不同当事人的成本和收益的变化，从而改变他们的经济计算。当界定产权的费用高于它所带来的利益时，人们宁肯不建立产权制度。

阿尔钦和德姆塞茨关于"团队生产"的理论，对解决企业内部由于道德风险所引致的效率低下问题具有一定的启发意义。由于体力劳动者的供给和需求弹性均大于脑力劳动者，所以企业可以分为以体力劳动为特征和以脑力劳动为特征的两种团队生产方式，它们各自的内在特征客观上需要有外部和内部两种监督方式，以及相应的以基准工资为主激励工资为辅和以激励工资为主基准工资为辅的两种激励方式。

### （六）张五常

张五常，1935 年出生于香港，国际知名经济学家。新制度经济学代表人物之一，毕业于美国加利福尼亚大学洛杉矶分校经济学系，为现代新制度经济学和现代产权经济学的创始人之一。抗日战争时期曾随父母到广西避难，亲眼看见中国内地农村之艰苦，从小起就希望中国国家富强，人民幸福。其著作《佃农理论》获得芝加哥大学政治经济学奖。

《佃农理论》主要是以现代新制度经济学的观点对分成租佃制作出了新解释，推翻了以往的传统理论，建立了"新佃农理论"。其理论的要义是透过某些因素的变动，不管是分租、定租或地主自耕等，其土地利用的效率都是一样。如果产权弱化，或是政府过度干预资源配置时，将导致资源配置的无效率。如果能确定土地为私人产权，明晰产权制度，允许土地自由转让，这是使生产要素与土地发挥最大效率的不二法门。这种由案例实证中演绎出的一般理论后来成了新制度经济学的经典之作。

张五常的《经济解释》一书从经济学的角度出发，融入了"新制度经济学"的研究成果，即产权和交易费用理论，用科学的方法来解释现实生活中的经济现象和行为，深入浅出，通俗易懂。书中清晰地阐释了需求的本质、缺乏与竞争的关系、价与量的关系等需求定律的重要观点和概念准则。并用通俗的语言、生动的生活案例阐释了重要的经济理论和概念，如收入、投资、财富、利润、租值、交易费用、利息理论、成本、盈利等。作者学术逻辑严密，由浅入深地以一个经济学人客观的思维和科学的方法论述了市场和非市场环境下的供需关系、价格控制理论，并结合具体的案例进行分析，对解释现实世界具有深刻的启发意义。

### （七）埃莉诺·奥斯特罗姆

埃莉诺·奥斯特罗姆（Elinor Claire Awan，1933～2012）是一位美国政治经济学家。因她对经济治理尤其是公共经济治理方面的分析而与奥利弗·伊顿·威廉姆森共同被授予2009年诺贝尔经济学奖，她也是第一位获得此项荣誉的女性。她的研究主要围绕新制度经济学和政治经济学的复苏。奥斯特罗姆曾任美国印第安纳大学布鲁明顿分校政治学系阿瑟·本特利讲座教授。她也是亚利桑那州立大学制度多样性研究中心的创办主任。她还是美国科学院院士和美国政治学会前主席。奥斯特罗姆1965年在加州大学洛杉矶分校获得政治学博士学位。2012年6月12日，因胰腺癌去世，享年78岁。

埃莉诺·奥斯特罗姆在政治学、政治经济学、行政学、公共政策、发展研究等诸多领域享有很高的学术声誉，其首创的政治理论与政策分析研究所已经被公认为美国公共选择的三大学派之一。她的研究特色是在富有系统性理论的基础上进行深入广泛的实证研究，主要集中在运用公共选择与制度分析理论和方法，分析公共事务，尤其是警察服务、公共池塘资源的自主治理问题，她对于公共选择与制度分析的理论和方法的发展，对于公共政策研究和新政治经济的研究，作出了举世瞩目的杰出贡献。

首先，在《公共事务的治理之道》中，她认为传统的分析公共事务的理论模型主要有三个，即哈丁的公地悲剧（1968）、道斯等（Dawes et al.）的囚徒困境（1973，1975）以及奥尔森的集体行动逻辑（1965），但是他们提出的解决方案不是市场的就是政府的，而且得出的结论往往是悲观的；然后，她指出当前解决公共事务问题的或者以政府途径（利维坦）为唯一或者以市场途径为唯一的途径是有问题的，她怀疑仅仅在这样两种途径中寻找解决方法的思路的合理性；最后，她从理论与案例的结合上提出了通过自治组织管理公共物品的新途径。

## 三、新制度经济学的分析框架

由于新制度经济学是对新古典经济学的补充、修正和发展，也就意味着新制度经济学在主体框架上是与新古典一脉相承的，首先来看新古典经济学的分析框架。

### （一）新古典的经济学的基本假设和分析框架

1. 新古典经济学的基本假设

（1）经济人假设。人是在时间、资源、技术或知识、制度等诸多约束条件下追求最大化"效用"或幸福的动物。把人看作"经济人"，即利己的人。消费者追求效应最大化或厂商追求利润最大化。

（2）完全信息假设。新古典经济学的多数理论具有完全信息假设，即认为经济主体都具有完全的获取经济活动所需的所有信息的能力。并且，交易双方所掌握的与交易有关的信息相同，即信息对称。

（3）完全理性假设。认为经济主体都具有对所有信息进行充分分析，作出正确判断的能力。完全理性假设于完全信息假设相结合，可以得出新古典经济学的确定性假设：对经济主体来说，既然可以获得足够的信息并进行完全正确的处理，那么就必然可以明确地把握现实世界各方面特征，现实世界的未知性和不确定性也就消失了。

（4）市场经济假设。市场经济秩序已经建立，并基本建立在私有产权的基础上，相关制度已经完善而且既定不变。

2. 新古典经济学的分析框架

（1）假设市场制度和产权安排既定不变，用生产函数描述产出状况，用效用函数描述个人偏好，用预算约束限制选择空间。（第一个层次，新古典经济学一般假定市场制度和私有产权既定不变，并用生产函数描述生产条件，用效用函数描述人的偏好和欲求，用预算约束描述选择集。）

（2）在完全理性的假设下，分析消费者追求效用最大化和厂商追求利润最大化的经济行为。（第二个层次，在经济个体是理性经济人的假设之下，用最优决策理论分析他们的经济行为，即假定消费者追求效用最大化，厂商追求利润最大化，并分别分析他们的消费行为和生产行为。）

（3）用均衡的分析方法分析各个经济主体相互作用后的结果。（第三个层次，一般是用均衡分析法分析个体的交互作用的结果。以上三个层次的分析一般被称为实证分析。）

（4）用帕累托标准判断市场的效率情况。一般以"帕累托最优"为效率评价的标准，并以此来证明完全竞争的市场经济符合这一标准。这一层次的分析是规范分析。

### （二）新制度经济学的基本假设和分析框架

1. "经济人"假定

人们总是在一定的约束条件下（环境约束、资源约束、理性约束、机会约束等）追求利益（多目标整合后的总收益或总效用）最大化。新制度经济学认为，个人总是在一定约束条件下最大化自己的效用，在新制度经济学中，一个人无论是政府官员还是企业主，都被认为是在其选择集内进行自己的选择，追求自己的目标函数最大化。同时，新制度经济学坚持了奥地利学派的个人主义的观念，坚持认为任何组织如企业、团体、政府等的集体行动，其行为准则，不能像个人那样简单套用效用最大化假设，而是需要研究其围观个体成员的行为，以及这些行为的交互的影响，才能最终解释其集体行动的基本准则。

2. 不完全信息

指有关市场主体获取的或掌握的信息不足以使市场主体作出理性判断或决策。经济主体不可能具有获得所需的所有信息的完全能力。在不完全信息条件下，交易双方所获得的信息可能不相等，即存在信息不对称问题。

信息不对称指的是某些参与人拥有但另一些参与人不拥有的信息。按非对称信息发生的时间：分为事前不对称和事后不对称，事前信息不对称问题被称为逆向选择（如二手车市场），事后信息不对称问题被称为道德风险（如买保险）。

3. 有限理性

经济行为人在获取、分析、处理信息，进而做出决策的能力是有限的。新制度经济学家们认为，要更深刻地理解现实世界的制度与经济运行，就必须承认人们只有有限处理和分析信息的能力。有限理性与不完全信息假设一起，也就推翻了新古典经济学确定性的假设，即在经济主体不能获得完全信息，不能对信息做出完全正确的分析判断的条件下，现实世界就不再是确定的了，而是一个充满未知和风险的不确定的世界。

阿罗、西蒙、科斯等都认为人的理性是有限的。这种假设源于：一是环境是复杂的，人们面临的是一个复杂的、不确定的世界；二是人对环境的计算能力和认识能力是有限的，人的头脑也是一种稀缺资源，人不可能无所不知；三是事物是发展的，其属性和状态是不断变化的、不可知（诺斯），因此有关人的理性的假定遵循这样的逻辑：

完全理性→直觉理性→有限理性→相对理性

4. 机会主义倾向

所谓机会主义行为倾向，是指人具有随机应变、投机取巧、为自己谋取更大利益的行为倾向。用经济学术语定义，所谓机会主义行为倾向，是指在非均衡市场上，人们追求收益内在、成本外化的逃避经济责任的行为（如经理人）。

在新制度经济学看来，如果存在不完全信息、有限理性和机会主义行为，就根本不必对经济制度进行研究；但是，现实经济必须在交易费用大于零和不完全信息的环境中运行，所以制度的经济分析是十分重要的。

新制度经济学坚持个体主义、自由主义，承袭了新古典经济学对个人行为的基本假设以及分析方法（稳定性偏好、理性选择模型和边际分析、均衡分析等），这使它保持了与主流经济学的密切关系。

新制度经济学与新古典经济学在理论上并不完全一致，新制度经济学引入制度因素，强调个人的社会属性，即个体行为促成制度形成，制度对社会个体有反作用，制约甚至能够改变个体行为。新制度经济学的研究重点由资源配置转向人类之间的生产交易关系。

新制度经济学修正了新古典主义的无摩擦环境假定。用有限理性、机会主义、不完全竞争、不完全信息及交易费用为正等，修正了完全信息、充分理性、交易费用为零及完全竞争等新古典假设，并注重对"真实世界"的观察和研究。

新制度经济学引入历史归纳法、案例分析、非均衡分析等新方法，更多运用比较方法，重视可行形式之间的比较，而不仅仅是与抽象的无摩擦的理想状态比较。

## 四、新制度经济学相关理论

### （一）产权理论

产权理论主要研究产权对经济运行及资源配置的影响，产权的性质，产权制度的效率比较，产权制度的演进等，代表人物德姆塞茨、阿尔钦、张五常、巴泽尔。在科斯之后，经德姆塞茨、阿尔钦、张五常和巴泽尔等的努力，产权理论已成为新制度经济学的重要组成部分。其内容主要包括产权的性质、产权制度的效率比较、产权制度的演进等，旨在说明如何通过界定、使用和变更产权安排，降低或消除市场机制运行的社会成本，改善资源配置。

### （二）交易费用理论

科斯首先发现了交易费用，威廉姆森全面发展了交易费用理论。在科斯的原创性贡献之后，经过威廉姆森等的极力发挥与传播，交易费用理论已成为新制度经济学中极富扩张力的理论框架。其内容主要包括"交易"的一般化、交易费用及其测度、交易的契约安排等。交易费用理论架起了制度分析与新古典理论间至关重要的联系。

### （三）组织理论

组织理论包括企业理论和国家理论，代表人物诺斯，巴泽尔。在科斯对"企业的性质"所作出的解释引起关注之后，对人类社会经济活动中的各组织形式加以解释，一直是新制度经济学中一个较为活跃的研究领域，并构筑起相对成熟的理论框架。其内容主要包括企业理论和国家理论等，旨在说明各种组织形式的经济逻辑。

### （四）契约理论

契约理论关注契约的签订、执行及再谈判。继科斯在《企业的性质》一文中提出以管理者权威来协调交易与契约的执行之后，威廉姆森提出针对不同的交易应当选择不同的契约，并建立相应的治理机构。在对威廉姆森这一思想进行模型化的过程中，格罗斯曼和哈特等逐步背离了交易费用理论开创了以强调"重新谈判"为重要特点的不完全契约理论。

### （五）制度变迁理论

制度变迁理论研究制度的起源，制度的供求及均衡，制度创新与变迁，制度的内生化，代表人物诺斯、戴维斯、林毅夫。科斯理论中所蕴涵的制度选择与演化思想，经诺斯和戴维斯等的发挥，衍生出新制度经济学的制度变迁模型。其内容主要包括制度的起源、制度的供求及均衡、制度创新与变迁等，旨在说明制度因素在经济增长与发展过程中的内生性。

新制度经济学领域获得诺贝尔经济学奖如下：

阿罗（Arrow，1972）：一般均衡理论（信息经济学）

哈耶克（Hayek，1974）：货币理论和经济波动（发散知识）

西蒙（Simon，1978）：经济组织内的决策制定过程（有限理性、权威）

舒尔茨（Schultz，1979）：发展中国家的经济发展（人力资本、制度）

斯蒂格勒（Stigler，1982）：产业结构和公共管制（信息成本）

布坎南（Buchanan，1986）：公共选择（宪政经济学）

科斯（Coase，1991）：交易成本和产权（生产的制度结构）

诺斯（North，1993）：经济史的新制度分析（新经济史学）

米尔利斯和维克里（Mirrlees and Vickrey，1996）：不对称信息下的激励理论（合约理论）

阿克洛夫、斯彭斯和斯蒂格利茨（Akerlof，Spence and Stiglitz，2001）：不对称信息下的市场分析（合约理论）

谢林（Schelling，2005）：冲突和合作的博弈分析（侧重于国际关系）

赫尔维茨、马斯金和迈尔逊（Hurwicz，Maskin and Myerson，2007）：机制设计理论（合约理论）

奥利佛·E. 威廉姆森和埃莉诺·奥斯特罗姆（Oliver Eaton Williamson and Elinor Ostrom，2009）：经济管理

## 本章思考题

### 一、名词解释

经济人　制度　新制度经济学　意识形态　有限理性　机会主义　正式制度　非正式制度

### 二、简答题

1. 简析正式制度与非正式制度的关系。

2. 制度的作用有哪些？

3. 新制度经济学的研究对象？

4. 新制度经济学关于人的行为有哪些方面的假定？

5. 新制度经济学的基本特征？

### 三、论述题

1. 试述新制度经济学与新古典经济学的关系？

2. 如何将制度经济学的方法、原理等运用到你的研究之中？请结合本课程的学习，运用新制度经济学的相关概念、分析工具和研究方法，分析你所学专业中的某个现象。

# 第二章
# 交易费用理论

## 第一节 交　易

## 一、交易

康芒斯认为人类的活动总体上有两类：生产性活动和交易性活动。生产性活动是指人与自然界发生关系的活动，如资源的开采、产品的加工等。交易性活动是指人与人之间发生经济关系的活动，如商品买卖、劳资谈判、企业内的管理活动、股票交易等。他认为交易是人类经济活动的基本单位，是制度经济学的最小单位。

马克思在1885年《资本论》第二卷中讨论的流通费用问题，指的显然是交易费用。按照马克思的论述，流通费用是指在流通中所耗费或支出的各项费用，包括纯粹的流通费用、保管费用和运输费用。纯粹的流通费用又包括：买卖所费的时间、簿记费用和货币磨损费用等。尽管流通费用还不是现代意义上的交易费用概念，但表明马克思已经认识到交易存在费用的问题。

新古典经济学认为，价格机制能够自动保证各种资源的配置达到帕累托最优。这意味着市场价格机制的运转是无成本的、无摩擦的，交易是不需要任何费用的。然而科斯的问题是既然价格机制如此完美，为什么企业内部交易这种方式会存在？人们以企业取代市场的根本原因是什么？在科斯看来，之所以如此，是因为价格机制的运行是有成本的。企业替代市场一定是因为企业内部的交易在一定限度内可以降低市场运行所需的交易成本。

在新制度经济学中，交易的概念是经济主体之间所发生的产权的转让。对于这一概念需要做如下解释：

（1）交易是以产权为对象的，这是新制度经济学与新古典经济学的根本区别之一。在新古典经济学的分析框架中，所分析的是具体的有形或无形的物品的最优配置问题，而新制度经济学则将最优配置原则应用在更为细致的、关于这些物品使用的财产权利，即产权。如果说物品的交换及其交换关系所构成的市场是新古典经济学分析资源最优配置问题的基本工具，那么新制度经济学的分析则要细致到以产权为对象的交易行为，从而以更细致的分析来弥补和修正新古典经济学的分析框架。

（2）作为交易对象的产权，可以是附着于同一物品上的整束权利，也可以是一部分产权构成的一束权利，甚至是某一项产权。举例来说，经济主体既可以转让自己的一块土地的私有权，也可以只转让土地的耕种权，或在土地上建筑房屋的权利，甚至是在一定的时期内经营这片土地的权利。

（3）产权的交易可以是以货币为媒介，也可以采取以产权换产权的直接贸易的形式。如企业为了扩大规模可以从土地所有者手中以明确的货币价格购买土地，也可以吸收土地所有者以土地使用权入股，即以工厂的部分产权换取土地的使用权。再如，一般来说，工人可以将自己的劳动力使用权以明确的报酬卖给工厂，而在我国的股份合作制企业中，工人除了获得明确的固定工资外，还可以根据自己拥有的股份获得一定的分红——在股份合作制企业中工人的劳动力的转让，一部分是以货币为媒介，即获得相应的工资；一部分则采取了产权换产权的直接交换方式，即以劳动力使用权直接换得工厂的一部分（以工人所拥有股份为计量的）企业产权。如果说货币制度的发展使得直接以物换物的市场交换减少了，那么从新制度经济学的角度看，货币媒介并没有占据产权交换的所有阵地，前面所讲的以产权换产权的直接贸易形式在现代社会中依然比比皆是。

（4）交易的过程比较复杂。首先，交易的对象产权往往不再满足新古典经济学的同质性假设。例如我们面对的企业往往各不相同，差异巨大——两个企业的股权往往很难明确比较其价格的高低。而即使是同一个企业，在企业的产权交易中要计算清楚其市场价值也是一件比较困难的事——股市上股票价格的风云变幻就说明了这一点。其次，产权的转让过程也相对复杂：既然产权往往不满足新古典经济学的同质性假设，那么，在产权的转让过程中交易双方需要对产权的价值进行仔细分析；产权交易的时间跨度也相对较大，这无疑增加了交易的难度。正是由于这些原因，产权的转让过程往往要通过达成相应的契约的方式来进行。而无论是契约的设计、谈判、签订还是维护，都是比较复杂且具体的问题。而也正是由于产权转让过程非常复杂，我们才不得不关注交易过程中发生的一系列交易费用。

新古典经济学所讨论的简单的物品交换，其实质也是产权的转让，只不过是被用于交易的产权满足了一些同质性假设而已——就其实质来说只是我们讨论的"交易"中的一种特例——而在这种简单的交易过程中无论是契约的设计、谈判、签订还是维护都相对容易得多，甚至是瞬间完成的。因此，新古典经济学对交易过程的理想化、简单化的抽象可以适用于这些特例；而当我们要讨论产权的转让问题时，就不可能再拘泥于这样的特例了。

显然，我们这里所讲的交易的概念与一般的市场交易的概念不同，这一概念也是新制度经济学基本观点的综合，是为了保证新制度经济学分析的逻辑统一性而作出的概念界定，为进一步分析经济主体之间的制度问题奠定了概念基础。

## 二、交易的维度

交易过程的复杂程度要视交易的具体特征不同而各有差异。影响交易过程复杂程度的变量有哪些呢？威廉姆森以交易的三个维度即资产专用性、不确定性和交易频率对交易进行比较，区分不同的交易。其中以资产专用性最为重要，是区分交易费用理论与其他理论的"最重要的特点"[①]。

### （一）资产专用性（通用性、混合型）

1. 资产专用性的含义

资产专用性指的是为支持某项特殊交易而进行的耐久性投资所形成的资产，一旦形成便很难转移到其他用途上。资产专用性被定义为在不牺牲生产价值的条件下，资产可用于不同途径和由不同使用者利用的程度。资产专用性是"在不牺牲生产价值的条件下，资产可用于不同用途和由不同使用者利用的程度。它与沉没成本概念有关。"在存在资产专用性的情况下，如果交易过早地终止，所投入的资产将完全或部分地无法改作他用。因为在投资所带来的固定成本和可变成本中都包含一部分不可挽救的成本或沉没成本，所以契约关系的连续性意义重大。当资产专用程度加深时，出于追求契约保障的需要，纵向一体化才会出现，它更能体现出企业在资源配置方面的优势。

2. 资产专用性主要类型

（1）场地专用性。比如，在某一特定场所兴建厂房的投资，此

① ［美］奥利弗·E. 威廉姆森：《资本主义经济制度》，商务印书馆 2004 年版，第 78 页。

类投资专用性很强，投资之后再想改作其他用途就非常困难。这里专用地点是指特定的区位对于特定的交易具有的专用性，如码头对于海运公司具有专用特性。

（2）物质资产专用性。专用的实物资产，如专用的模具、机械设备、固定资产设施、机械设备等。

（3）人力资产专用性。指工作中有些人才具有某种专用技术、工作技巧或拥有某些特定信息，他们所掌握的技术和知识专门服务于某项交易，一旦这项交易被取消，那么这些技术和知识便全部或部分地失去意义。专用的人力资本即由人力资本投资而掌握的某种特定的技能和知识的拥有，例如专注于某一领域的专家、企业的管理者、注册会计师等。人力资本的专用性往往来自特殊的长期的教育培训以及生产生活中的"know-how"等。

（4）其他的特定用途的专用资产。如商誉、品牌。需要注意的是，这些专用性的资产只有针对特定目的时才具有专用性。例如，某一领域的专家只有在研究特定的问题（与其研究方向一致）时，其知识和经验才具有专用性；注册会计师的技能只有在进行与其相关的活动（如财务管理）时才会有专用性。这些专用性资产往往由于这些特殊的投资而产生一种租金，给其拥有者带来高额的利润回报。不同的资产专用性投入需要不同的组织形式与之结合，因此，资产专用性的概念对于后面认识一体化行为、非标准合同、公司治理结构具有重要的意义。

### （二）交易的不确定性

在交易过程中交易双方通常要面临来自环境或市场的不确定性和交易行为的不确定性。威廉姆森进一步强调了行为不确定性的特殊重要性。

当交易过程中的不确定性很高时，交易双方对未来可能发生的事件就无法预期到，因而也就很难把未来的可能事件写入合约中。在这种情况下，就必须设计一种交易当事人双方都能接受的合约安排，以便在事后可能的事件发生时保证双方能够平等地进行谈判，做出新的合约安排，这必然会增加交易成本。

交易过程中出现的不确定性分为原发和继发的两种，前者是指随机发生的不确定性问题，后者是指信息不对称带来的一方无法了解另一方的行为决策。前者具有不可预测性，但是后者属于的投机行为带来的问题。有限理性决定了交易双方无法签订完全的协议，源于投机行为的不确定性使得交易关系变得复杂。不确定性会对经济组织产生影响吗？这要看具体情况。当交易不涉及专用性时，即使没有房客租住，市中心的房子也可以轻而易举地改为写字楼租给公司或者改装为商店。因此，不确定性不会单独对交易性质产生影响，但是一旦交易涉及专用性问题，不确定性的增大就要求交易双方设计各种机制以解决可能带来的问题。

### （三）交易的频率

交易的频率越高，相对的管理成本与议价成本也升高。多次发生的交易，较之一次发生的交易更需要经济组织来保障。

交易频率的升高使得企业会将该交易的经济活动内部化以节省企业的交易成本。经常发生的交易较一次性交易更容易补偿交易规制结构确立和运行的成本，相对降低交易代价。交易频率越高，交易治理结构的费用越容易得到补偿。

交易的频率，或者说交易的次数，也是影响交易双方行为关系的因素。如果仅仅为了一两次交易就设计并维持一项专门的治理结构，显然是不划算的。因为这种治理结构带来的成本无法在一两次交易中获得补偿。也就是说，只有在交易经常发生，而且涉及资产专用性的时候，专门制定一个治理结构并维持其运转才是值得的。这与斯密定理具有相同的内涵，即劳动分工受制于市场范围。大规模的重复交易才能促使一个专门的劳动分工形式——解决不确定性和资产专用性问题的特殊治理结构——产生并维持其运转。

## 三、交易的分类

### （一）威廉姆森的分类

威廉姆森根据其对交易维度的考察将交易划分为古典交易、新古典交易与关系型交易。古典交易更倾向于短期或者银货两讫的交易，特点是交易的对象是通用型资产，交易双方的不确定性比较低；新古典交易是一种长期契约关系，由于交易对象是混合型资产，双方容易产生争执，对于争端的解决，他们不是直接求助于法庭诉讼，而是在解决冲突和评价绩效上采用第三者仲裁。关系型交易是长期交易，交易双方重视维持交易的长期性，由于合作是长期的而且情况十分复杂，是不可能对行为的详细计划达成协议，只能通过双方关系的维持来达成，最终将走向一体化。

### （二）康芒斯的分类

"交易"可以分为3种类型：

1. 买卖的交易

买卖的交易即法律上平等的人们之间自愿的交换关系，如商品买卖等。其一般原则是稀缺性，主要表现为市场上人们之间平等的竞争性买卖关系。

2. 管理的交易

管理的交易即长期合约规定的上下级之间的不平等交易，主要表现为企业内上下级之间的命令与服从关系。如企业内部上下级的关系等。其一般原则是效率。

3. 限额的交易

限额的交易特指政府与个人的经济关系，其一般原则是秩序。

这3种交易类型覆盖了所有人与人之间的经济活动。康芒斯的伟大贡献在于，将过去人们认为不相干的一些事情，通过"交易"这个一般化的概念联系和归纳在一起。不同的经济制度不过是这三种交易类型的不同比例的组合。

把制度运作与交易联系在一起，并认识到交易是人与人之间对自然物的权利的出让和取得关系，是权利的转移，这是康芒斯对经济学发展的一个重大贡献。但是康芒斯所采用的分析方法，并不是经济学的方法，他并没有对交易进行成本与收益分析，而主要是哲学、法学、社会学和心理学的方法。

### （三）诺斯的分类

根据专业化和分工的程度，诺斯把迄今为止人类社会经历的交易形式分为两种：一是简单的人格化的交易形式，二是非人格化的交易形式。

在人格化的交易形式中，社会分工处于原始状态，交易的买和卖几乎同时发生，每项交易的参与者较少，当事人之间拥有对方较完全的信息，交换建立在个人之间相互了解的基础上，交易费用低。此时，信任对交易行为的规范完全可以依靠"人情"而不必依靠契约和法律。在这种交易形式中，专业化与分工处于较低水平，交易在彼此熟悉的当事人之间重复进行，买和卖都几乎同时发生，当事人之间拥有对方的完全信息，彼此之间的利益也依赖于这种稳定的伙伴关系，因而不需要建立正式的制度规则来约束人们的交易行为，道德准则、价值观念等非正式规则是交易双方的主要约束形式。信守合约的收益大于成本。

随着社会分工的发展和专业化程度的提高、交换的频率增加和市场规模的扩大，非人格化的交易形式——现代市场经济应运而生。这种交易形式打破了狭隘的时空限制，使交易的地域变得广泛，交易双方相互不知底细，因而交易的信用再也不能依靠"人情"，而必须依靠契约、依靠正式的制度规则来约束人们的交易行为。现在要建立现代市场经济——一个以法治为基础、以自由契约为基础的市场形态，就是以非人格化交易机制维系的无形市场。

### （四）内部交易与外部交易

内部交易，是指组织内部成员间依照组织内的规则而进行的交易。外部交易，指除内部交易外的其他交易，包括组织以一个整体参加且与其他组织内规则无关的交易。

要了解内部交易与外部交易的区别，首先要了解组织概念。组织是由成员构成的，遵守一定规则运行的，并以一个整体来参与相关规则的机构。应注意的是，并不是所有的组织内成员之间的交易都可以断定为内部交易，如同一个汽车工厂中的工人，相互之间进行的与工厂内部规则无关的文物收藏交易，对于工厂这个组织来讲，就不是内部交易。而工厂中各车间之间体现的生产流程中一些车间为另一些车间提供零部件的交易则是典型的组织内部交易。而如果这些零部件从其他企业中购买，则属于外部交易。显然，企业的纵向一体化具有将外部交易内部化的特点。而企业的分拆则会导致原有的内部交易变成外部交易。内部交易与外部交易的关键区别在于两者所适用的规则不同。

### （五）产品的交易与要素的交易

依照新古典经济学中产品市场与要素市场的划分，以劳动力、土地和资本为交易对象的交易是这些要素市场上不同于一般商品交易的要素交易。同样以工厂中各车间之间中间商品的交易为例，有的学者则认为，这种交易的实质是要素交易替代了产品交易：各车间之所以会依照工厂内部的规章，安排零部件的使用流程，从而代替市场上中间产品的买卖，正是由于各车间的工作人员及管理者已经将自己的劳动力在劳动力市场上销售给了企业，从而必须服从企业的行政管理。

## 第二节　交易费用

## 一、交易费用的含义

交易费用思想最早是科斯在 1937 年《企业的性质》中提出的，科斯在其 1937 年的著名论文《企业的性质》中提出了很有价值的思想：①企业如何确定自己的边界？即企业应该把哪些经济活动划入自己的内部活动范围，又把哪些经济活动划到外部去？科斯认为，企业的边界是可变的，可以收缩也可以扩展。经济学的一个重要任务就是找出并明确划分企业边界的决定性因素。②与此相关，应该研究限制企业扩张范围的因素，即如果说用企业体制来组织经济活动比用市场体制来组织更好，那么为什么不把所有的经济活动都组织到一个企业中去？可见与市场比较而言，企业体制也有局限性。为了解释这些问题，科斯提出了"交易费用"的概念。交易费用是西方新制度经济学的核心范畴。

科斯认为利用市场进行交易也是有成本的，科斯把企业利用价格机制的成本称为交易费用。企业之所以产生，是因为利用企业内部的行政命令组织生产要素进行生产的成本会低于运用市场上的价格机制调节生产的交易费用。科斯认为是因为企业通过市场买进比自己生产更便宜，否则，企业会选择自己生产。正是由于企业在一些生产活动中具有节约交易成本的作用，所以企业才会产生。科斯曾说，利用价格机制是有费用的，必须去发现价格是什么，要进行谈判、起草合同、检查货物、作出安排解决争议等，这些费用被称为交易费用。

交易费用的概念是威廉姆森最先提出的。威廉姆森将交易费用分为合同签订之前的交易费用和合同签订之后的交易费用，并特别强调合同签订之后的交易费用问题。合同签订之前的交易费用包括起草、谈判、规定双方的权利责任、保证落实某种契约的成本，即达成契约的成本；合同签订之后的交易费用包括为解决契约本身存在的问题，从改变条款到退出契约花费的成本，签约之后的成本；因合同有误而更改合同的成本；退约的成本；仲裁费用（政府、法院、仲裁机构等），这些都是为了确保交易关系的长期化和持续化所付出的费用。具体来说，产生交易费用的原因包括以下几方面：①由于交易行为偏离合同导致的交易双方的"不适应"成本；②为纠正事后不合作行为而进行的讨价还价的成本；③为解决合同纠纷而建立治理结构的成本；④为保证合同条款兑现而付出的成本。这种时候的交易费用来源于交易中的不确定性导致的事前签约的不完备性。由此看来，事先的签约成本和事后的签约成本具有一定程度的替代性。事先签订的合约越详尽，事前的交易成本越大，这样做的结果便会使事后由于签约不完全导致的合同纠纷越少，从而产生的事后交易费用越小。由于存在不确定性，人们无法充分预见未来并且签订严密的合约，事先的交易成本和事后的交易成本的替代性具有一定的范围，二者不能完全替代。

阿罗认为交易费用是经济制度的运行费用，这一费用包括制度的确立或制定成本（如信息费用）；制度的运转或实施成本（如排他性费用）；制度的监督或维护成本（如执行费用）。

诺斯将交易费用分两部分：谈判的费用和履行的费用。诺斯将交易费用定义为规定和实施构成交易基础的契约成本，因而包含那些从贸易中获取的政治和经济组织的所有成本，显然，这一界定是从较为宽泛的意义上理解交易费用的，即是说，在诺斯看来，交易费用不仅包括市场型交易费用，也包括管理型交易费用和政治型交易费用。

张五常认为交易成本是一系列制度成本，包括信息成本、谈判成本、界定和控制产权的成本、监督成本和制度结构变化的成本。除了与物质生产过程和运输过程直接相关的成本之外的所有成本都是交易费用，交易成本是衡量和明确交易单位特征和实施契约的成本。

巴泽尔将交易成本界定为与转让、获取和保护产权有关的成本。一般来说，交易费用是个人交换他们对于经济资产的所有权和确立他们的排他性权利的费用。

从上述交易费用的定义可以看出，经济学者们主要从以下3个角度来界定交易费用：

（1）交易的费用：经济主体间为实现产权转让所需的费用。

（2）交易各阶段的费用：交易费用包括准备合同的成本、达成合同的成本、监督和实施合同的成本。即交易费用被定义为交易各阶段所发生的各种费用的总和。

（3）制度的运行费用：交易费用实际上是经济制度的运行费用，交易费用就是"制度成本"，交易费用的变化可以体现出制度结构的变化。

## 二、影响交易费用的因素

深入分析交易费用的产生原因和决定因素是交易费用理论的核心问题，对交易费用决定因素进行了探讨的新制度经济学家主要有威廉姆森和诺斯。

### （一）威廉姆森的分析

威廉姆森主要是从人的因素、与特定交易有关的因素以及交易的市场环境因素3个方面来分析交易费用的决定因素的。其中，人的因素是指他对人的行为的两个基本假设：有限理性和机会主义。与特定交易有关的因素则是指他提出的决定交易性质的三个维度：资产专用性、交易的不确定性和交易频率。而交易的市场环境因素指的是潜在的交易对手的数量。

1. 人的因素

威廉姆森认为，现实的经济生活中的人并不是古典经济学所研究的"经济人"，而是"契约人"，"契约人"都处在交易之中，并用或明或暗的合约来协调他们的交易活动。"契约人"的行为特征不同于"经济人"的理性行为，而具体表现为有限理性和机会主义行为。正是有限理性和机会主义行为导致了交易成本的产生。

（1）有限理性（bounded rationality）。有限理性是主观上追求理性，但客观上只能有限地做到这一点的行为特征。也就是说，通常人们经济活动的动机是有目的、有理性的，但仅是有限条件下的理性行为。威廉姆森认为有限理性这一定义的两部分都应得到重视，其中的主观理性部分导出了最小化交易费用的动机，而对认知能力有限的认识则鼓励了对制度的研究。在现实经济生活中，人们建立不同的经济组织，选择不同的合约形式都是为了弥补个人在外界事物不确定性、复杂性时的理性的不足。威廉姆森说："理性有限是一个无法回避的现实问题，因此就需要正视为此所付出的各种成本，包括计划成本、适应成本，以及对交易实施监督所付出的成本。"

（2）机会主义行为。所谓的机会主义行为是指人们在交易过程中不仅追求个人利益的最大化，而且通过不正当的手段来谋求自身的利益，例如，随机应变、投机取巧、有目的和有策略地提供不确实地信息，利用别人的不利处境施加压力，等等。威廉姆森所说的投机指的是损人利己；包括那种典型的损人利己，如撒谎、偷窃和欺骗，但往往还包括其他形式。在多数情况下，投机都是一种机敏的欺骗，既包括主动去骗人，也包括不得已去骗人，还有事前及事后骗人。

机会主义行为又分为事前的和事后的机会主义行为。前者以保险中的逆向选择为典型，投保人尤其是风险较大的投保人不愿意坦率地披露与自己的真实风险条件有关的信息，还会制造虚假的或模糊的信息。后者以保险中的道德风险、代理成本为典型，面临的是契约的执行问题，即已经取得保险的投保人不以完全负责的态度行事，不采取应当采取的缩减风险的行为。

正是这些机会主义的行为表现导致了信息不对称问题，从而使经济组织中的问题复杂化了，其直接结果就是合同风险。如果契约人只有自利行为而没有机会主义行为，那么人们可以相信缔约人将会忠实地履行他的承诺。但是，如果契约人会采取机会主义行为，那么他不仅不一定守约，而且还会见机行事，使事后的实际结果不是按合同而是按有利于他的方向发展。此时，怎样采取措施遏止机会主义也就有了经济意义，当然同时也带来了新的成本。

威廉姆森说，人的本性直接影响了市场的效率。他认为，人的机会主义本性增加了市场交易的复杂性。因此，交易过程中发生在商检、公证、索赔、防伪中的费用即交易费用就会增加，影响了市场的效率。

2. 与特定交易有关的因素

威廉姆森认为，某些交易要按这种方式来组织，而其他交易要按哪种方式来组织，其中必有经济上的合理原因，因此有必要找出是什么原因使得各种交易彼此不同。威廉姆森通过对与特定交易有关的因素，即他所谓交易的三个维度（资产专用性、不确定性和交易频率）对这个问题进行了解释。不同的维度与交易成本有关，三者中，资产专用性最重要最独特。

（1）资产专用性。威廉姆森用资产专用性解释交易成本的起源，再由交易成本而研究各类合同，从各类合同中发现相应的治理结构，由此考察各种经济制度，再从效率上对这些制度进行比较。威廉姆森的研究进一步推进了马歇尔、马尔沙克以及波兰依的观点，即资产专用性可以有很多形式；资产专用性不仅引起复杂的事前激励反应而且更重要的是它还引起复杂的事后治理结构反应；对所有形式的经济组织进行的研究，成了交易成本经济学的主要研究内容。

（2）交易的不确定性。这里的不确定性是广义的，它既包括事前只能大致甚至不能推测的偶然事件的不确定性和交易双方信息不对称的不确定性，而且包括可以事先预料，但预料成本或在契约中制定处理措施的成本太高的不确定性。对不确定性，库普曼斯将其分为两种：一是原发的不确定性，指的是由于自然无须行为和无法预测的消费者偏好的变化造成的不确定性；二是继发的不确定性，即由于缺乏信息沟通，使一个人在作出决策时，无从了解其他人同时也在做的那些决策和计划所带来的不确定性。威廉姆森则进一步强调了行为的不确定性对理解交易成本经济学问题的特殊重要性。行为的不确定性即由于人的机会主义行为以及这些行为的千差万别（人们往往无法预见）而产生的不确定性。

（3）交易频率。交易的频率是指同类交易的重复发生的次数。一般来说，资产专用性越强，不确定性越大，交易频率越高，则建立专门治理结构就越具有经济性。

3. 交易的市场环境因素（竞争对手的数目）

交易的市场环境是指潜在的交易对手的数量。简单地说，交易竞争对手越多契约就越容易达成和履行。威廉姆森指出，交易开始时有大量的供应商参加竞标的条件，并不意味着此后这种条件还会存在。完全竞争市场还起着抑制机会主义行为的作用，从而降低交易费用；如果市场上交易主体数目很少，如垄断，那么非垄断交易一方的市场交易费用就很高。

### （二）诺斯的分析

诺斯并没有对市场型交易费用、管理型交易费用和政治型交易费用的决定因素进行全面分析，而主要是分析了市场型交易费用的决定因素。对市场型交易费用的决定因素，诺斯则主要从商品的多维属性、信息不对称与人的机会主义动机、交易的人格化特征等方面进行了分析。

1. 商品和服务的多维属性

诺斯认为，作为交易对象的商品、服务（代理人给购买者提供的服务）都具有许多属性和有价值特征，他们的层次在不同种类商品和不同代理人之间是不同的，要对其充分理解和精确计算代价高昂。如诺斯所言，确定所交换的每单位物品或服务的单个属性的层次是要支付信息成本的。它是在这方面进行交易代价高昂的基础。

2. 信息不对称与人的机会主义动机

由于商品和服务具有多维属性，就必然使交易双方出现信息不对称问题。例如，卖橘子的人比买者对橘子的价值属性更为了解，卖车的人比买车的人更了解汽车的价值属性，医生比病人更为了解服务的数量和技能，一个在保险公司购买保险的人将比保人更了解他或她的身体状况，这就给人的机会主义行为提供了现实条件并导致交易费用的产生。正如诺斯所说，不仅一方比另一方更为了解某些价值属性，而且他或她还将从信息的收集中获取收益。按照一个严格的财富最大化行为假定，当进行交换的一方进行欺骗、偷窃或说谎所获取的收益超过他所获得的可选机会的价值时，他就会这样做。

3. 交易的人格化特征

诺斯认为，交易费用的产生与交易的人格化特征也是有关系的，而交易的人格化特征又与分工和专业化程度有关。根据专业化和分工的程度，诺斯把迄今为止人类社会经历的交易形式分为 3 种：

一是简单的人格化的交易形式，这种形式中，交易是不断重复进行的，买和卖几乎同时发生，每项交易的参加者很少，当事人之间拥有对方的完全信息。显然，交易费用（TC）不会太高。由于这种交易受市场和区域范围的局限，专业化程度不高，生产费用（PC）会较高，实际上这就是新古典经济学中的完全竞争状态。

二是非人格化的交易形式。在这类交易形式中，交易费用明显上升，生产费用有所下降。

三是由第三方实施的非人际交易形式。在这种交易形式中，分工和专业化程度大幅度提高，因而使生产费用下降，但由于交易极其复杂，交易的参与者很多，信息不完全或不对称，欺诈、违约、偷窃等行为不可避免，又会使市场的交易费用增加，交易费用的增加有时会抵消专业化程度提高带来的好处。

当专业化达到一定程度以前，专业化所带来的生产费用的降低高于引起的交易费用的上升，因而专业化程度仍然会提高，而当专业化到达一定程度以后，专业化所带来的交易费用的上升已经高于所带来的生产费用的降低，因而专业化程度会受到交易费用上升的影响。

### 三、交易费用的测量

交易费用测量的困难主要有以下几方面：

第一，标准的交易费用概念还不存在。如前所述，对交易费用的含义，新制度经济学家给出了多种不同的定义。这些定义常常是启发性的而并非真正用来测量交易费用的。虽然这些定义提供了概念上的强大洞察力，但是它们并没有转变为被广泛接受的具有操作性的标准。

第二，由于产生和交易费用是被联合决定的，这导致对交易费用的单独估计变得相当困难。经济理论暗示交易费用的差异对生产边界具有重要的影响。低交易费用意味着更多的交易、更高的专业化、生产费用的变化以及产量的提高。生产费用方面的变化同样也对交易费用产生影响。

第三，如果交易费用非常高，许多交易可能根本就不会发生。即使某种特定种类的交易会发生，它也不可能出现在采用货币价格的开放市场中。结果，在所有潜在的交易中，仅仅只有一个很小的子集将真正发生，并且只有这个子集的一个子集将出现在市场上。为了搞清楚为什么某种特殊交易会被某个人采用，我们有必要对那些并没有真实发生的交易的费用进行估算。

第四，一价定理在此并不适用。在一个给定的社会中，个体和团体可能面对非常不同的交易费用，因此许多估算可能是需要的。在其他情况相同的条件下，某个人的政治关系、种族以及其他特点也将影响特殊交易的机会成本，而这些差异对于外部人来说很少是透明的。

交易费用测量是交易费用理论研究进展中的关键和难点。交易费用测量的争议来自以下几个方面：一是交易费用概念定义的差异；二是测量交易费用的精确程度不一样，有些交易的费用是容易测量的，有些测量比较困难；三是由于生产和交易成本是被联合决定，这导致对交易成本的单独估计变得相当困难。

对于交易费用能否计量，有悲观论和乐观论两种观点。悲观论认为由于交易费用中的搜集信息费用、谈判和签约费用等大多涉及人的时间和精力耗费，难以用货币表示，因而准确计量交易费用不可能。乐观论认为尽管难以对交易费用作出十分清楚的计量，但通过间接的办法还是可以对交易费用计量的。比如张五常就认为：一种成本可以度量，或可以精确地度量，并不一定意味着它可以用元或分来度量。如果我们能够说，在其他条件相同的情况下，某种特定类型的交易成本在状况 A 下高于状况 B 下，并能够说不论什么时候观察到这两种状况，不同的个人都能始终如一地确定同一种排列，那么就可以得到可检验的命题，这才是重要的。

笔者认为，对于交易费用大小的理解可以分为两个层次：总量交易费用和单笔交易的交易费用。第一个层次的交易费用又可以理解为制度或体制的差异引起的交易费用，不同的制度下交易费用是存在差异的；第二个层次的交易费用即在既定制度下测量商品或劳务的标准及技术变化引起的交易费用。第二个层次的交易费用实际上是在制度（或体制）已定的情况下的交易费用，在既定的体制下我们可以考察每笔交易的交易费用。

第一层次的测量是总量上对交易费用的测量，在一个国家，总量交易费用占 GDP 比例越高，那么这个国家的经济就越发达，总量交易费用的上升意味着为交换发展的部门越来越多，由于为交换服务部门的职业化、专业化、规模化，从而使越来越多的潜在交易成为可能。这种总量交易的费用的上升同时也意味着每笔交易的交易费用会下降。低交易费用意味着更多的交易，更高的专业化，生产费用的变化以及产量的提高。

### （一）制度费用或总量的交易费用

阿罗（1969）、张五常（1999）等这一层次交易费用的概念扩展为"制度费用"。交易费用是一系列制度费用，其中包括建立市场制度的费用、建立适当政治框架的费用，或者建立个人人际关系、树立个人声誉或培养交易技巧的费用等。E. 菲吕伯顿和 R. 瑞切特（2006）对作为制度费用意义上的交易费用的内涵及构成进行了分析：交易费用包括那些用于制度和组织的创造、维持、利用、改变等所需资源的费用。是利用市场的费用（市场交易成本）、在企业内部行使命令这种权利的费用（管理性交易成本）以及一组与某一政治实体的制度结构的运作和调整相关的费用（政治性交易成本）。对于这三种交易成本的任何一种来说，可能通过这样两个变量来识别：①"固定"交易成本，即在建立制度安排中所发生的专用性投资；②"可变的"交易成本，即取决于交易数量的费用。

诺斯曾试图从国民经济账户的有关数据中分离出交易费用。他把交易费用视为现实中的交易部门发生的费用，计算方法用社会消费品最终零售价格减去生产成本再减去运输成本。用这种方法，他测算了1870～1970 年美国交易部门规模与成本的变化，对交易费用进行了近似的估计。在私人领域，提供交易服务的部门包括批发和零售业、金融业、保险业和房地产业，以及除了政府部门以外的主要从事贸易的便利和合作与监督工作的人员，如业主、经理人、办事员、警察和保卫人员等。他发现上述私人部门和人员所耗用的资源占整个国民生产总值的比重从 1870 年的 1/4 上升到 1970 年的一半以上。但是他们的度量仅限于购买或雇用的专业化的交易资源，而没有包括个人承担的一些交易费用，如排队购买商品和在要素与产品市场上的搜索。德姆塞茨通过分析卖出价和买入价间的差额及经纪人的收费对使用有组织的金融市场的成本进行了直接测算和估计。张五常教授用类似的方法估计的交易费用占香港国民生产总值的80%，这似乎包括全部第三产业以及第一、第二产业的量度和监管费用。如诺斯所说，这些交易费用是决定一种政治或经济体制结构的制度基础。在私人部门，提供交易服务的部门包括批发和零售业（不包括运输业）、金融业、保险业和房地产业，以及除政府部门外的、主要从事贸易的便利和合作与监督工作的人员：如所有主、经理和业主（协调）、办事员（传递信息）、工头（协调与监督劳动投入），警察与保卫人员（保护财产）。上述私人部门和人员所耗用的资源占整个国民生产值的比重从1870年的1/4上升到1970年的1/2以上。我们还应注意到他们的度量仅限于购买或雇佣的专业化的交易资源，还没有包括个人承担的各种交易费用——例如排队购买商品或在要素或产品市场上的搜索。

总量交易费用的大小与体制有关，与市场的大小有关。市场交易费用、管理性交易费用、政治性交易费用等构成总量的交易费用。如传统计划经济体制下，我们试图取消市场交易费用，但管理性交易费用急剧上升，并且使市场与管理之间的替代关系不存在了，从而使总量的交易费用大大地增加。

## （二）既定制度下的交易费用

在制度既定下（或制度不变的条件下）我们可以测量完成交易所需要的成本，它包括对所交易的商品或劳务的性质的考察、收集相关信息的成本、订立、履行契约的成本等。

**案例 2 - 1**

### 二手房交易费用明细

（1）中介服务费用。

（2）抵押贷款服务费用，这类的费用的计算是您的贷款额×2%。

（3）贷款评估费用，这类费用的计算是贷款评估价×0.3%（一般房屋面积大于60平方米的×0.3%，小于60平方米的×0.5%）。

（4）契税，契税的收取是评估价与成交价取的高值×1%（90平方米以内的房子，超出144平方米的×4%）。

（5）营业税，普通住宅的营业税一般是购房满五年后免交，不满五年的【评估价与成交价取高值－购房原价】×5.55%，非普通住宅满五年交【评估价与成交价取高值 – 购房原价】×5.55%，不满五年的则是评估价与成交价取高值 ×5.55%。

（6）车库、满五年的是评估价 – 原价 ×5.55%，不满的是评估价 ×5.55%。

（7）印花税，买卖双方各承担评估价 ×0.5%。

（8）土地增值税，评估价 ×1.5%。

（9）个人所得税，评估价与成交价取高值 – 购房原价 ×105%。

（10）综合手续费每平方米 6 元。

（11）查档费每平方米 102 元。

（12）房屋登记费 92 元，非住宅为 550 元。

（13）土地证工本费 36 元。

（14）抵押登记费 80 元为基数。

资料来源：《二手房交易费用明细是多少》，律图网，2020 年 8 月 20 日，http：//www. 64365. com/zs/692942. aspx。

### （三）总量交易费用与每笔交易的交易费用的变化趋势

1. 总量交易费用呈上升趋势

在一个发达国家交易费用占 GDP 的比重呈上升态势，经济发达了，分工越来越细，科技的进步都需要我们把一部分资源用于交换领域。亚当·斯密只看到了分工、专业化的好处，而忽视了由此引起的交易费用。在某种意义上讲，总量的交易费用是庞大的社会分工体系不得不付出的成本。总量交易费用占国民经济的比例我们用 $K$ 来表示，用 $G$ 表示经济总量，用 $C$ 表示总量的交易费用，则：

$$C = K \cdot G$$

$K$ 在大于 0 小于 1 的范围内变动。一个社会的交易费用不可能为零，但也不能把全部的资源用于交换领域。根据诺斯等的计算，美国及发达国家现在的 $K$ 值在 50% 左右，有的高于 50%。

2. 每笔交易的成本呈下降趋势

我们希望能以较低的成本实现每一笔交易。通过它可以区分高收入国家和低收入国家：每一笔交易需要较少成本的国家是高收入国家，而每一笔交易需要非常高成本的国家是低收入国家。发展中国家的贫穷在相当程度上是因为交易费用，或者经济运行的成本十分高昂。用肯尼思·阿罗的概念，如果经济运行成本是高昂的，那么整个经济体系就不可能获得良好的经济绩效。这里的成本高昂是指发展中国家由于制度的缺失导致的每笔交易的成本高昂。

交易费用占国民生产总值的比重与每一笔交易的成本是两个不同的概念。但两者又有内在的联系，总量的交易费用会上升，即为交易服务的部门会不断地增加，即交易也有一个规模递增的收益问题。这就需要分工和专业化达到一定的程度，当交易部门实现了规模经济以后，整个社会的交易费用（即为维持交易部门的运转所需要的费用）也会达到一定的规模，但是社会成员用于每一笔交易的交易费用会下降，社会总量交易费用的上升与每一笔交易的交易费用下降这两者并不矛盾。

总量交易费用提高的国家（即发达国家）的分工越来越细，并形成了一个"市场极"（即交易量最大的地方）。反过来，为交易服务部门的增加（整个社会用于交易的资源增加，即总量交易成本的增加）不仅降低了每笔交易的成本，而且为社会分工的深化，市场范围的扩大（亚当·斯密：分工受市场范围的限制）创造了条件。

## 四、正交易费用下的制度分析

在不同制度下交易费用的差异是巨大的。制度成本就是一种制度运行的费用。一般而言，单个交易的成本越低，那么这种制度就越有效。不同制度下交易费用的比较意义在于，它可以在一定程度上测量制度的绩效，并为制度的创新或改革提供一种客观的依据。

一个好的制度就是最简洁的制度。换言之，办事容易的制度就是好制度。好制度就是交易成本低的制度。发达国家经理们与政府官员打交道的时间要少得多。为什么一些发展中国家的交易成本高呢？简单地讲，就是政府管的事太多。所谓印度病就是政府这只手无所不在，事事都要经过政府官员左审右批。制度成本高到极致就会患上"印度病"。在印度，成功的企业家并不是进行技术和组织创新的企业家，而是获得最大量许可证的企业家。因此，印度的企业家都是在取得政府的许可证上展开竞争。

交易费用理论为新制度经济学规定了研究方向和领域。交易费用理论的提出大大地拓展了新古典经济学的研究领域。正是在新古典经济学的框架中加入了正的交易费用，使新制度经济学与新古典经济学相区别并改变了研究的方向：交易费用使所有权的分配成为首要的因素，提出了经济组织的问题，并使政治制度结构成为理解经济增长的关键。交易费用理论提出了一个不同于新古典研究模式的新范式。在交易费用为零的世界里，制度、产权、法律、规范等可有可无。一旦交易费用为正，那么这些变量在经济运行中就至关重要了。

交易费用理论的基本论点包括：①市场和企业为相互替代而不是相同的交易机制，因而企业可以取代市场实现交易；②企业取代市场实现交易有可能减少交易费用；③市场交易费用的存在决定了企业的存在；④企业在"内化"市场交易的同时产生额外管理费用，当管理费用的增加与交易费用节省的数量相等时，企业的边界趋于平衡；

⑤现代交易费用理论认为交易费用的存在及企业节省交易费用的努力是资本主义企业结构演变的唯一动力。

交易费用范式的总体思路是：①交易是分析的基本单元；②造成各交易存在成本差异的关键是交易的频率、不确定性及资产专用性（量度资产能否被再配置）；③各种一般治理模式（市场、混合型组织、私有机构、公有机构）都是由一系列属性所界定的，每一模式都表现为成本、竞争力上的离散的结构性差异；④每一种一般治理模式都适用不同的合同法；⑤预测内容表明，交易（其属性各不相同）与治理结构（其成本与竞争力各不相同）的对应方式各不相同，但都主要是以交易成本最小化为目标的；⑥将制度环境（政治法律制度、法律法规、习俗、规范；North，1991）视为位移轨迹的参数，其变化将导致治理成本（特别是比较成本）的变化，可以提出额外的预测内容；⑦无处不在的交易成本经济学是对可行的备选方案所作的比较制度分析，由此看来，假想的理想方案与操作问题无关，对方案的无效率检验则是一种补救和纠正。

制度与交易费用的关系可以表述为：没有零交易费用的制度，只有交易费用大小不同的制度；制度功能或作用之一就是为了降低交易费用，制度使人们行为有序、有预期、有激励导向，从而减少混乱无序，以节约交易费用；制度降低交易费用可分为绝对降低与相对降低，一个是就绝对额来说的，一个是就相对额来说的。

统一的制度实施空间越大，即制度越是在更大的空间实施，越是有更多的人遵守统一的制度，其交易费用越小，越有利于经济与社会的发展；从市场的角度来说，越有利于市场半径的扩大，而市场越统一、范围越大越有利于分工、效率的提高与经济的增长。以货币为媒介的交易制度优于物物直接交易，它降低了交易费用。法律的作用之一是降低交易费用，比如合同法。不同的制度安排有不同的交易费用，交易费用的高低与制度的收益成反比。

对一个制度安排来说，其制度的成本是交易费用，和一切成本、费用一样，也要尽量使得交易费用降到最低点，即也要遵循经济学的最小最大原则。制度本身的激励功能是否能够使得人们自动地去寻找各种降低交易费用的途径、机会，并能从降低交易费用的努力中获得相应的收益，这是制度优劣的表现之一。如果各种制度安排都没有交易费用，或交易费用都一样，那么，制度就是不重要的，或什么样的制度安排都是一样的。如果交易费用不为零，即交易费用为正的情况下，那么，不同的制度安排就会有不同的交易费用，那么，选择什么样的制度就是十分重要的了。

# 本章思考题

## 一、名词解释

交易　交易费用　市场型交易费用　管理型交易费用
政治型交易费用　制度交易费用　资产专用性　不确定性
交易频率　人格化交易　非人格化交易

## 二、简答题

1. 简述威廉姆森的交易维度理论。
2. 交易有哪几种分类方式?
3. 影响交易费用的因素是什么?
4. 诺斯是从哪几方面论述交易费用的决定因素的?
5. 如何理解交易费用的内涵?
6. 交易费用测量有何困难?

## 三、论述题

请阐述交易费用理论。

# 第三章
# 产 权 理 论

## 第一节 产权理论概述

### 一、从"外部性"说起

#### （一）外部性的含义

外部性又称为溢出效应、外部影响、外差效应或外部效应、外部经济，指一个人或一群人的行动和决策使另一个人或一群人受损或受益的情况。经济外部性是经济主体（包括厂商或个人）的经济活动对他人和社会造成的非市场化的影响。即社会成员（包括组织和个人）从事经济活动时其成本与后果不完全由该行为人承担。分为正外部性（positive externality）和负外部性（negative externality）。正外部性是某个经济行为个体的活动使他人或社会受益，而受益者无须花费代价，负外部性是某个经济行为个体的活动使他人或社会受损，而造成负外部性的人却没有为此承担成本。外部性分为外部经济和外部不经济。一般而言，在存在外部经济的条件下，私人活动的水平常低于社会所要求的最优水平；在存在外部不经济的情况下，私人活动的水平常常要高于社会所要求的最优水平。

当私人成本（或收益）和社会成本（或收益）不一致时便存在外部性。负外部性即指成本未能内生化，如把污水排放到河流中的造纸厂；向天空排放有毒气体的冶炼厂或化工厂；随意扔弃塑料袋等垃圾的人；上课交头接耳的同学。他们的行为在给自己带来某种利益或满足时，都对他人或社会的利益带来负面影响，但却不必承担这种负面影响的成本。正外部性即指收益未能内生化，如一个药品或其他能提高生产力的发明，虽然发明者能通过价格收费，但通常只能得到社会从这项发明中得到利益的一个部分而不是全部；环境保护人员或机构保护珍稀动物的努力和投资，能给社会带来巨大利益，但当事人本人通常难以得到充分补偿；养蜂人在生产蜂蜜过程中帮助果树传授花粉，而果园主在生产水果时为蜜蜂提供了产出蜂蜜的原料。这些经济活动通常没有通过市场的方式得到补偿，因而具有正外部性。

如图 3-1 所示，$MC_p$ 为厂家的私人生产边际成本，依据私人成本确定的最优产量是 $Q_p$，高于社会最优产量 $Q_s$。存在负外部性时，导致生产过多，发生市场失灵。

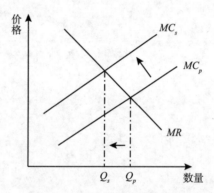

图 3-1 负外部性与供给过剩

如图 3-2 所示，$MR_p$ 为厂家的私人生产边际收益，依据私人收益确定的最优产量是 $Q_p$，低于社会最优产量 $Q_s$。存在正外部性时，导致生产过少，发生市场失灵。

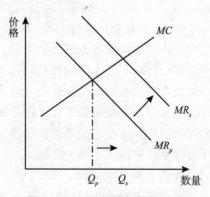

图 3-2 正外部性与供给不足

### (二) 克服外部性的办法

克服外部性有很多种方法：

第一，政府可以使用税收和补贴的手段。对那些输出负外部性的企业，例如污染严重的企业，征收适度的赋税，其数额应等于治理污染的费用，这样就会使企业的私人成本等于社会成本，企业的生产成本和产品的价格就会相应提高，这不仅会使市场对企业产出的有效需求得到抑制，而且也会使企业的生产收缩，从而最终引导资源转移到其他用途上或效率更高的企业中去，使资源得到更为有效的利用。而对于那些具有正外部性特点的企业，政府应给予财政补贴，使其私人收益等于社会收益，这样，就可以鼓励企业增加产出，以实现资源的优化配置。

第二，政府也可以通过合并相关企业的方法使外部性得以"内部化"。例如，A 企业是输出负外部性的企业，而 B 企业则是其受害者，或者 A 企业是输出正外部性的企业，而 B 企业是免费受益者，在上述两种情况下，如果把 A、B 两个企业合并，负外部性或正外部性都会因此而消失。

第三，消除外部性的另一个最重要的方法是明晰产权。产权经济学的创始人科斯认为，产权不是指所有权，只有当至少两个经济行为主体，或者所有权主体发生交易时，才会出现产权问题，因此，产权不同于所有权，但又与所有权相关，产权涉及的是两种所有权之间的关系，即平等的所有权主体之间的权责利关系。美国产权经济学家登姆塞茨认为，产权是界定人们如何受益及如何受损，因而一方必须向另一方提供补偿以改变人们所采取的行动，因此，产权是指自己或他人受益或受损的权利，是界定各交易主体之间权责利的一种社会工具。美国经济学家阿尔钦则认为，产权是一个社会所强制实施的选择一种经济品的使用的权利。

## 二、产权的含义

有关产权的经典定义有：

阿尔钦（Alchian，1969）认为，产权是一种通过社会强制而实现的对某种经济物品的多种用途进行选择的权利。

埃格特森（Eggertsson，1996）提出，个人使用资源的权利叫产权。

巴泽尔（Bazel，1997）将产权界定为一组权利，资产的产权由消费这些资产、从这些资产中取得收入和让渡这些资产的权利或权力构成。

德姆塞茨（Demsetz，1994）指出，产权是指使自己或他人受益或受损的权利。

菲吕博藤、芮切特（Furubotn and Richter，2006）认为，产权不是指人与物之间的关系，而是指由物的存在及关于它们的使用所引起的人们之间相互认可的行为关系。

利贝卡普（Libecap，2001）说，产权是一些社会制度，即界定或划定了个人对某些特定财产，如土地和水所拥有的特权范围。

有关产权的界定，可以区分为规则论、功能论、结构论和关系论。

规则论认为，一个由社会强制实施的对某种经济物品的多种用途有进行选择的权利。

功能论认为，产权是一种工具，能够帮助一个人形成他对其他人进行交易时的合理预期。

结构论认为，个人对资产的产权由消费这些资产、从资产中取得收入和让渡资产的权利构成。

目的论认为，产权是对物品或劳务根据一定的目的加以利用或处置获得收益的权利。

关系论，将产权界定为由物的存在及关于它们的使用所引起的人与人之间相互认可的行为关系。

我们认为，产权（property rights）是财产权利的简称，是与一项资产相关的一组权利的组合，包括对财产的所有权、使用权、处置权（让渡或出卖）、收益权等。理解产权的概念须把握以下几点：

（1）产权是一组权利，或者说完备的产权总是以复数形式出现。具体来说，包括所有权、使用权、收益权、转让权等。

（2）产权具有排他性和可让渡性。一个人或者一群人拥有某物的产权，其他人或者群体就不能合法地拥有该物并对该物行使产权。产权涉及的权利可以通过契约的形式在不同的个体或者群体之间转移，市场上的交易可以认为是产权的让渡过程。

（3）产权的核心概念是所有权。交易的任何一方取得了某物品的所有权，就会拥有对该物的所有权而衍生出来的其他权利，否则，所有权就不是真正意义上的所有权。这也就意味着即使没有严格意义上的所有权，但是实际上具有了所有权衍生的各种权利，那么这个人也就不同程度地拥有了该物的产权。改革开放后中国农村的土地就具有类似的性质。

（4）产权反映了人与人之间的关系。各种形式的产权制度安排反映了人与人之间的关系，具体来说，产权既包括正式的规定（如由政府供给的规定），也包括非正式的规定（如由习俗形成的规定）。如对私人产权的保护、基于财产纠纷的产权界定等。有效的产权会对经济产生积极的激励作用，否则不利于经济的发展。

（5）产权具有可分性。产权具有可分性是指产权不仅仅是一组权利，而且这些权利可以划分开来，这有利于不同的财产权利可以不同程度地在不同的人之间转移。同一事物地财产权利的划分程度取决于各种财产权利是否可以以契约的形式详尽地写出来，或者说理性的程度。现实生活中，正是由于有限理性、机会主义行为以及不确定性产生的交易成本而限制了产权权利分离的程度。

## 三、产权的特征

### （一）产权的完备性与残缺性

产权的完备性是指如果产权所有者具有权利束中的全部权利，则其产权是完备的。当产权的某些权能受到限制或禁止，则存在产权残缺。如果权利所有者对他所拥有的权利具有排他的使用权、收入的独享权和自由的转让权，就称为他所拥有的产权。

"产权残缺"是指不完全的产权，即产权权利束中的一部分被约束乃至剥夺。权利之所以常常会变得残缺，是因为一些代理者（如国家）获得了允许其他人改变所有制安排的权利。国家干预和管制是造成所有制残缺的根源。所有权缺失的重要后果是政治权力和财富的结合，而所有权存在的重要后果则是政治权力与财富的分离。在西方产权理论来看，所有权的立宪保证把经济财富与政治权力分开来。在封建社会，政治权力体系中的沉浮直接影响到经济财富。然而，资本主义社会中的所有权割断了这种权力与财富之间的联系，失去政治权力的人并不失去其经济财富。

由于产权是由一组权利组合而成的，加之交易成本的存在等，因此，产权很少被完整而清晰的界定，或者说完整的产权非常少见，而且产权功能的发挥并非无条件的，它需要一系列的文化和制度背景支持。竞争的逻辑表明，对产权的更完整的界定能够减少不确定性，并会增进资源的有效配置与使用。

### （二）产权的排他性与非排他性

产权的排他性不仅意味着不让他人从一项资产中受益，而且意味着资产所有者要排他性地对该资产使用中的各项成本负责，包括承担确保排他性的成本。排他性是所有者自主权的前提条件，也是使私人产权得以发挥激励作用的前提条件。排他性是私人产权的决定性特征。

所谓产权的排他性，是指决定谁在一个特定的方式下使用一种稀缺资源的权利，即除了"所有者"外没有其他任何人能拥有使用资源的权利。产权的非排他性则意味着两个或两个以上的人同时拥有控制统一资源的权利。产权的非排他性是产生"外部性""搭便车"等机会主义行为的主要根源。一般而言，私有产权的排他性较强，而社团产权的排他性较弱。一个社会不可能使所有的产权都具有排他性，首先因为在一些领域建立排他性产权制度的费用太高，其次由于技术方面的原因在一些领域建立排他性产权制度很困难，最后是因为在一些领域建立排他性产权制度不利于资源的有效使用。

### （三）产权的明晰性与模糊性

产权明晰与产权模糊皆指"权利束"边界确定而言的，它与产权的完备性和残缺性、排他性和非排他性是等价的命题，完备性和排他性的产权通常是明晰的，而残缺性和非排他性的产却往往是模糊的。而产权模糊有两种情况：一是产权权属关系不清，即财产属于谁未明确界定或者未通过法律程序予以肯定；二是财产在使用过程中权利归数不清，当产权出现分割、分离与转让等情况时，财产的各种权利主体变得不明确。

产权的明晰性就是为了建立所有权、激励与经济行为的内在联系。产权会影响激励和行为，这是产权的一个基本功能。产权的明晰性有利于降低交易费用。值得指出的是，产权的明晰又是有条件的，一是产权的明晰需要费用，有些产权由于界定和实施所有权的费用太高而不得不采用模糊产权的形式，如社团产权；二是产权的明晰需要一定的社会制度条件。但是从长远看，除了少数由国家控制的产权以外，其他产权应该是明晰的。

### （四）产权的实物性与价值性

在产权经济学家看来，商品交换实际上是产权的交换。当一种交易在市场上议定时，就发生了两束权利的交换。如前所述，权利束常常附着在一种物品或服务商，但是正是权利的价值决定了所交换的物品或服务的价值。从这个意义上看，产权也是使用价值与价值的统一体。从产权经济学的角度看，传统社会主义经济体制的一个重要问题是，经济活动只是在产品分配和计划上做文章，企图取消产权交易。否认产权的价值性、可交换性和可转让性，实际上也就是否认了所有制结构自我优化的功能。

### （五）产权的可分割性、可分离性与可转让性

产权的可分割性是指一项资产的纯所有权能与其各种具体用途上的权利相分离。产品的可分割性是人类历史上产权制度的一次重大变

革。主要表现在：①产权的分割使产权更容易流动和交换，从而大大增强了产权的资源配置功能。②产权的可分割性有利于企业制度的完善和发展。如传统的合伙制企业就因为产权的不可分割性使某一个人为的因素导致企业夭折。③产权的可分割性是资本市场建立的一个必要条件。④产权的可分割性大大降低了集体产权运作的成本。例如，对一个湖泊的所有权与在湖上钓鱼的权利和在湖中游泳的权利相分离。产权的可分割性保证了现实经济活动"最优配置"的对象不再是新古典经济学所分析的有形或无形的物质资源，而是附着在这些物质资源之上的各项财产权利。

产权的可转让性是指所有权通过出售或捐赠等方式的变化。不可转让的产权不能被出售和使用，并因此不能在其使用上充分发挥其潜能。产权的可转让性意味着所有者按照双方共同决定的条件将其财产转让给他人。这就是说，他能够出售或者赠送他的财产。产权的可转让性促使资源从低生产力所有者向高生产力所有者转移。

### （六）产权的延续性和稳定性

产权的延续性和稳定性是有效产权制度的基本特征之一。其作用表现为：一是产权的激励性功能在一定程度上源于产权的延续性和稳定性。从长远来看，人们积累财产的一个动机就取决于对未来的预期。如果未来财产风险很大，那么人们就失去了积累财产的积极性。二是产权的延续性和稳定性还是有利于市场经济的建立和完善。三是产权的延续性和稳定性有利于社会经济的可持续发展。产权的延续性和稳定性的机制是建立在两个基本条件上的：一是法治国家的产权保护；二是自由交易基础上的自愿或契约式产权变更制度。有效的产权制度包括两个方面的含义：一是从短期来看，有效率的产权能最大限度地调动人们的积极性，并能使外部性内在化；二是从长期来看，有效率的产权是具有延续性和稳定性的产权，它能使社会经济保持可持续发展。

## 四、产权制度的功能

### （一）将外部性内部化，提高资源利用效率

产权的界定和实施还能够将外部性内部化，包括正外部性内部化和负外部性内部化。从产权经济学的角度看，外部性是在原有产权格局下，在原有产权的范围内，产权主体行使自己的产权时，却产生了新的权利。

由于外部性的内部化，成本将比原来更节约。因为产权明确了，

经济活动的成本由活动主体自己承担，他就会尽量减少这种成本。产权的设置，都使外在成本内部化，从而都比原来更节约成本，这样，会提高资源配置效率，减少资源浪费。

### （二）通过产权制度解决激励或约束问题

产权的界定和实施首先直接具有激励与约束的功能。因为，产权的内容包括权能和利益两个不可分割的方面，任何一个主体，有了属于他的产权，不仅意味着他有权做什么，而且界定了他得到了相应的利益，或者有了获取相应利益的稳定依据或条件。界定了产权就能使产权主体为了自己的相应利益而努力行使产权权能。所谓产权的分解，必然包括权能的分解和利益的分割。如果只赋予某个行为主体以权力和责任，却不赋予其收益或收益的保证，就是产权分解，相应的主体并没有获得产权，因为权力和责任不等于产权。所以，确定产权并不是单纯地赋予权力、承担责任，而是责、权、利一体的确定。

约束和激励，对于经济活动主体来说，可以说是相互联系的两个方面的力量。激励对主体来说是一种诱致性、吸引性的力，调动其某方面的积极性，鼓励他做什么或做得更多更好。而约束却是一种逆向的、限制性的力，是抑制其某方面的积极性，阻止或限制他做什么，或者使之不要做过头。

产权本质上是人与人之间的经济权利关系，界定了甲的某些产权，也就同时界定了甲与别人在某些产权上与别人的关系。甲的权能范围和利益边界得到了界定，同时也就向别人昭示，他只有这些产权，没有别的产权。而别人拥有的产权，甲是不能进入的。于是，别人就按既有的界定来与之发生关系，也就约束了他。如果甲的权能和利益超越了其产权边界区，别人就会制止他或找他的麻烦，这就形成一种外部约束。

### （三）增加交易的合理性及确定性

产权本身，当它作为产权存在时，具有边界。也就是说，具有了确定性。但是，对于具体财产、具体的经济主体和具体的人与人之间来说，产权却不一定已经建立或确立。无产权或产权不确定状态会导致人们对它的混乱和不合理利用，也就是说，任何人对它的选择集合都是无限制的。你的选择集合不确定或不受限制，对于你自己来说，是一种不确定性，而同时也意味着所有与你交往或可能交往的人都面临不确定性，因为他们无法确知你的选择空间和可能做出的选择。进行产权界定和设置产权，就是减少不确定性并进而降低交易费用的重要途径。通过确立或设置产权，或者把原来不明晰的产权明晰化，就可以使不同资产的不同产权之间边界确定，使不同的主体对不同的资产有不同的、确定的权利。这样就会使人们的经济交往环境变得比较确定，大家都更能够明白自己和别人的选择空间，从而可以较好地起到降低交易费用的作用。

## 第二节 私有产权的起源及产权制度的变化

### 一、产权的起源

试想一个没有产权界定的社会会怎么样？1968 年，哈丁（Garrett Hardin）在《公地的悲剧》一文中深刻描绘了一个没有产权的社会。在一个资源稀缺的社会，自由使用将会导致一个社会的资源和财富急剧"耗散"。

**案例 3-1**

#### 公地的悲剧（The Tragedy of the Commons）[①]

Garrett Hardin（1968）：想象一块对所有人都开放的草地。在这块公共地上每一个牧民都会尽可能多地放牧他的牛，这样一种模式也许会令人满意地持续几个世纪，因为部落争斗、偷猎和疾病一直使得人口及牲畜的数量都大大低于草地的承载力。但随后人类学会了计算，此时，对公共地的出于本能的逻辑思维就会产生无情的悲剧。作为理性人，增加一头牛，他的理性分析是：

他可以从卖掉这头牲畜中获得利益：+1。

他会因为增加牲畜而导致过度放牧：-1 的一部分。

由于过度放牧的后果由所有牧民承担，而卖掉牲畜的利益由他一人获得，所以他选择增加放牧的数量；所有牧民都一样追求利益最大化，结果是牧场因过度放牧而枯竭，所有的人都因此而受损。悲剧就这样发生了。

现实生活中"公地"作为一项资源或财产有许多拥有者，他们中的每一个人都有使用权，但没有权利阻止他人使用，从而造成资源过度使用和枯竭。过度砍伐的森林、过度捕捞的渔业资源、污染严重的河流和空气，都是"公地悲剧"的典型例子。之所以叫悲剧，是

---

① 哈丁：《公地的悲剧》，载于《科学》1968 年第 162 期，第 1243~1248 页。

因为每个当事人都知道资源将由于过度使用而枯竭，但每个人对阻止事态的继续恶化都感到无能为力，而且都抱着"及时捞一把"的心态加剧事态的恶化。

原始产权理论中的经典之作是德姆塞茨1967年发表的《关于产权的理论》一文。当内在化的收益大于成本时，产权就会产生，将外部性内在化。内在化的动力主要源于经济价值的变化、技术革新、新市场的开辟和对旧的不协调的产权的调整，当社会偏好既定的条件下，新的私有或国有产权的出现总是根源于技术变革和相对价格的变化。

新的产权的形成是相互作用的人们对新的收益—成本的渴望进行调整的回应。当内部化的收益大于成本时，产权的发展是为了使外部性内部化。内部化的动力主要源于经济价值的变化、技术革新、新市场的开辟和对旧的不协调的产权的调整。当社会偏好既定的条件下，新的私有或国有产权的出现总是根源于技术变革和相对价格的变化。皮革贸易促进了更为经济地畜养皮毛动物。畜养要求有能力阻止偷猎，这反过来又表明发生了关于狩猎土地财产的社会变迁。

安德森和黑尔（1975）扩展了原始产权模型，增加考虑了界定排他性的费用因素。他们使用了一个图示模型（如图3-3所示），其中包括界定产权投入的边际成本函数和边际收益函数，分析了影响这两个函数的关键参数的变动情况。

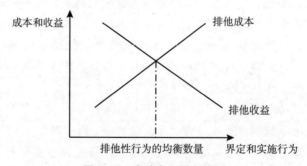

图3-3　安德森和黑尔模型

图中横轴表示界定和实施排他性权利的行为，界定排他性权利的投入品的价格降低或界定排他性的技术改进会是边际成本曲线向下移动，从而导致建立排他性的行为增加。边际收益函数则代表对排他性的需求，当一种资产价值上升或外界侵权的可能性增加的时候，曲线向右移动。

安德森和黑尔模型代表了原始理论的较为典型的特征：关于产权的决策仅仅与私人的成本、收益相关。这一理论并未涉及"搭便车"

等影响团体决策的问题，也没有涉及政治过程。这一模型比较适用于政治过程不重要的情况，例如对美国西部平原的开拓者，由于各种原因，很少受到集中于美国东部的决策机构的影响。

诺斯（1981）在原始产权起源模型中增加了一个新的外生变量——人口，对史前农业的发展提供了一个新的解释，他将人类从狩猎和采集向定居农业的这一演变过程称为第一次经济革命。诺斯认为第一个定居农业社会是建立在排他的公社土地所有制基础上的，部落内的成员拥有同样的权利，在每一块工地上，传统和习俗限制了对于资源的过度开发。他认为影响产权形成的因素有：要素和产品相对价格的长期变动、排他性费用、人口压力、资源的稀缺程度、技术。

阿姆拜克（1981）提出了强力产权起源论，他通过对19世纪加利福尼亚淘金热的描述，指出在实践中权利得以界定的基础是强力，强力在产权的形成中起着极为重要的作用。巴泽尔（1997）认为，阿姆拜克的研究结果难以应用到更有秩序的情形，暴力威慑在存在国家时将不起作用，且国家的暴力威慑对保护产权可能更为有力和更符合规模经济。

## 二、影响产权的因素

从上述产权起源的模型和理论中，总结影响产权形成的因素有：

### （一）人口压力和稀缺性是产权产生的基本前提

稀缺性指的是相对于人类欲望的无限性而言，经济物品或者生产这些物品所需要的资源等的相对有限性。显然，稀缺性是对人类经济消费的限制。在只有一个人的世界里，这种限制体现为有限的资源，体现为个人有限获取资源的能力。而在一个人口众多的现实社会中，这种限制更大程度上体现为：面对有限的经济资源，不同经济主体对资源的竞争性使用。正是这种稀缺性导致的对经济资源的竞争性使用，使得人类社会必须划分经济资源的明确归属，防止人们的过度使用导致资源的耗尽。反过来说，如果经济资源不具有稀缺性的特点，人们具有无成本地获取经济资源的无限能力，任何人都可以按其需要无成本地获取任何资源，那么，人们之间也就不会因资源的稀缺而出现对经济资源的竞争，划分经济资源的产权归属也就没有任何必要。而在一个资源稀缺的社会环境中，如果不存在任何的产权制度的约束，人们会争先恐后地掠夺式滥用这些经济资源，这最终会导致资源的耗竭。因此，资源的稀缺性使得人类有必要建立明确的产权制度来约束社会成员的行为。

### （二）要素和产品相对价格的变动或潜在收益是产权产生的动力

在稀缺性的前提下，产权作用体现在约束人们对经济资源的使用行为，防止出现资源滥用而导致的恶果。同时产权的作用还体现在，对人们争夺有限资源的行为进行限制，从而节约了人们在相互争夺中所耗费的时间和精力。

产权界定除了会带来相应的收益之外，产权界定也需要成本。只有在界定产权的收益高于其成本的情况下，产权的界定才会出现。当然，这种成本和收益也会随着情况的变动而发生相应的变化。一般新制度经济学对产权起源问题的早期研究认为，随着社会的发展和技术的进步，界定产权的成本会逐步降低；随着所要划分其产权归属的财产价值的提高和财产侵犯行为的增加，界定产权的收益也会相应地增加。

### （三）技术变革是产权产生的条件

技术发明及进步能降低产权界定和实施的费用，构成产权产生的条件。马克思认为，社会制度结构基本上以技术为条件。私有产权的确立特别需要的条件是：产权所有者得自产权的收益要大于他排除其他人使用这一产权的费用。当费用过高时，财产将成为共同所有。一些技术发明降低了行使所有权的费用。例如，牧场由于围栏费用方面的原因可能属于共同所有。然而，用带铁蒺藜的铁丝构成的低费用围栏的创新，却导致美国西部公共牧场中出现私人所有和牧场出租。在人类社会，技术因素是制约产权制度演变的一个重要因素。诺斯在分析历史上为什么所有权并没能让个人收益和社会收益相等时，发现了两个普遍的原因：一是可能缺乏技术组织"搭便车"或强迫第三方承担其交易成本的份额。为了使个人收益接近社会收益，保密、报酬、奖金、版权和专利法在不同时代被发明出来，但使局外人不能收益的技术直到今天仍是代价很高和不完善的。在当今世界各国，对知识产权的保护程度远不及对财产产权保护的程度，这并不是人们不重视对知识产权的保护，而是因为对知识产权保护的技术要求更高。

人类社会发展过程中产权及其制度的产生、演变、发展大体经历了三个阶段：一是建立排他性的产权制度，人类社会早期的历史在某种程度上讲就是一个建立排他性的产权制度的历史；二是建立可转让性的产权制度，产权的交易、转让是与社会分工、市场经济制度的发展联系在一起的；三是与各种组织形式创新联系在一起的产权制度，如股份公司制度的建立使产权的分割、转让、交易等更加容易，从而使产权制度效率不断提高。

## 三、科斯定理

科斯定理是指在某些条件下，经济的外部性或者说非效率可以通过当事人的谈判而得到纠正，从而达到社会效益最大化。市场交换的先决条件是明确界定的产权。产权不清会垫高交易费用，降低资源配置效率。

### （一）科斯第一定理（又叫科斯中性定理）

如果存在可操作的私有产权，假定交易费用为零，不管权利初始安排如何，当事人之间的谈判会导致最佳的资源配置。假如所有的交易费用都为零，则权利的初始界定不重要。科斯定理是科斯在1960年发表《社会成本问题》中表达的，施蒂格勒将此命名为"科斯定理"。科斯第一定理包含两个重要的假设前提：第一，交易成本为零。这意味着交易关系建立、讨价还价、订立契约并督促执行所花费的成本等均等于零。这也是新古典理论隐含的一个基本假设之一。第二，产权的初始界定清晰，即外部性问题所涉及的公共权利的归属明确，但归属于谁并不重要。

有关科斯定理的提出和证明，科斯给出过经典的解释。假如在一个小村庄里有一个制糖商，已经从事糖果生产几十年，8年前，一个医生搬到他隔壁居住。开始两人相安无事，但自从医生在这里建了一个诊所之后，邻里之间就再也不得安宁，最后竟然撕破脸皮，打起了官司。医生向法院起诉，说隔壁生产糖果的机器，发出了噪声，搅得他心神不定，而且没法使用听诊器，来给病人做检查。因此，他要求制糖商停止生产。法院很爽快地满足了他的要求。但是，科斯认为，这种裁决不是上上之策。假如制糖商停止生产，损失300美元，而搬迁到别的地方，只需100美元，医生迁移诊所，只要200美元，那么，很显然后两种方案就更可取，其中最经济的方案，是制糖商搬走。怎样才能实现这个目标呢？科斯认为，政府不必指手画脚，也不必做硬性规定，只需划分好当事人双方的权利即可。

为了说明自己的观点，科斯做了正反两种假设。第一种假设，是制糖商有权在原地继续生产。在这种情况下，如果医生对噪声忍无可忍，就要么自己走人，要么请制糖商搬走。医生发现，请制糖商搬迁只需100美元，比自己搬迁合算，所以只要制糖商要价不超过200美元，他就乐意掏腰包。而制糖商只要得到的钱不少于100美元，也乐于搬迁。这样，两人你有情我有意，必然一拍即合，达成协议。第二种假设，是医生有权在此行医。此时如果制糖商想让医生搬走，就必须付200多美元，这比他自己搬走，多了100美元，很不划算，所以，他会自己主动搬走。可见，虽然两种假设截然相反，但结果却完全一致，都是制糖商搬迁。科斯由此证明了：无论初始产权如何界定，只要搜寻、谈判和监督合同实施等交易费用为零，当事人双方就会通过市场交易，使资源配置达到最优。也就是说，在交易费用为零时，产权制度的安排，对资源配置没有任何影响，这就是著名经济学家施蒂格勒定义的，也是科斯本人认可的"科斯定理"。科斯定理的言外之意是：即使外部性导致了市场失灵，也不需要政府出面干预。

假设交易费用为零，就跟物理学里假设自然界不存在摩擦力一样，永远都是一种不切实际的假想。在实际经济活动中，交易费用无处不有。就拿奶酪生产商来说，如果他要购买牛奶做原料，首先，他要多方打听什么地方有牛奶卖，质量如何，然后，为了眼见为实，又必须不辞劳苦，跑去当面看个究竟。如果货真价实，如他所愿，就开始讨价还价。好不容易谈拢价格后，又还得就数量、交货时间、交货地点达成一致，签订合同。然而，事情到此还没完，他必须随时睁大眼睛，防止对方出尔反尔，违背合同。可见，人们在交易时，做的都不是"无本生意"，而是要花费相当的代价，这种代价就是"交易费用"。科斯最早意识到交易费用的存在，所以，他没有停留在交易费用为零的假想中，而是马上进入了交易费用为正的世界。他指出，当交易费用大于零时，自愿交易就可能化作泡影。比如，在制糖商和医生这个案例中，只要交易费用大于 100 美元，交易双方就会望而却步。因为如果制糖商有权在此生产，那么医生要想让他搬迁，就得付 100 多美元，再加上 100 美元的交易费用，就超过了 200 美元，还不如自己走人。而如果医生有权在此行医，制糖商就会自己花 100 美元搬走。由此可见，当交易费用大于零时，不同的产权安排，会有不同的资源配置效率。这就是所谓的科斯第二定理。

### （二）科斯第二定理

科斯第二定理是指，如果交易成本不为零，产权的初始配置将影响到资源的配置效率。当交易费用为正时，不同的权利界定会带来资源配置的不同效率。如果初始产权安排不能保证效率，则必须进行重新安排——通过市场交易，或改变产权配置，前者面临交易成本，后者面临产权设立成本——当成本过高时，会出现低效率产权制度的路径依赖——由此，产权的初始界定极为重要。

科斯对新古典经济学的挑战正是从"市场零交易费用"的假设开始的。科斯倾向于把科斯定理（即第一定理）当作对交易成本大于零的经济进行分析的道路上的垫脚石，以便进一步分析一个有正交易费用的经济。在科斯的《社会成本问题》中可以看到，他不是要说明"交易费用为零，会怎么样"，而是要说明"交易费用为正，会怎么样"。对交易费用大于零的世界产权安排与资源配置关系的揭示，才构成科斯定理的核心内容。因此，科斯第二定理比第一定理重要。

在 20 世纪 60 年代之前，经济理论界基本上是因袭庇古的传统，认为在处理外部性（externality）过程中应该引入政府干预力量，外部性生产者或被课税、惩罚或给予津贴，外部性受影响者则被补偿。科斯指出：人们一般将该问题（即外部不经济性）视为甲给乙造成损害，因而所要决定的是：如何制止甲造成损害。必须决定的真正问题是，是允许甲损害乙？还是允许乙损害甲？关键在于避免较严重的损害。科斯进一步强调，应当从庇古的研究传统中解脱出来，寻求方法改变，即"在设计和选择社会格局时，我们应当考虑总的效果。"也就是说，要以社会产值最大化为出发点来观察和研究问题。

### （三）科斯第三定理（制度选择思想）

产权制度的供给是人们进行交易、优化资源配置的前提。由于产权的界定、划分、保护、监督等需要耗费资源，因此必须对产权制度进行选择。

当我们使用"科斯定理"时，更多的是指：只要交易费用不为零，就可以利用明确界定的产权之间的自愿交换来达到资源配置的最佳效率，从而克服"外部效果"，而无须抛弃市场机制。其原因在于，只要产权界定清晰，交易各方就会力求降低交易费用，使资源使用到产出最大、成本最低的地方，达到资源的最优配置。正因如此，在科斯看来，外部性完全可由私人合约得到解决，亦即基于自愿交易的私人合约行为对市场运转有着自我修正的效能——这正是科斯定理的精髓之所在。

一般认为，所谓的科斯定理包括上述两个定理，这也是最流行的解释。但也有人认为，还存在一个科斯第三定理。用科斯自己的语言来表述，所谓第三定理就是："权利的界定是市场交易的前提。"在张五常看来，"产权的界定是市场交易的重要序曲"，这是一个标准意义上的定理。在现实世界，如果没有产权的界定、划分和保护、监督等规则，也就是没有产权安排，产权的交易就难以进行，因此，产权安排是人们进行交易、优化资源配置的前提，并且，人们的交易是既定产权安排之下的交易，既定的产权安排为人们提供了交易的框架。

科斯等大多数新制度经济学家也是偏好私有产权的。因此，结合科斯的整个理论倾向来看，我们可以发现，科斯定理真正试图说明的是，通过明确界定产权（确立清晰的私有产权），外部性等市场失效问题本身可以通过私人协议的方式去解决，而不必抛弃市场机制。然而，在现实中，并不是所有资源的产权都能明确界定，纯粹私有化的产权界定更近乎空想，即使私有产权往往也难于充分界定。

## 四、产权保护机制

### （一）博弈模型1：无国家的产权保护模型

无国家社会没有正式的政府机构和立法者、法官、检察官和行政官员等，这也就意味着它没有一个机构拥有权威解决争端并强制实施它的决定、制定法律，那么，这些社会的秩序从何而来？新制度经济学家认为，财产所有者的武力或武力威胁是确立自身财产排他性权利和社会秩序的重要社会机制。

假设只有家庭 $X$ 和 $Y$，每家都有相当于 10 头牛的财产，并且都有同样的武力潜能和侵犯倾向。这样，每家都有两种行为选择：侵犯对方（$A$）和不侵犯对方（$N$）。每家的收益都与另一家的策略选择有关。该博弈可由如图 3-4 和图 3-5 方阵表示：

博弈模型1：

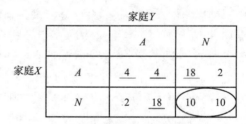

图 3-4　无国家的产权保护模型

均衡结果是（$A$，$A$），双方都选择侵犯，结果导致养牛在经济上得不偿失。而最优结果应该是双方均不选择侵犯（$N$，$N$）。为了摆脱博弈模型 1 中的困境，双方可能通过谈判的方式寻求合作，当时双方可能会同意由一个能够加强外部约束的第三者约束双方行为。使双方没有动力去攻击对方或者不可能去攻击对方。例如，由第三者告知双方，他们中的任何一方采取攻击行为都将受到相应惩罚，而不能指望对方不报复。

修改参数后的博弈模型1：

均衡结果是双方均不选择侵犯（$N$，$N$）。这种第三方约束的保护机制，包括习惯法（如异族通婚），意识形态的影响（如宗教信仰）等。报复和赔偿同样可以建立秩序和降低产权保护的费用。

家庭 Y

| 家庭 X | | A | | N | |
|---|---|---|---|---|---|
| | A | 4 | 4 | 0 | 0 |
| | N | 0 | 0 | 10 | 10 |

图 3 - 5　修改参数的产权保护模型

## （二）有国家的产权保护模型

有国家的产权保护由非官方管理转向国家管理，国家具有"暴力潜能"优势，国家在暴力方面具有比较优势：国家暴力是对付暴力的暴力，即对付非法暴力的合法暴力；国家暴力只有在能够实现某种社会合作，并且比其他制度更有效时才被采用。国家的保护性职能的另一方面就是管制，这是其局限性。

对于国家与产权保护之间的关系，诺斯 1981 年的《经济史中的结构变迁》一书做过深入的研究。其主要观点可以概述如下：社会的知识存量和资源禀赋决定了生产率和产出量的技术上线，即经济的技术生产边界，这种结构性生产边界能使在技术边界以内成本最小而产量最大。产权体系确定了一系列可行的经济组织形式（给定技术及其他外生要素），而产权体系则依赖于社会的政治结构。并且，某些政治体制能够驱使结构性生产边界接近技术性边界需要政治变迁，因此，关于经济改革的收益成本评估必须既包括政治变迁成本又包括维持（实施）各种体制的成本。

现代技术为获得高生产率提供了可能性，但如果没有那些伴随着时空延伸所形成的精细的生产专业化和非相关个体间的复杂交换网络，这些高生产率是不可能达到的。大体来说，技术越发达，则交易越复杂，使用技术所需的交易成本也就越高。简单地说，个体所有者希望得到可以促进经济增长和充分利用先进技术的各种资源，这种愿望直接依赖于社会的各种规则结构，比如获得相对稳定且公正的第三方的仲裁，而往往只有国家才能提供此种服务。诺斯（1981）以有力的历史证据论证，国家一般并不提供促使经济接近其技术生产边界的适宜产权结构。

## 第三节 产权类型及其效率

### 一、产权制度的类型

产权制度的类型可以分为共有产权、私有产权、集体产权、政府产权、公有产权 5 种类型。

#### （一）共有产权

如果产权的主体是由多个经济主体所构成的共同体，权利为共同体内所有成员共同拥有，则称这种产权为共有产权。在拥有产权的这个共同体内部，共有产权具有这样的特点：每个人对一种资源行使权利时，并不排斥他人对该资源行使同样的权利，但他排除了共同体外的成员对这一产权的染指。共有产权与私人产权相比，最重要的特点在于共有产权在个人之间是完全不可分的，即完全重合的。因此，即使每个人都可以使用某一资源来为自己服务，但每个人都没有权利声明这个资源是属于他的财产，也就是说，每个人对此都拥有全部的产权，但这个资源或财产实际上并不属于任何人。

#### （二）私有产权

私有产权是指财产权利完全界定给个人行使，即个人完全拥有对经济物品多种用途进行选择的排他性权利，财产权利完全受个人意志的支配。在这种产权形式下，拥有产权的个人，可以根据自己的需要选择如何行使这一权利，或者将权利转让。此时产权的排他性也最为明显。但是，私有产权并非指各种权利永远不可分地完全掌握在个人手中，也就是说，私有产权依然具有可分割性、可分离性和可让渡性，正是由于这一特性，私有产权制度推动了市场经济的发展。例如，房主与房客关于房屋的权利都是私人的权利，房主有权阻止房客改造或出让房屋，同时房客在承租期间也有权排斥房主再来使用房屋。私有产权是针对产权的主题而言的，私有产权的关键在于权利的使用的决策完全是由所有者个人做出的。因此，产权的分割，即不同的人拥有附着于同一物品的不同权利并不意味着这些权利不是私有的，只要每个人拥有互不重合的不同权利即可。这一点对于现代经济社会来说非常重要。

### （三）集体产权

集体产权是一种介于完全私有产权和共有产权之间的中间形式。集体产权是指产权的主体是一个集体，行使各种权利的决定必须由一个集体做出，即由集体的决策机构以民主程序对权利的使用做出决策。集体产权与共有产权有着明显的不同。共有组织的成员对于如何行使其权利的决定是不需要事先与他人协商的，各个成员都享有共有的产权，各个成员都可以作为相对独立的权利主体而决策。而集体产权的产权主体则是一个唯一的集体，集体内任何成员都不能单独拥有这项权利，相应决策必须由整个集体来做出。以一句话总结，共有产权的权利主体有很多个，是共同体内的各个成员；而集体产权的权利主体则只有一个，是以一个整体出现的集体组织。在集体产权下，对于如何行使产权以及如何有效地利用资源和财产的问题，一般是由按某种投票表决程序选出的一个代表各个成员的"委员会"通过民主表决程序进行决策。但是任何表决程序都无法真正反映每个人的真实偏好，"全体一致同意"的投票表决是不可能的，集体的最优行动也难以达成，因而，与共有产权类似，集体产权也难题提供将外部性内生化的较大激励。当然，由于存在着一定的集体决策机制，相对于共有产权，集体产权的效率水平还是要高一些。

### （四）政府产权

政府产权是指依照一定的法律程序所赋予或规定的各级政府的职能、职责及相应的权力结构以及政府行为的权力边界。政府产权的性质完全取决于政府的性质。阿尔钦（1972）认为，西方民主社会的政府产权类似于股份分散的公司产权。但是政府产权一般具有比私人产权相对较弱的特性。在政府产权下，权利一般是由政府所选择的代理人来行使。作为权利的行使者，代理人对于资源的使用与转让以及最后成果的分配都不具有充分的权能，这使得他对于经济绩效和其他成员监督的激励不足，而政府要对代理人进行充分的监管的费用及其高昂，再加上掌握政府权力的实体往往为了其政治利益而偏离利润最大化动机，它在选择代理人时具有从政治利益而非经济利益考虑的倾向，因而，政府产权下的外部性也是较大的，经济效率较低。

### （五）公有产权

公有产权是指财产的权利界定给公众行使，即任何人在行使对公共资源的某项选择权利时，并不排斥他人对该资源行使同样的权利。公有产权的特点：首先，在公有产权条件下，每个成员对全部财产拥有完全重合的权利，而在私有产权条件下，个人权利的大小取决于其拥有财产的多寡；其次，在公有产权条件下，任何成员的决定都将影响全体成员的利益，因而具有完整的不可分性；最后，在公有产权条件下，单个成员无权做出财产的转让或者出售决定，否则将会直接损害全体成员的利益。从广义上看，集体产权也是公有产权的一种，只是其范围限制在集体成员内部。在现代社会，公有产权是一种广泛存在于不具备消费排他性的资源上的"非实在"产权安排。在这样的产权条件下，每个社会成员都可以非排他地从中受益。例如，空气、路灯、国防、阳光等。对于这类资源，由于建立排他装置的成本和代价太高，或者因为排他的政策执行起来十分困难，社会成员可以自由享用。

## 二、产权类型及其效率

产权的多元化是一种世界趋势。主导的产权决定着社会制度的性质，主导产权的选择并不限于效率，它还要考虑到社会的公平、分配及意识形态等。要想评价不同产权制度的效率，首先要明确的是什么是效率，是交易的便利性还是大众的可获得性。只有清楚界定了什么叫效率，才能进一步评价哪种产权制度的效率最高。现有的新制度经济学家往往将交易的便利性作为效率评判的标准，这一认知是十分片面的。

表3-1从交易的便利性角度比较了私有产权、共有产权、集体产权、政府产权和公有产权的交易效率。可见，私有产权是最利于交易的，也是最能激发其产权主体行为责任和保护积极性的，而公有产权由于任何人对其都不具有排他性，面临过度使用的境况。这是从产权交易的效率来比较五种不同的产权。交易便利性标准仅仅是为市场经济条件下产权的流动性而服务的，高流动性并不意味着资源配置的高效率。

表3-1　　　　　　　不同产权制度的交易效率

| 项目 | 私有产权 | 共有产权 | 集体产权 | 政府产权 | 公有产权 |
|---|---|---|---|---|---|
| 含义 | 由私人拥有的产权 | 产权的主体是由多个经济主体所构成的共同体，权利为共同体内所有成员共同拥有 | 产权是集体的，关于资源使用的各种权利的决定必须由集体按一定的程序做出 | 产权由政府拥有，政府按可接受的政治程序来决定谁可以或不能使用这些权利 | 一种广泛存在于不具备消费排他性资源上的"非实在"产权安排 |

续表

| 项目 | 私有产权 | 共有产权 | 集体产权 | 政府产权 | 公有产权 |
|---|---|---|---|---|---|
| 特征 | 产权行使的决策由私人决定，具有可分割性、可转让性，排他性最为明显，要受到适当限制，否则会导致"产权弱化" | 共同体内外成员有别，内部成员共同拥有非排他性产权，外部成员不得染指。其交易比私有产权交易困难，交易费用较高，内部非排他性易导致对产权的滥用，进而导致拥挤等现象 | 权利主体只有一个，集体内任何成员不能单独拥有产权，相应决策必须由整个集体来做出 | 产权的性质完全取决于政府的性质。政府产权下权利一般由政府选择的代理人来行使，政府需支付高昂的监督费用 | 公有产权下，每个社会成员都愿意享受资源带来的好处而不愿意支付费用，存在极大的外部性 |
| 交易效率 | 产权交易容易；激励产权主体以最有效的方式行使其产权 | 产权变更要得到所有成员的同意，交易比较困难；激励作用相对较弱 | 集体产权的交易比共有产权容易，激励约束作用相对较好 | 政府产权下的外部性较大，经济效率较低。代理人对其他成员进行监督的激励不足 | 造成资源的过度使用，导致整个社会的效率损失 |

## 三、政府在产权制度中的作用

政府在产权界定和产权制度的实施方面具有比较优势。通过政府来较为准确地界定初始权利，可能优于私人之间通过交易来纠正权利的初始分配。尽管政府在产权界定及维护方面也需要成本，但政府在这方面具有比较优势，原因在于：政府具有暴力潜能，有利于更有效地规范人们的竞争行为。政府可以通过制定及实施法规，维护产权的稳定性。然而，政府对产权的干预也往往带来一些问题。比如政府通过价格管制来分配资源，对消费者而言，用排队的方式来获得被管制的商品，虽然产品的价格降低了，但却往往需要支付大量时间成本。对厂商而言，政府虽然限制了厂商的定价权利，使得厂商的产权被弱化，厂商依然有权决定产品数量和质量，这就给厂商对价格之外的其他有价值的商品维度做出调整留下了诸多余地。

由此，诺斯提出了著名的"诺斯难题"，也有人称作"诺斯悖论"，即有效的经济组织或产权安排是长期经济增长的关键，但有效的产权仅仅是国家与私人努力相互作用所产生的多种可能结果中的一种，而不是唯一的必然结果。国家具有使统治者租金最大化的动机，只有在此前提下，它才会致力于降低交易费用。但是，"在使统治者集团租金最大化的所有权结构与降低交易费用及促进经济增长的有效体制之间，存在着持久的冲突。"一方面，产权的有效实施或执行不能完全不要国家；另一方面，国家的引入又非常容易导致产权残缺。也就是说产权既离不开政权却又极容易受到政权的侵害。

需要注意的是，产权悖论可能是国家通过干预、管制等侵权行为带来的一种结果。但是，并非只有国家才会导致产权残缺。拥有特权者总是想方设法地扩大、滥用自己的特权，并且不难找到理由；没有特权的人或者受到特权侵害的人总在挖空心思地想限制乃至废除对自己不利的他人的特权，甚至寻求建立自己的特权。这样一来，围绕特权的博弈就会无法遏止。遏止之法在于通过民主宪政制度建立竞争性的政治市场，通过法制权治吏。世纪之交，通过对外开放产生了中国与其他国家的竞争，民营化进程引起的民间力量与政府的竞争，地方分权引起了地方政府之间的竞争，一定会推动我国产权制度安排的效率逐步提高，向更高效率的产权安排、企业组织结构演进（周其仁，1994）。

## 本章思考题

### 一、名词解释

财产　产权　外部性　科斯定理　暴力潜能　产权悖论
私有产权　共有产权　集体产权　国有产权　公地悲剧
产权残缺

### 二、简答题

1. 产权的主要功能是什么？
2. 作为财产必须同时具备哪些条件？
3. 如何认识人权即产权的观点？
4. 依据归属主体的不同可以把产权分为哪几种类型？
5. 私有产权和共有产权各有哪些属性？
6. 如何认识产权的激励与约束功能？
7. 产权是怎样起源的？
8. 为什么产权界定只能相对清晰？什么是产权界定的"公共领域"？
9. 产权有哪些主要特征？
10. 简述影响产权制度产生及其变化的因素。

### 三、论述题

1. 试阐述产权类型及其对效率的影响。
2. 试分析政府在产权制度中的作用。

# 第四章
# 契约理论

人类社会可以视为契约的网络。可以说，人们的交易行为都是契约选择的结果，市场的过程就是契约化的过程，市场发育程度越高，契约化就越普遍。对契约的研究形成了契约经济学。契约理论是近30年来迅速发展的经济学分支之一。这个经济学分支关注协作问题、监督问题、委托—代理问题、道德风险、激励和约束问题等。这些分支之间不存在相互取代的关系，而是相互补充的关系。

## 第一节　新制度经济学中的契约

在中国古代典籍中，"契约"一词较少出现，"契"的概念出现多次。《说文解字》说："契，大约也。"大约是指邦国之间的一种盟约、要约。为保证这种协约的效力，通常要辅之以"书契"，"书契，符书也"，是指用来证明出卖、租赁、借贷、抵押等关系的文书，以及法律条文、案卷、具结等。"契"即指一种协议过程或者协议的结果，或者说是交易相关各方达成的承诺。

## 一、契约的含义

契约（contract，compact，covenant）又称合约、合同、协议。即两个或两个以上的自愿交易产权的主体所达成的合意。合意是指双方当事人意见一致的状态。契约的签订必须依据双方的意志一致同意而成立，缔约双方必须同时受到契约的约束。其中一方可以是完全出让财产所有权（出售），也可以是出让在一段有限的时间内拥有或使用财产的权利（如贷房或出租）；而另一方则是按常规支付一定数量的货币，得到交易标的物的全部或部分产权。

契约是一种产权界定方式。现代经济学中的契约概念，实际上是将所有的市场交易都看作是一种契约关系，并以此为分析基础。在制度经济学中，契约与交易是一对共生的概念，在"契约理论"标签下的相关理论内容，所讨论的也是交易的架构和影响交易费用的各类组织和制度问题。契约与交易的关系比较微妙，契约是交易一种形式或表达，是为交易服务的，也有人称契约为交易的侍女。

经济学上的契约与法学上的契约不同。牛津法律大辞典中说，契约是指两人或多人之间为在相互间设定合法义务而达成的具有法律强制力的协议。通常来说，契约或合同，是一个法律概念。在新制度经济学中，对契约的界定，往往也是基于法律中的契约概念，再进一步将这一范畴应用于制度分析的范式之中。在大陆法系中，契约被认为是在双方自愿基础上达成的"合意"。一般认为，法国民法典的"合意"说，与德国民法典的"法律行为"说，是大陆法中对契约概念的两种不同解释，但这两种解释所强调的其实都是契约签订双方的自愿和双方在契约达成中的互动性。《中华人民共和国合同法》也明确给定了契约的定义，在总则第一章第二条规定："本法所称合同是平等主体的自然人、法人、其他组织之间设立、变更、终止民事权利义务关系的协议。"而关于契约的形成，则在第二章第十三条规定"当事人订立合同，采取要约、承诺方式。"第十四条规定"邀约是希望和他人订立合同的意思表示"，第二十一条规定"承诺是受要约人同意要约的意思表示"。

经济学中的契约概念比法律上所使用的契约概念更为广泛，它将所有的交易关系都看作契约。确切地说新制度经济学对契约问题的研究，其目的并不是重构契约的概念和定义，而是将契约是为一个方法论工具，这个工具的意义在于分析交易过程中的各类因素，从而对相关制度问题进行深入剖析。或者说，在新制度经济学中，契约总是与交易相关联的，对契约的分析也是为了进一步解释交易和制度问题。

我们本着制度分析的"工具论"特点把契约界定为：在自愿的基础上，交易双方为了进行交易而达成的协议，这个协议中交易双方分别承诺了各自的义务，并规定了作为交易标的具体的产权。

## 二、契约的分类

从不同的角度可以将契约进行无限种分类。在研究中，学者们往往也根据自己讨论的角度不同，分析的思路不同，对契约进行各种具体的分类。现实中的契约类型多种多样，可以是口头的或文字的，明示的或默许的，复杂的或简单的，自愿的或强制的，显性的或隐性的，双方的或多方的。在这里，我们介绍一种影响较大、较

为普遍接受的分类方法。威廉姆森援引美国法学家伊恩·麦克内尔
（I. R. MacNeil，1974）的研究，对契约关系作了三种区分：古典契
约、新古典契约、关系性契约。

### （一）古典契约

古典契约无论在法律意义上还是在经济学意义上都是一种理想化
的契约关系，它意味着契约条件在缔约时就得到明确的、详细的界
定，并且界定的当事人的各种权利和义务都能准确地度量。也就是
说，对于未来所可能出现的任何一种事件以及任何事件出现时契约双
方的权利、义务、风险分摊、契约执行和结果，都能够以毫无争议的
文字写入契约条款，模糊和不详细之处是不会有的；契约各方不关心
契约关系的长期维持，只关心违约的惩罚和索赔，交易往往是一次性
的，交易完成后各方"形同路人"；它不考虑第三方参与，强调法
规、正式文件及交易自行测算。

古典契约是条件得到详尽、明确界定的契约，或者说，缔约各方
的权利及义务都能被准确度量。这是一种理想化的契约关系，是一次
性契约，双方不关心契约关系的维持，强调契约的自我执行，用不着
第三方参与。签订契约是当事人在不受外部力量的控制、干预（包
括政府和立法机构）的情况下自由选择的结果。

### （二）新古典契约

新古典契约是一种长期契约关系，契约条款留有余地，具有一定
的灵活性，为第三方参与调解设置相应的治理结构，依赖第三方裁决
的维系和调整契约关系。新古典长期契约主要有两个重要特征：一是
在契约筹划时留有余地；二是无论是留有余地还是力求严格筹划，契
约筹划者所使用的程序和技术本身可变范围很大，导致契约具有灵活
性。这意味着当事人关心契约关系的持续，并且认识到契约的不完全
性和日后调整的必要。如果发生纠纷，当事人首先谋求内部协商解
决，如果解决不了再诉诸法律，因而，它强调建立一种包括第三方裁
决在内的治理结构。

这类契约涉及信用，会出现特殊的监督和执行问题。当事人关心
契约关系的长期持续，一般在契约中留有余地（契约不完全），具有
灵活性或者说在执行过程中可以调整。新古典契约强调第三方的作
用，需要建立制度保障以防止交易期间出现机会主义逃避契约义务的
行为。

### （三）关系性契约

关系性契约也是一种长期契约关系，是交易双方形成的可以进行

灵活调整的适用性契约，立足于交易双方契约预期收益和交易伙伴关系的依赖维系和调整契约关系，不依赖第三方裁决。

这种契约会向协议的各方提供某些可靠的结构和信任，它强调专业化合作和长期契约关系的维持。该类契约将适应性贯穿始终。其调整可能参照也可能不参照初始协议，即使参照也不一定非坚持不可，而是根据现实需要做适应性调整。关系性契约一般不需要第三方加入。关系性契约的缔约当事人知识有限，因此，这种契约不可能预见所有的不测事件，更不用说用条款加以控制了。关系性契约在复杂的现代经济中极其常见。在现代经济中，许多关系长期持续，一再重复，并且它们的联网也司空见惯。在如何应付未预见到和未作规定的情境上，恰当的规则会定出执行程序。这样，交易成本得到限制，而契约伙伴可以相信，在他们发生冲突时，他们未来关系中的具体细节将是条理清晰的。

张五常在《中国的经济制度》中认为，一个国家的经济制度是庞大的合约组织。在这些千变万化、纵横交错的合约中，有的相对简单，有的复杂无比，这些合约都在程度不一地维持着人类组织经济社会的运行，协调着个人之间或组织之间的分工协作关系。在所有形态的人类社会中，必存在由资源稀缺引发的竞争，而没有约束的竞争必然带来的租值消散，有可能导致人类灭绝。因此，围绕资源的竞争需要适当约束，这些约束可以有不同的形式，或不同的权利结构，它们界定着经济制度的本质。约束竞争的权利结构可分为四大类，所有社会通常是四类并存的。第一类是以资产界定权利，亦即是私有产权；第二类是以等级界定权利，例如论资排辈并以此配置资源；第三类是法例管制；第四类是风俗或宗教等。约束竞争含意着互相同意的行为，或暗或明，或自愿或强迫，这就含意着合约的存在，由此看，以上四类都是不同类型的合约安排。按照张五常的认识，原则上我们可以把合约分为两大类：①旨在约束竞争而界定权利的合约；②旨在约束交换权利的市场合约。不过，这两类合约在很多情形下不容易清楚分开。而在中国，这两类合约往往是合二为一的。

## 三、治理结构

各类不同的交易，从交易的管理和契约的执行的角度来看，也需要不同的组织管理安排来管理这些交易和执行这些契约，这也就是威廉姆森所说的"治理结构"。威廉姆森认为传统上对于契约治理问题的认识，存在明显的局限，必须对各类契约所对应的各种治理结构进行分析。威廉姆森把"治理结构"分为四类。

### （一）市场治理

市场治理是依据市场上业已形成的交易制度规范，对标准化的交易直接进行治理。市场治理的作用主要体现在那些市场上经常进行的交易行为上，这些交易种所涉及的是一些标准化的商品和服务，市场规则对这种交易也形成了稳定的标准化契约，市场上业已形成的治理结构，已经涵盖了交易双方所涉及的所有问题，交易双方无须在市场上的标准化合同之外，再另行订立一个具体交易合同，也无须对着其中的交易进行更多的治理安排。对于市场治理，威廉姆森强调是市场上的"标准化契约"的作用。

### （二）三方治理

三方治理是依据交易双方所签订的契约，借助第三方（如法院和仲裁机构）潜在的管理作用保证契约的执行，保证契约的执行，这是由交易双方和受邀仲裁人共同组成的一种治理结构。能够进行这种治理的一个重要前提是，契约中的相关内容可以在现实中进行"证实"和"评价"，也就是说，双方所签订的契约，能够为第三方的仲裁、调节提供契约规定上的"依据"，当然，三方的行为也必须符合相关法律规范。相应地，威廉姆森认为，能够进行三方治理，其契约应该是新古典契约。

### （三）双方治理

双方治理所指的治理结构由交易双方共同组织来管理交易行为，交易各方独立自主，通过相互持股、进行专用性投资等方式保持交易的稳定性和持续性，保证契约可以进行适应性调整。他们主要通过相互持股、购买方在供应方做专用性投资等方式，增加双方的共同利益，均衡双方的交易风险，使双方的交易关系保持较高的稳定性和持续性。在双方治理条件下，各方进行"自治"，而能够保证契约可以及时进行相应"适用性"调整而不至于形成太多纠纷的，是双方对交易稳定性的依赖。

### （四）统一治理

统一治理就是所谓一体化的办法，交易双方通过兼并或重组成为同一个经济决策主体，相关问题在这个一体化的经济主体内部解决，即内部行政管理的治理，也就是企业体制，是一种外部交易内部化的治理方式。

## 四、交易、契约与治理结构的匹配

威廉姆森认为，交易者将会选择交易费用最小的契约安排和治理结构。他假定不确定性足够大，从而使契约关系有必要不断进行调整；交易频率则被假定为有两种情况：交易只发生数次与交易经常重复发生。资产根据其专用性分为三类：通用性资产、专用性资产和介于二者之间的混合性资产。如表 4 - 1 所示，分析资产专用性和交易频率与契约安排和规制结构之间的关系。

表 4 - 1 契约与治理结构

| 项目 | | 投资特征 | | |
| --- | --- | --- | --- | --- |
| | | 非专用资产 | 混合性 | 专用性 |
| 频率 | 偶然 | 市场治理<br>（古典契约） | 三方治理（新古典契约） | |
| | 重复 | | 双方治理<br>（关系契约） | 统一治理<br>（关系契约） |

不涉及专用性资产的交易，无论交易频率的大小，这时发生的都是古典契约关系，相应的治理结构肯定是市场治理结构。在这种情况下，资产的专用性很弱，是通用性资产，交易双方互不依赖，各自都可以随时将自己的资产移做他用或低成本地找到交易伙伴，双方都不关心交易关系的持续性。双方的关系依靠事先签订的契约作出详细的规定，一旦发生纠纷，随时诉诸法院进行裁决。

如果交易频率较低，只发生数次，资产是混合性的或是专用性的，这时发生的是新古典契约关系，相应的治理结构应是三方治理结构。由于交易涉及非通用性资产，所以，交易双方都关注交易关系的持续性和交易的和谐性，并希望通过建立某种保障机制来降低交易过程中的不确定性风险。但是由于交易的频率较低，双方设立专门的治理结构的费用难以得到补偿。在这种情况下，交易双方倾向于采取三方治理结构，即在发生契约冲突时共同邀请第三方来进行仲裁，一般依靠私下的协商解决争端。

如果交易频率较高，交易经常重复发生，且资产是非通用性的，这时发生的是关系性契约，其中，如果资产是混合性的，相应的治理结构应是由当事人双方治理的结构；如果资产是专用性的，相应的治理结构应是由一方当事人统一治理的结构即一体化治理。

在双方治理结构下，交易双方保持各自的独立地位。他们主要通过相互持股、购买方在供应方做专用性投资等方式，增加双方的共同利益，均衡双方的交易风险，使双方的交易关系保持较高的稳定性和持续性。

一体化治理结构就是内部行政管理结构，也就是企业体制。由于资产的专用性很强，交易一旦终止，寻求和建立新的交易关系的成本很高。而且，由于交易的频率很高，交易双方的契约关系发生摩擦的可能性很大，双方所承受的风险也很大，在这种情况下，交易就成为一种经济合理的安排。双方对交易关系稳定性的要求非常迫切，这样，通过一体化的方式使市场交易完全内部化就成为一种经济合理的安排。

以上分析可以用出版业的例子做简单说明。在现实中，图书出版商往往通过市场获得印刷服务，报纸出版商则通过自己拥有印刷厂实现印刷服务的自给，而介于二者之间的定期的关系性契约安排。其出版的杂志的印刷可能会使用部分的专用性资产，因而杂志的印刷服务往往采取一种长期的关系性契约安排。

## 五、契约的作用

契约是联结诸种交易的媒介，交易过程可以理解为契约准备、签订及其执行的过程。契约使得对于交易过程的分析更具有可操作性。契约是为了达成交易而进行的制度性安排，其规定了交易的架构。契约可以创造出不同形式的经济组织和权力结构。契约的基本功能是维护缔约双方或多方的合作，鼓励缔约方在恪守承诺、承担责任的前提下，谋求新的、更为远大的利益；契约增加信任、推动经济发展、促进社会和谐。

## 第二节　完全契约理论

## 一、完全契约的含义

### （一）完全契约的含义

缔约双方都能完全预见契约期内可能发生的重要事件，并都在合同中明确约定分担这些事项，当产生争议时，契约的全部内容都可以由"第三方"证实并按照契约约定执行，这就是所谓"完全契约"。

这种主要讨论契约设计和契约条款，认为契约的执行不是问题的契约理论，我们称之为完全契约理论。

### （二）解释

完全契约与交易各方关于交易的信息是否全面无关；在订立合约时，事先知晓所有可能会出现的情况；关注的焦点问题是契约设计及其条款，而不关心契约的执行问题。

在完全契约中，契约使用的判定和衡量标准，在现实中是有据可依的，契约双方和第三方均可获得这些方面的可信赖的信息。权利和义务的判定及其衡量可由法庭等"第三方"来治理。"可证实"对于信息完全契约具有两方面的重要意义。第一，有了可证实的判定和衡量标准的保障，契约在执行中所遇到的问题，可以通过第三方来解决，这种潜在的或现实的"第三方治理"，可以保障契约在执行中不出现问题，相应地，完全契约理论的注意力也就集中于契约的设计上。第二，要保障可证实条件的有效性，契约的各类条款，必须得本着可证实的原则对相关规定和衡量标准进行选择，要以那些第三方可以证实的信息作为契约相关权利和义务的衡量和判定标准，这也是完全契约设计中最重要的原则。

当然，完全契约的"可证实"特点，也表明契约双方可以掌握关于契约执行的全部信息，或者至少可以有把握在一个有效的设计中"囊括"关于契约执行的所有可能出现的情况。

## 二、委托—代理问题

委托—代理理论的基本思路是，在委托—代理关系中，由于交易的一方比对方拥有更多信息，要保障交易的顺利进行，维护自己的利益，委托人需要设计一份足以激励—约束其代理人的完全契约。

委托—代理问题产生的根源是信息不对称。在委托—代理框架中，拥有信息优势的一方是代理方，另一方是委托方。委托—代理问题的起源之一是信息不对称，代理人偏离委托人目标。该问题无所不在，例如律师与当事人之间、地主与佃农之间、雇主与雇员之间、上下级之间、股东与经理人之间、大股东与小股东之间等。由于代理方与委托方各自的利益不一致，代理方会凭借其信息优势，损伤委托人的利益。为了减少乃至消除代理人的"机会主义"倾向，就需要签订一份契约。在信息不对称条件下，委托人会通过相关契约努力约束代理人的机会主义行为倾向，激励代理人最大限度得为委托人的利益而工作，这就产生了契约中的"激励—约束问题"。

### （一）　"委托—代理问题"的类型

在现实中，委托—代理问题是广泛多样的。著名经济学家肯尼思·阿罗（1985）认为，委托—代理问题可以区分为以下两种基本类型。

#### 1. 道德风险

道德风险（moral hazard）也称败德行为，一般指代理人借事后信息的非对称性、不确定以及契约的不完全性而采取的不利于委托人的行为。简单来说，就是代理人借委托人观测监督的困难而采取的不利于委托人的机会主义行动。也就是说，在契约签订之后，委托人往往不能直接地观测到代理人选择的行动，委托人所能观测到的只是这样一些变量，这些变量由代理人的行动和其他的外生的随机因素共同决定，因而充其量只是代理人的信息不对称，这样，代理人就可能做出偏离委托人的利益的行动而不被发现。这里涉及的是事后的、行动的非对称信息。这在日常的各类保险如火灾保险中表现得最为明显。由于保险公司难以观察和监督投保人的行为，在许多场合无法确定火灾事故在多大程度上与投保人的疏忽等行为有关，因而火灾投保人一般会因为有了保险而变得惬意、缺乏动力采取投保前那样的提防行动，结果增大了失火的概率，给保险公司的利益带来损害。在保险业务中此类问题被称为"道德风险"，阿罗将它引入经济分析，专指契约实施阶段的机会主义行为。例如，工人的偷懒行为，经理人员的"疏忽与浪费"等。一般认为、对于道德风险问题，关键是设计一个最优的激励契约使代理人选择委托人所希望的行动，使代理人在追求自身利益最大化的同时，实现委托人的效用最大化。需要注意的是，不仅代产出高时，委托人应支付给代理人高的报酬，但委托人可能谎称产出不高而逃避履约责任存在道德风险问题，委托人往往也存在道德风险问题。例如，根据契约，当观测到的任，将本应支付给代理人的报酬据为己有。

#### 2. 逆向选择

逆向选择（adverse selection）一般是指代理人利用事前信息的非对称性等所进行的也是阿罗从保险业务中借用过来专门描述契约签订阶段机会主义行为的一个重要概念。不利于委托人的决策选择。这里所涉及的是事前的、知识的非对称信息所造成的问题。这也是阿罗从保险业务中借用过来专门描述契约签订阶段机会主义行为的一个重要概念。一般来说，投保人与承保人对保险业务的信息总是处于非对称状态，即投保人较为了解自己的类型与倾向，而承保人则难以区分投保人的风险类型。因此，保险公司不能对不同风险的投保人给出不同的保险费率，只能给出以风险的平均概率为基础的保险费率。这样，在保险费率给定的价格水平上，高风险者将购买更多的保险，而低风险者将购买更少的保险，从而导致风险承担均衡分配的无效率。阿罗认为，一个分权的社会主义经济存在较多的逆向选择问题。例如，关于企业生产率的信息只有企业自身最为清楚，计划当局充其量只掌握部分情况，企业会借此隐瞒其真正能够达到的产量水平而故意上报一个更低的产量计划，以谋求一个较低的利税负担。在现实中，在信贷市场上这种情况也很常见。对于逆向选择问题，由于委托人在签约时不知道代理人的类型，所以对委托人来说其核心问题是选择什么样的合同与机制来获得代理人的私人信息，对代理人进行甄别；而对于代理人也就是有信息优势的一方来说，则可以通过信号传递等行动来避免逆向选择风险。

### （二）委托—代理理论的基本模型

如图4-1所示，假定女士是委托人，男士是代理人，女士将自己的一笔财富委托给代理人代为管理。委托人的问题是：设计一个激励合同以诱使代理人从自身利益出发选择对委托人最有利的行动。

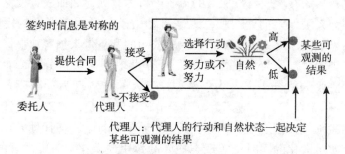

图4-1 委托—代理情境

女士将财产委托给男士后，男士可以选择接受也可以选择不接受。若男士选择不接受，则委托—代理关系终止。若男士选择接受，则进入财产的运营管理阶段，此时男士的努力程度与自然状况共同决定了某些可观测的结果。一般从概率的角度来讲，男士努力工作对应着较高的观测结果；男士不努力工作对应着较低的观测结果。自然状况是外生不可控因素。

如图4-2所示，$X(a, \theta)$ 由 $a$，$\theta$ 决定的一个可观测结果（产出）。$\pi(a, \theta)$ 由 $a$，$\theta$ 决定的一个可观测货币收入（产值）。$\pi$ 是 $\theta$ 和 $a$ 的严格增函数，即工作越努力，边际产出越高，较高的 $\theta$ 代表较有利的自然状态。

代理人　　　自然　　　委托人

- $A$：表示代理人所有可选择行动的组合；风险规避或中性
- $a$是代理人的一个特定行动
- 效用函数：$u(s(x)-c(a))$

$\theta$外生变量，$\Theta$：是$\theta$的取值范围

- 设计一个激励合同$s(x)$，根据观测到的$x$对代理人的功劳进行奖惩。风险规避或中性
- 效用函数：$v(\pi-s(x))$

**图4－2　委托人与代理人效用函数**

假定$\theta$的分布函数$G(\theta)$、生产技术$x(a, \theta)$ 和$\pi(a, \theta)$ 以及效用函数都是共同知识，就是说，委托人和代理人在有关这些技术关系上的认识是一致的。$x(a, \theta)$ 是共同知识意味着，如果委托人能观测到$\theta$，也就可以知道$a$，反之亦然。

此时，构建委托人的期望效用函数为：

$$（P）\quad \int v\{\pi(a, \theta) - s[x(a, \theta)]\}g(\theta)d\theta$$

委托人的问题是选择$a$和$s(x)$ 最大化上述期望效用。根据状态空间模型化方法，委托人这样做时面临来自代理人的两个约束：参与约束和激励相容约束。

参与约束：代理人从接受合同中得到的期望效用不能小于不接受合同时能得到的最大效用。代理人不接受合同时能得到的最大期望效用由他面临的其他市场机会决定，可以称为保留效用，用$\bar{u}$表示。参与约束又称为理性约束：

$$（IR）\quad \int u\{s[x(a, \theta)]\}g(\theta)d\theta - c(a) \geqslant \bar{u}$$

激励相容约束：给定委托人不能观测到代理人的行动$a$和自然状态$\theta$，在任何激励合同下，代理人总选择使自己的期望效用最大化的行为$a$，因此，任何委托人希望的$a$只能通过代理人的效用最大化行为来实现。换言之，如果$a$是委托人希望的行动，$a' \in A$是代理人可选择的任何行动，那么只有当代理人从选择$a$中得到的期望效用大于从选择$a'$中得到的期望效用时，代理人才会选择$a$。

$$（IC）\quad \int u\{s[x(a, \theta)]\}g(\theta)d\theta - c(a) \geqslant$$

$$\int u\{s[x(a', \theta)]\}g(\theta)d\theta - c(a'), \forall a' \in A$$

委托人的问题是选择$a$和$s(x)$ 最大化期望效用函数（P），满足约束条件（IR）（IC），即：

$$（P）\quad \max_{a, s(x)} \int v\{\pi(a, \theta) - s[x(a, \theta)]\}g(\theta)d\theta$$

s. t. （IR） $\int u\{s[x(a,\theta)]\}g(\theta)d\theta - c(a) \geqslant \bar{u}$

（IC） $\int u\{s[x(a,\theta)]\}g(\theta)d\theta - c(a) \geqslant$

$\int u\{s[x(a',\theta)]\}g(\theta)d\theta - c(a'),\ \forall a' \in A$

无不确定性的委托人—代理人模型的博弈树可表示如图 4 – 3
所示。

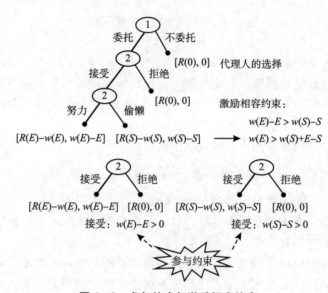

**图 4 – 3  参与约束与激励相容约束**

委托人的选择如图 4 – 4 所示。

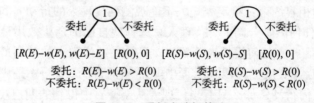

**图 4 – 4  委托人选择策略**

委托—代理问题源自信息不对称理论。信息不对称理论是美国三
位经济学家（约瑟夫·斯蒂格利茨、乔治·阿克洛夫和迈克尔·斯
彭斯）在 20 世纪 70 年代提出的经济学理论，为此他们获得了 2001
年的诺贝尔经济学奖。

信息不对称是指契约当事人一方所持有的而另一方不知道的，尤
其是他方无法验证（包括验证成本高）的信息或知识。信息不对称

问题可以分为外生性和内生性信息不对称。外生性信息不对称，是交易对象本身所具有的特征、性质与分布状况等，不是由交易人所造成的，而是客观本身所具有的，这种情况一般发生在交易之前。内生性信息不对称，指契约签订之后他方无法观察到、无法监督到、无法推测到的行为所导致的信息不对称，这种情况一般发生在交易之后。

外生性信息不对称对应着事前信息不对称，又叫隐藏信息。比如次品市场，信贷市场，保险市场等，其后果是逆向选择。

举一个有关逆向选择的数字化的例子。假设：甲和乙各有625万元待出售的货物，他们的效用函数都是财富的平方根。由于货物出口的时间或航线不同，所以遭受损失的概率也不同。甲出口货物遭受损失（600万元）的概率是25%；而乙出口货物遭受损失（也是600万元）的概率是75%。根据伯努利定理，如果保险人按照每个人的精算公平费率收取保险费，则二者都会投保，此时：

甲不投保的期望效用：$EU_1 = 0.25 \times \sqrt{25} + 0.75 \times \sqrt{625} = 20$

乙不投保的期望效用：$EU_2 = 0.75 \times \sqrt{25} + 0.25 \times \sqrt{625} = 10$

当保险人不知道被保险人的风险状况时，只能各收取公平平均保费：

$$P_1 = 0.25 \times 600 = 150$$

$$P_2 = 0.75 \times 600 = 450$$

$$P = \frac{0.25 \times 600 + 0.75 \times 600}{2} = 300$$

甲和乙投保后的期望效用均为：

$$EU_1' = EU_2' = \sqrt{625 - 300} = 18.03$$

此时，

$$10 = EU_1 < EU_1' = 18.03 = EU_2' < EU_2 = 20$$

高风险的乙买保险，而低风险的甲不买保险，所以只有高风险的消费者才购买保险。在只有高风险的乙买保险的情况下，保险公司就发生亏损。在这种情况下，市场就出现了逆向选择，低风险的甲被排除在保险市场之外。

在这里，逆向选择是指在保险人和投保人信息不对称的情况下，出现优质投保人被劣质投保人驱逐出市场的现象，从而引致保险市场失灵。

内生性信息不对称对应于事后信息不对称，又被称作隐藏行动，比如股东与经理人，雇主与雇员，其后果是道德风险。

道德风险，也成为败德行为，一般是指代理人借事后信息的非对称性、不确定性以及契约的不完全性而采取的不利于委托人的行为。简单地说，就是代理人借委托人观测监督的困难而采取的不利于委托人的机会主义行为。也就是说，在签订契约之后，委托人往往不能直接地观测到代理人选择了什么样的行动，委托人所能观测的只是这样一些变量，这些变量由代理人的行动和其他的外生的随机因素共同决定，因而充其量只是代理人的不完全信息，这样，代理人就可能作出偏离委托人的利益的行动而不被发现。这里涉及的是事后的、行动的非对称性信息。如火灾保险中表现得最为明显。由于保险公司难以观察和监督投保人的行为，在许多场合无法确定火灾事故在多大程度上与投保人的疏忽等行为有关，因而火灾投保人一般会因为有了保险而变得懈怠，缺乏动力采取投保前那样的提防行为，结果增大了失火的概率，给保险公司的利益带来损害。

面对信息不对称问题以及道德风险和逆向选择，应该如何解决？我们根据信号是由信息优势方发出还是由信息劣势方发出，将解决的办法分为两种：信号传递模型和信号甄别模型。

信号传递模型：代理人知道自己的类型，委托人不知道；为了显示自己的类型，代理人选择某种信号；委托人在观测到信号之后与代理人签订合同。例如教育信号、品牌、产品的保修保证书。

信号甄别模型：代理人知道自己的类型，委托人不知道；委托人提供多个合同供代理人选择，代理人根据自己的类型选择一个最适合自己的合同，并根据合同选择行动。例如保险条款。

日常生活中，还有很多委托—代理模型应用的典型案例，如表4-2。

表4-2　　　　　　　　委托—代理理论模型的应用

| 模型 | 委托人 | 代理人 | 行动、类型或信号 |
|---|---|---|---|
| 隐藏行动的道德风险 | 地主<br>股东<br>住户<br>公民<br>社会 | 佃农<br>经理<br>房东<br>政府官员<br>犯罪 | 耕作努力<br>工作努力<br>房屋修缮<br>廉洁或贪污<br>偷盗的次数 |
| 隐藏信息的道德风险 | 雇主<br>股东<br>原告/被告 | 雇员<br>经理<br>代理律师 | 任务的难易/工作努力<br>市场需求/投资决策<br>赢的概率/办案努力 |
| 逆向选择风险 | 雇主<br>保险公司 | 雇员<br>投保人 | 工作技能<br>感染艾滋病病毒 |
| 信号传递和信息甄别 | 雇主<br>买方投资 | 工人<br>卖方 | 技能和教育<br>产品质量和保修 |

## 第三节 不完全契约理论

### 一、不完全契约的含义

由于人的有限理性、外在环境的复杂性和不确定性，契约当事人或契约中的"第三方"无法观察或证实一切，造成该契约的条款是不完全的。不完全契约理论认为，由于人们的有限理性、信息的不完全性及交易事项的不确定性，使得明晰所有的特殊权力的成本过高，拟订完全契约是不可能的，不完全契约是必然和经常存在的。

在新制度经济学家看来，契约不完全的原因主要包括以下4个方面：

一是有限理性。在完全契约的模型中，个人理性假设是完全的。契约当事人不仅完全了解自己与对方的选择范围，而且对将来的可能性选择也清楚知道，并根据其选择了解所选择的结果或至少知道这种结果的概率分布。这样他就能够把所有这些信息综合在单一的效用函数中得出最有契约的结果。可是在实际的经济生活中，尽管人的行为选择是理性的，但人的理性选择不是完全的，而是有限的。由于人的有限理性与外在环境的复杂性、不确定性，人们既不能在事前把与契约相关的全部信息写入到契约的条款中，也无法预测到将来可能出现的各种不同的偶然事件，更无法在契约中为各种偶然事件确定相应的对策以及计算出契约事后的效用结果。因此，人的有限理性是导致契约不完全的重要原因。

二是交易费用。在交易费用为零的世界里，不存在不完全契约。科斯认为"在零交易费用的世界里，所有当事人都有动力去发现和找出所有将提高产值的调整措施，计算最佳责任规则所需信息应有尽有……在零交易费用的情况下，当事人达成各种契约安排，修正当事人的权利和义务，以便按照他们的利益要求，采取实现产值最大化的行动。"[①] 科斯所描述的零交易费用世界的契约实际上是完全契约。但科斯所强调的是交易费用为正的世界。在这种情况下，部分契约可能因交易费用过高而无法达成，选择长期可以避免一系列短期契约带来的附加费用。契约期限越长，买主愈不愿意详尽规定其需求，因为契约期限越长，在契约中列举可能发生的全部意外事故和要求的代价

---

① 科斯：《论生产的制度结构》，上海三联书店1994年版，第322页。

就越高。

三是不对称信息。信息不对称是导致契约不完全的重要原因。比如，一个企业选择一个怎样有能力的人做企业的经理我们是不清楚的，这是隐蔽知识问题；当选出的经理在其职位上时，他是否努力工作，这是隐蔽行为问题。正是因为非对称信息的存在，对不可观察的行为与无法验证的信息可以设计较好的契约来减少信息的非对称性，但要完全消除信息的非对称性是不可能的。具有机会主义倾向的契约当事人会利用这种信息的不对称尽可能地逃避风险，把契约行为的成本归结到他方身上。

## 二、不完全契约与新产权理论

新产权理论关心权利及其控制的有效配置问题。他们试图用规范的经济学模型对这些问题进行更加深入的分析。

### （一）事前专用性投资

我们对完全契约和不完全契约的区分，来自新产权理论。对此哈特的总结是：契约不完全是由于未来的不确定性、交易双方缺乏统一语言规定契约的或然条款，以及第三方不可证实的问题。具体来说，就是指交易双方无法明确知道未来可能发生的一切可能情况；即使知道了这些或然情况，交易双方也难以找到双方都认可的没有歧义的统一的语言来规定这些或然情况；而即使规定了这些情况，作为执行参照标准的相关变量，也可能是第三方所无法证实的，也就是说，契约难以获得来自第三方力量的强有力的监督、裁决以保证其执行。因此，新产权学派特别强调在交易过程中，在契约执行中的调整与再谈判。

格罗斯曼和哈特的新产权模型将企业看作一个不完全契约，其中可以在事前契约中明确规定的权力称为特定权利，而无法规定的其他权利称为剩余权利或剩余控制权（residual rights of control）（见图4-5）。双方先在事前签订一个初始契约，并投入专用性资产，然后等自然状态的不确定性出现之后再进行谈判。

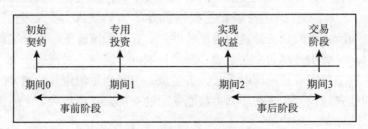

图4-5　格鲁斯曼和哈特新产权

为了最大化双方的事前专用性投资水平和总剩余，应该在事前的契约中将产权配置给投资重要的一方或者不可或缺的一方。两个企业是否合并，要看合并给兼并方增加的投资激励是否足以抵消被兼并方减少的投资激励，由此决定了企业的最佳规模。

### （二）再谈判条款

认为签订一个完全契约是不可能的，那么，也就等于承认在交易过程中，事前签订下的契约存在各种漏洞，靠这个契约来规范的交易，也就难免会出现纠纷，对此，应如何应对呢？在这个问题上，新产权理论的回答与交易费用理论基本一致，那就是要通过交易过程中的"再谈判"来解决交易中出现的各种情况。所谓再谈判，就是在交易中出现了新的问题之后，交易双方再针对这一新的问题和情况，重新进行协调和谈判，对交易进行调步讲，不完全契约的新产权理论，其基本理念就是在交易过程中，在契约执行中，通过事后再谈判来调整契约的内容，安排好契约的执行。要节约再谈判的交易费用，不完全契约还需要就契约执行过程中如何进行再谈判，如何修改契约进行明确的规定，学者们把这些条款称为"再谈判设计"条款。

### （三）剩余权利

在新产权理论看来，契约性权利有两类：一类是特定权利，另一类是剩余权利。前者指的是那种能在事前通过契约加以明确界定的权利，后者指的是那种不能事前明确界定的权利。对于不完全契约，剩余权利的归属是一个关键性的重要问题。已往的交易费用，经济学文献一般假定一体化导致的结果与完全的契约所导致的结果是一致的。而新产权理论认为对这两者的结果的比较是没有意义的，有意义的是比较将剩余权利配置给一方当事人的契约与将剩余权利配置给另一方的契约。例如，在雇主—雇员关系中，雇员的工作岗位的许多细节都是由雇主擅自决定的，也就是说，雇主拥有许多剩余权利或剩余控制权；在发包人—承包人关系中，权利的规定一般较为详细，而且，承包人一般拥有未明确规定的许多权利。

新制度经济学家们的不完全契约或关系交易理论，抛弃了建立于静态确定性之上的理论模型而关心跨期优化。分析方法的这一变化对于经济学的发展无疑是极为重要的。"关系交易框架将我们的注意力转向了被标准微观经济学所忽略的许多问题上。它也指出，在许多情况中，经济学家们一般面对的静态最优问题的重要性被高估了。为了追求其关系目标，关系双方愿意承担大量明显的静态无效率。"（Goldberg，1980）但是，在一个存在不对称信息、大量不确定性和频繁外部冲击的世界中，为了形成对契约关系和制度安排的影响力的更全面的理解，经济学家们的注意力不应该仅仅局限于交易成本和交易的特征，扩展制度经济学的契约理论需要更广阔的视角。

## 本章思考题

### 一、名词解释

契约　市场治理　三方治理　完全契约　不完全契约
委托—代理理论逆向选择与道德风险　准租金

### 二、论述题

1. 请深入思考契约经济学的框架。
2. 试比较古典契约、新古典契约及关系型契约的异同。
3. 请分析不完全契约实施中法律机制与自我实施机制的利弊。

# 第五章
# 企业与企业理论

在现代社会中，企业或公司是人类社会最重要的经济组织。企业理论是过去 30 多年间西方主流经济学中发展最为迅速、最富有成果的领域之一，它与博弈论、信息经济学、新制度经济学、契约理论等相交叉，开拓出新的研究空间，丰富了微观经济学的内容，推动了经济学对市场经济运行和企业组织行为的重新认识（见表 5-1）。

表 5-1　　　　　　　　　　企业理论及其区别

| 企业理论 | 观察对象 | 企业数量 |
| --- | --- | --- |
| 新古典的 | 经济中的所有企业 | 无限个 |
| 产业组织的 | 行业中的企业 | N 个 |
| 交易成本的 | 企业和交易伙伴 | 2 个 |
| 监督—激励的（委托—代理） | 企业内部的关系 | 1 个 |

表格内容根据 D. F. Spulber，1999，Market Microstructure：Intermediaries and the Theory of the Firm，Cambridge University Press P. 15 改编。

## 第一节　企业的含义及其相关问题

企业作为一种组织，在经济社会中扮演着极为重要的角色。企业或公司是经济发展的产物，它们产生于特定的社会经济环境，并因环境变化而演变。

### 一、什么是企业

在新制度经济学中，企业被定义为是通过合约联结起来的合作性实体，故也称为合约的网络或合约的联结。企业一词源于英文"enterprise"，专指经营组织或经营体，指具有一定的人员、机构、控制着一定生产资源的独立或相对独立人格的实体。20 世纪 80 年代初，日本经济学家小宫隆太郎曾经指出，当时的中国没有"企业"，只有"工厂"。

公司（company，corporation），也称为公司企业，概念比较复杂，通常指由两个以上的股东依法设立的经营性企业或组织。因法律制度、社会传统、经济环境和市场发育程度等不同，世界各国的公司类型不尽相同。

在新制度经济学中，形成企业的条件有：雇主和雇员对权威控制权以及剩余控制权的非对称性；雇主完全拥有雇员收益之外的全部剩余收益的控制权；企业的产品或服务必须是为了出售获利而不是全由自己享用。这意味着中间产品是企业出现的必要条件。

企业制度是关于企业各种正式和非正式规则的集合。企业制度规定或约束着企业行为和选择空间。在企业内部，企业制度规范着运作秩序和协作框架。在企业外部，企业制度形成一定的关系准则，规范企业对外交往的模式，保证企业行为在市场经营活动中的连贯和有效。

## 二、企业的种类

在经济学文献中，企业一般被看作是经济组织，这个组织购买生产要素，组织产品生产，并把产品销售出去以赚取相应利润。企业是要素市场上的购买者，产品市场上的销售者和产品的生产者。依据不同的法律形式，企业可以分为业主制、合伙制和公司制三种类型。

### （一）业主制企业

业主制企业又称单一业主制企业、个人企业，我国法律称之为"个人独资企业"，通常所说的"个体户""个体企业"也属于这一范畴。业主制是指出资人单独出资并经营的企业，业主对企业债务负有无限赔偿责任。在业主制企业中，企业获得企业经营的所有收益，也必须对企业经营的所有问题负责。因此，业主制企业对于业主具有最为理想的"激励—约束"机制，但是，业主制企业也有它的缺陷，由于出资人单一，企业规模有限，仅限于出资人所拥有的资本规模，不利于企业规模的扩大。因此业主制企业一般规模较小，并且经营风险较高。

从产权角度看，业主制企业的典型特征为：①产权主体单一，企业所有权属于某个人。②最终决策权。包括生产什么、如何生产、是否生产以及选择与监督其他要素所有者的权力。③所有者—管理者，即企业主，承担其决策的所有财富后果，即拥有全部的剩余索取权并对债务承担无限责任。企业主拥有企业的全部产权。

### （二）合伙制企业

合伙制企业是指由两个或两个以上出资人组建的企业，合伙的出资人对企业债务负有无限责任。通过汇集几个人的资源，合伙制企业能够减轻业主制企业所面临的财务约束，获得某种程度的生产规模优势。但是企业的所有权分散到多个合伙出资人的手中导致容易出现机会主义行为，这些出资人都是企业的所有者，某一合作人所做的决策或监督所带来的收益或损失都由合伙人共同承担。因此，合伙人中间容易出现偷懒和不负责任的行为。比如，一旦合伙人的行为不易观察，或者监督合伙人的行为需要花费较大代价，就会在合伙人中出现偷懒行为、"搭便车"行为，即都希望对方更积极地去监督以减轻自己的负担。在出现偷懒、"搭便车"问题后，合伙制就将变成低效率的企业制度，难以维持下去。尤其是当合伙人人数增加时，合伙人偷懒的动机会进一步加强，因为每个人的监督能力对他自己报酬份额的影响越来越小。

同时，合伙制企业的产权变更有很大的困难，某个合伙人要向转让或出售其产权必须得到其他合伙人的同意，因此企业的产权转让往往难以实现；由于企业合伙人对企业债务具有无限连带赔偿责任，对于其合伙伙伴的监督又存在难度，合伙制企业中每个合伙人所面临的债务风险较大，这些都不利于组建大型企业。

### （三）公司制（法人制）企业

公司制企业是现代经济生活的产物，公司制企业又称法人制企业，是由出资人组建的具有独立法人资格的企业，作为法人，公司制企业具有民事权利能力、民事行为能力，依法独立享有民事权利承担民事责任。公司资产属于全体股东，可以自由转让。股东对企业债务负有限责任，股东对于公司债务的偿还责任也仅限于其入股的公司法人财产部分，不再承担无限偿还责任。公司制企业的所有权与经营权分离，导致委托—代理问题。具有大规模生产经营的优势，但是内部协调成本高。

## 三、企业的目标

作为一个独立的经济实体，企业总是追求自身价值的最大化，同时尽可能减少风险。然而，这个目标设定过于笼统，故有必要考察具体的企业运营目标。传统经济学一般都假定企业追求利润最大化。但这在实践中会带来企业追求短期利润最大化的行为。过度举债和过度追求短期利润，导致对维护企业长期健康发展和履行企业社会责任的考虑极少。

### （一）利润最大化

该目标是 19 世纪初发展起来的。那时企业的组织形式比较单一，资本市场极不发达，企业的资本结构很简单，其特征是私人融资、私人财产和独资形式，经营者与所有者往往是合一的，其经营目标就是增加私人财富。因此，这个阶段企业的目标就是利润最大化。该观点在西方经济理论中是根深蒂固的。这种目标设定的优点是：第一，人类进行任何经营活动，都是为了创造剩余产品，而剩余产品的多少是以利润来衡量的；第二，在自由竞争的市场经济中，资本的使用权最终将属于获利最多的企业，也就是说，利润最大化是企业获得资本的最有利条件；第三，企业通过追求该目标，可以促进社会财富的最大化。然而，过度追求利润最大化有可能导致企业唯利是图，行为短期化，忽视甚至放弃长期利益，忽视股东和债权人为企业承担的风险，漠视企业的社会责任。

20 世纪 50 年代以来，随着企业规模的不断扩大和金融业的兴起，公司制企业应运而生。公司制企业的主要特征是企业所有权与控制权的分离。此外各种债权人、消费者、雇员、政府或社会等都是与企业有关的利益集团。在此背景下，在西方财务经济学理论的创立和企业制度、治理结构的不断发展与创新中，提出了企业的目标是股东财富最大化、价值最大化、经理人利益最大化、相关者利益最大化、竞争目标、社会责任或利益及政治利益最大化等。

### （二）股东财富或所有者权益最大化

从股东等投资者的角度来看，"公司属于股东"理所当然。在该目标模式下，企业所有投资的收益应当高于资本成本，更复杂的资本成本是从资本资产定价模型中导出边际成本，以处理多变的风险投资项目。

由于权益融资成本的波动性和股利的个人所得税，股东保留盈利似乎很少作为股本来计算资金成本，这就有可能引起管理层通过保留利润即通过内源融资的方式融资，而非通过发行股票进行权益融资。

在考虑股东财富增长率时，经理层也会更多地利用财务杠杆以增加股东的收益，但如果过度利用，则不可避免地会增加企业的风险。如果过多地利用企业净利润发放股利，公司的财富增长就会受到影响。因此，企业经理一般希望保留足够多的利润，这也是股东财富最大化的重要财务策略。

总之，如果单纯追求股利最大化，则会引起利润分配过度，有可能导致企业追求短期利益和过度利用财务杠杆，增加企业风险，甚至会导致企业破产。

### （三）市场价值最大化

该目标起源于莫迪格利阿尼和米勒提出的 M－M 定理：在无企业所得税的完善市场条件下，企业价值与其资本结构无关。在考虑所得税的条件下，企业价值（$V$）是举债量（$D$）的线性函数：

$$V = Vu + T \cdot D$$

其中，$Vu$ 是无举债时的企业价值，$T$ 是企业所得税的税率。由于举债的利息可以在税前支付，因而企业举债具有节税（"税盾"）效益，企业举债越多，企业价值越大。继 M－M 的进一步研究，取得了不少成果。

假设一个企业有 100 万元全部是自己的钱，没负债。某桩生意的利润率是 20%，因此某年他赚了 20 万元（100×20%），没有利息。按照 25% 的企业所得税率，应该缴纳企业所得税 4.5 万元（20×25%）。这样算下来，公司这一年实际的净利润是 15.5 万元（20－4.5）。这些钱可以股东分了。

假设同样是这个企业，自己有 100 万元，又去银行贷款 10 万元，一共 110 万元。同样一桩生意利润率是 20%，某年赚了 22 万元。那么他应该缴纳多少税呢？我们假设他贷款是一年期的，那么贷款利率是 5.31%，应该支付银行利息是 0.531 万元（10 万×5.31%）。那么他实际赚了 21.469 万元（22－0.531）。注意：计算所得税的时候要扣除利息，因此交税的基数不是 22 万元，而是 21.469 万元。还是按照 25% 企业所得税率计算，公司应缴纳所得税 5.36725 万元（21.469×25%）。这样算下来，公司实际净利润是 16.10175 万元（21.469－5.36725＝22－0.531－5.36725），高于没有负债时的实际净利润！一个原因是通过负债发挥了财务杠杆作用，借钱生钱。另一个原因，负债部分的利息是不用交税的，可以在缴纳企业所得税前扣除的，这就是税盾作用。

## 第二节　科斯之前的企业理论概述

企业理论是研究私有财产制度和市场经济条件下企业组织的理论。大致经历了古典、新古典和现代理论三个发展阶段。伯利、米恩斯的《现代公司与私有财产》、罗纳德·科斯的《企业的性质》，标志着现代意义上的企业理论得以产生。

市场、企业等经济组织早已有之。但在科斯之前，经济学家们大都盯着"市场"。在他们看来，市场是完美的、神圣的，其运行是无须成本的，它恰如一台永动机，没有摩擦，无须润滑。对市场高度关注的后果之一是，他们把企业仅看作是追求利润最大化的生产单位，是一个生产函数。而对于其为何具有这样的经济特征、其内部结构如何等问题则漠不关心，即将企业内部运行视为一个"黑箱"。

## 一、古典企业理论

亚当·斯密为企业理论研究提供了分工与专业化的角度。他在《国富论》的一开头就分析了一个制针厂内部的生产情况，分析了分工和专业化能够通过提高劳动熟练程度、技术革新、节省工作转换成本和学习时间等途径提高劳动生产率。这是因为：第一，分工使劳动者熟练程度增进，增加了劳动者单位时间所能完成的工作量；第二，分工节省了从一种工作转向另一种工作的时间；第三，分工带来的专业化可以发明适当的机械来简化和缩短劳动。企业是分工发展导致生产组织方式变化的必然产物。

在斯密看来，分工会形成各种工序和工种，他们只有协调起来才能形成产品或产量优势，这就需要一种组织来协调。斯密还提出"分工受市场范围的限制"，从而将分工程度与市场范围联系起来。市场要是过小，那就不能用自己消费不了的自己劳动生产物的剩余部分，随意换得自己需要的别人劳动生产物的剩余部分。

直到20世纪前半期，新古典经济学对企业的假定非常严格且抽象。总的来讲，就是制度（私有制）不变和理性人假定。他们把企业视同一个单一的代理人或一种人格化的装置，企业家被隐含地认为是企业的人格化代表，企业行为即企业家行为，而企业内部的事情则被全部忽略。

企业是一个生产函数。它们以各种市场为运行环境，面临着价格参数，面临着如何替换土地、劳动力和资本以实现成本最小化的问题，面临着如何调整产量实现边际成本等于价格（边际收益）以追求最大化利润的问题。总之，企业就是以投入和技术作为自变量的"工厂"，即它更像是一个被人事先输入特定程序的生产机器。正如林毅夫所说的，企业被缩减为生产函数的同义词，除市场之外的制度安排没有考虑的必要。新古典经济学的企业理论因此被称为生产理论，其微观部分也被统称为市场理论。

总之，传统经济学理论建立在均衡理论基础上，集中说明市场交易中价格在平衡市场供求中的作用。企业被简化为一个假定，即一个追求利润最大化的，能够根据市场价格信号作出理性决策的企业家。支配企业行为的，是冥冥之中的"看不见的手"。以后的经济学家沿着这一思路，更多地将研究的视角放在市场上，这也就是此后长期以来经济学的研究的主题——资源配置问题。

## 二、新古典企业理论

新古典经济学对企业的理论研究，其贡献主要在于，它发现了企业一个最基本的属性，即生产性，即企业是做什么的，以及它将遵循怎样的技术性规律。也正是在这一基础上和领域内，他们发现企业作为一个多种要素联合体且有相当要素密集度的存在原因，即规模经济和边际生产力递减规律，是它们在决定着企业的规模变动和内部调整（至少这是一个因素）。在新古典理论中，企业被当成"黑箱"来处理，经济学家了解到的企业是这样一种情形：在投入方面，大量的生产要素，如资本、劳动、土地等基本的生产要素，不断地进入企业；在产出方面，各种各样的产品被生产出来送往各地市场销售。至于投入如何转变为产出，新古典理论将这一过程简化为一个由技术决定的"生产函数"。

新古典经济学对企业进行了高度的抽象，仅仅把企业看作是一个在技术约束下的生产函数，至于企业内部的具体的组织生产的方式、企业制度对于企业生产效率的影响，则被抽象掉了。也就是说，在新古典的世界里，人是无限理性的，信息获取的成本为零，因而每个人可以充分地认识到对方的行为，也可以预测到未来的发展。在这样的一个世界里，关于制度和组织的讨论是没有意义的。这对于新古典经济学通过边际分析找到利润最大化行为下的市场均衡十分有用。但是这种黑箱式的企业并没有揭示企业中人与组织的作用和企业与市场之间的关系，具有很大的局限性，这也遭到了人们的批评。

## 三、马克思主义经济学的企业理论

马克思主义经济学诞生于 19 世纪中后期。由于其开创者渊博的知识和深厚的哲学功底、高度的抽象思维和逻辑思辨能力，使其能在辩证唯物主义和历史唯物主义的基础上，对企业做比较全面的论述分析，其中既包括自然技术性因素，也包括社会性因素，以及它们之间的关系。

马克思进一步发展了斯密的分工思想，他以协作为视角讨论了工厂手工制造业条件下，企业的生产地点集中，生产规模扩张的规模报酬；以分工为视角讨论了专业化生产对技术进步和生产力水平提高的作用。同时马克思还认为，在分工协作生产的条件下，雇佣劳动制是资本主义企业制度的本质特点，较多的工人在同一时间、同一空间，为了生产同种商品，在同一资本家的指挥下工作，这在历史上和逻辑上都是资本主义生产的起点。此外，马克思还将分工划分为社会分工和个别分工，社会分工是指不同产品生产部门之间的分工，而个别分工则是指企业内部的分工。通过对两类分工的讨论，马克思进一步深化了斯密关于企业本质的分析。马克思对企业产权的分析，不仅明确区分了监督和管理，而且一下子就抓住了所有制这一根本性范畴，进而详细论述了资本主义企业如何在资本主义私有制和生产力这一对矛盾的推动下，其形态经历了业主制、合伙制和股份公司制的这一历史性发展进程。

## 第三节　新制度经济学的企业理论

在传统经济学中，将制度作为经济运行的外生变量不予考虑，只是在一定的制度框架内研究如何最优得配置资源。新制度经济学则认为制度是内生的，制度的不同安排会产生不同的资源配置效率，并且引入了制度的约束和交易成本，修正了新古典经济学的缺陷，开创了制度范式的分析方法，从而更好地解释了现实世界。

### 一、契约理论

契约理论认为企业是一系列投入品或资源所有者间的一种制度安排的联结，也就是契约的联结。企业与市场的关系是一种契约形式取代另一种契约形式，不同的契约安排形成了不同的企业组织形式。这也是交易成本理论的最主要的观点。代表人物有科斯、张五常、威廉姆森等。由于企业用要素市场代替了产品市场，而且在要素市场价格机制的作用下还远不如产品市场，因此企业内部主要是科层关系或等级制度代替了市场交换。企业内部的科层关系是委托—代理关系的延伸。

#### （一）科斯：节约交易费用

传统理论非常关注价格机制的作用，却忽视了价格机制产生的制度背景，忽视了企业自身的制度安排。传统经济学理论不能解释生产活动为什么和如何组织在企业内部进行。1937 年，科斯在《企业的性质》中发现在现实世界里，市场机制的运行是有代价的，即交易费用为正。为了节约交易费用，很多一次性的交易转变为多次重复交易，短期交易被长期交易所取代。此时企业作为"一种可以与市场相互替代的协调生产的手段"就产生了，从根本上讲企业存在的理由是节约交易费用，企业的出现意味着"一系列的契约被一个契约替代了"，其显著特征就是作为价格机制的替代物。

科斯认为，企业能够最大限度地集中投资所需的信息，并对其进行有效加工，从而提高了获得资源的信息效率；企业内部的某一要素所有者与企业内部其他要素所有者签订一系列契约，从而节约了分别签订每一份契约的成本；企业内部的一系列契约具有长期性，因而在跨期交易中能够降低执行的不确定性，减少对契约的监督成本；同时，其他要素所有者通过获得一定的报酬向企业家让渡资产的使用权利，服从企业家的指挥，使企业家能够迅速改变投资方向，提高契约执行效率。

接下来一个问题是，既然企业的出现在于能够节约市场的交易费用，那么，在最大利润动机之下，企业就应当无线扩大，最终完全取代市场，使整个经济变成一个大型企业，像理想化的中央计划经济一样。可是历史证明，企业并不是无限扩大的，企业与市场总是并存且相互依赖。那么，为什么市场仍然存在？又是什么决定市场与企业的边界呢？

对于上述问题的回答，科斯也指出，企业内部面临管理成本。由于层级组织的增多，信息的传递过程大大增加了，由于上下级的信息不对称，又会使信息的传递变得扭曲，决策人做出正确判断的可能性下降，因此企业内部面临着管理的成本，这决定了企业的规模不可能无限扩大。在科斯看来，企业通过减少契约的数量等措施固然可以节约交易费用（事实上也减少了生产成本），但他并没有取消契约和企业内的交易，消除交易费用。企业是由行政命令来管理和指挥的，其本身也会产生一些组织或管理费用，诸如行政管理费用、监督缔约者（工人）的费用、传输行政命令的费用等。

企业的边界决定于市场交易费用与企业组织费用相等的均衡水平上。企业的扩大必须达到这一点，即在企业内部组织一笔额外交易的成本等于在公开市场上完成这笔交易所需的成本，或者等于由另一个企业家来组织这笔交易的成本。随着企业规模的扩大，在企业内部组织追加的交易费用可能会上升，企业的规模越大，企业的组织费用越高。而且，在组织的交易增加时，或许企业家不能成功地将生产要素用在他们价值最大的地方，不能导致生产要素的最佳使用，这样，在企业内部组织某些交易的费用可能大于在公开市场上完成交易的成本。因此，企业的规模不可能无线扩大，其规模决定于这样一个点：在企业内部组织一笔额外交易的费用等于在公开市场上完成这笔交易的成本，或者等于由另一个企业家来组织这笔交易的成本。或者说，企业规模的扩大将达到这样一点：企业内化一笔额外交易所节省的费用刚好被管理费用的增长所抵消。在这一边际点上，企业规模达到了均衡从而停止扩张。现今看来，《企业的性质》一文的粗糙是显而易见的，科斯留给后人的问题比他发现和解答的问题还要多。科斯指出企业是用"权威"代替市场。人们不仅还要问，"权威"为什么会出现？人们为什么要在企业内服从权威的指挥而在市场上却要公平交易？

### （二）张五常：要素市场代替产品市场

张五常的企业性质观是在科斯有关企业是对市场的替代的观点的基础上发展而来的。在张五常看来，企业的出现并不是非市场方式代替市场方式组织劳动分工，而是用要素交易市场代替产品交易市场；或一种契约方式代替另一种契约方式。市场交易的是产品或商品，"企业的交易"交易的是生产要素。为了节约交易费用，企业的出现可以看作是由要素市场代替产品市场或商品市场。

张五常关于企业性质的解释改进和发展了科斯企业理论，他认为企业与市场本身没有本质区别，只是契约安排的两种不同的形式而已。张五常指出，企业"这个契约"，发生在要素市场上，而价格机制的"那一系列契约"，则是产品市场上的交易，因此，企业无非是以要素市场的交易契约替代了产品市场上的契约。

企业契约作为要素市场上的契约，与产品市场上的契约不同，在企业契约中，由于把要素组合起来投入企业契约的期限通常很长，再由于这个过程中的风险和不确定性，因此很难在签约前将陈述买卖双方的一切权利义务规定清楚。换句话说，企业契约是权利义务条款难于事前完全界定、要素买卖双方都有权在契约过程中追加规定的一种特别契约。从契约的角度看，企业内部组织管理成本可视为契约执行阶段的交易费用。企业的规模取决于市场交易费用与企业内部交易费用在边际上相等的状态。

综上所述，张五常有关企业代替市场不过是要素市场代替产品市场，或者说，是一种契约代替另一种契约的观点显然是对科斯企业契约性质观的深化。不过，需要指出的是，由于张五常像科斯一样将雇主与雇员之间的契约关系作为企业契约的全部，这使其契约性质观难免存在如科斯的企业契约性质观一样的缺陷，正如科斯自己在《企业的性质：影响》一文中所说，《企业的性质》一文的主要弱点之一是套用雇主—雇员关系作为企业的原型，这使得企业的性质残缺不全。由于只是重视雇主—雇员关系，结果就忽略了考察能使企业组织者以购买、租赁或借入的方式来指挥资本（设备或货币）使用的合约。显然，企业不仅包括雇主与雇员之间签订的契约，还包括雇主与其他要素签订的契约，企业契约是一个由多种契约构成的契约结构。

### （三）周其仁：人力资本理论

企业合约是一个人力资本与非人力资本的特别合约。其之所以特别，"在于不能事前完全规定各要素及其所有者的权利和义务条款，总要留一部分在契约执行中再规定"，这个特性是因为"企业合约包括了人力资本（工人、经理和企业家）的参与"。周其仁认为，在文明社会里，"人"是非卖品，在一般市场合约里，"见物不见人"。只有在企业合约里，人才自愿地依据合约将自己部分地"卖"给企业。除此之外，再也找不出企业合约与一般市场契约的不同之处。

## 二、团队生产理论

按照科斯的看法，企业是一种不同于市场的科层组织，这种看法遭到了很多批评。一种批评来自阿尔钦和德姆塞茨。他们在1972年发表于《美国经济评论》的《生产、信息费用与经济组织》一文中，以其颇富新意的团队生产理论提出了不同的看法。他们认为仅仅从市场交易费用的角度论证企业的产生和存在是不够的，还要从"管理成本"（也可理解为企业内部交易成本）的角度看企业，"在其他情况不变的条件下，管理成本越低，在企业内部组织资源的比较优势就越大"。而科斯并没有回答企业管理成本比市场交易成本更低的条件。由此，他们提出并发展了他们的企业理论。

在论文中，阿尔钦和德姆塞茨认为，企业并没有比普通市场更为优越的命令、强制和法律约束等权利。在他们看来，普通的市场交换与企业内的组织和资源分配没有本质上的区别，通过市场的交易与在企业内部的交易也无二致。他们反复强调，企业没有任何命令的权利，没有任何权威以及对行动的纪律约束等，这与任何两个人之间的普通市场契约没有丝毫不同。在企业内部，雇主与雇员的关系实际上是对称的，它只是"以物易物"契约，即雇员可以说是"命令"雇主支付他们所能接受的工资，就像雇主可以说是"命令"雇员执行一定的工作一样；雇主可以终止合同"解雇"雇员，雇员也可以"解雇"雇主，离开工作。因此，与其说雇主在管理、指导、制定工人做不同的工作，还不如说雇主用双方都可以接受的用语不断重新商定契约，企业内的雇佣关系与市场上日常商品的交换关系没有什么本质的差异：命令一个雇员打出这封信而不是整理那份文件，就如同告诉售货员卖给我这听金枪鱼罐头而不是那种面包一样。

至于"企业"与"市场"的区别，按照阿尔钦和德姆塞茨的分析，企业作为一种专门收集、整理和出售信息的市场制度，是一种高级专门化的代理市场，在关于大量特有投入的生产特征上呈现了一个有效市场的特征，它能更廉价地汇集和核实关于异质资源的知识，对资源的重组与新的使用可能比普通市场上传统的搜寻能更为有效。因此，投入是在企业内或企业间的相互竞争，而不是传统设想的通过市场的单一竞争，企业是一种增进投入资源的竞争的一种装置，又是一种能更有效地向投入支付报酬的装置。与市场和城市这种公共的或没有所有者的市场相比，企业可以被认为是一种私有市场。因而，可以认为企业和传统的市场是两种竞争性的市场形势，是私人所有的市场与公共的或共同的市场的竞争。

显然，阿尔钦和德姆塞茨并没有认识到企业内不对称权力关系的功能，他们反对企业的权威特性的看法也不为大多数经济学家所接受。但是，他们把企业的性质看作是一系列契约的联结的观点，产生了深远的影响，并且被众多不同领域的学者所广泛拓展。但是，如果我们把这一模型无限推广到其他地方，不仅用于企业而且用于家庭、国家及其他各种制度，我们就会发现"市场"是无所不在的，婚姻、家庭、政府等。这样，交换与馈赠的区别，以及市场与非市场制度的区别都会消失，而"市场"这一概念本身则会因其适用范围的扩大而不再具有实际意义。

### （一）团队生产

团队生产的概念是由阿尔钦和德姆塞茨在他们合作的《生产、信息费用与经济组织》（1972）一文中提出的。在这篇文章当中他们把团队生产的特点归结为：①使用几种类型的资源；②其产品不是每一参与合作的资源的分产出之和，由一个追加的因素创造了团队组织问题；③团队生产使用的所有资源不属于一个人。具体而言，团队生产是指由多种要素所有者联合进行的生产，生产中需要多个不同的要素参与，这些要素分别属于不同的所有者，这些所有者相互合作形成一个团队进行生产。而生产的总产出高于参与生产的各要素的分产出之和，即生产的总产出也不能再分解为几部分要素投入的独立产出之和。

首先，团队生产是指由多种要素、多个要素所有者参与的，是由多要素联和，多要素所有者联合进行的，具有明显分工合作特点的生产。例如，工人、管理者、投资者都分别以劳动力、管理和资本要素的所有者的身份参与整个生产过程。

其次，团队生产中的团队作为一个整体系统，其产出具有整体大于部分之和，即"1+1>2"的特点。

最后，团队生产的总产出是无法分解为各部分投入的分产出之和的。如果某个生产过程的总产出可以分解为几部分相对独立的投入的产出之和，那么这种生产就不再是团队生产。因此，在团队生产的总产出中，无法计算出各部分要素投入的边际贡献量，这也就是团队生产中的"计量问题"。

### （二）团队生产的优势

团队生产的优势可以概括为团队生产的总产出大于参与生产的各要素的分产出之和，即"1＋1＞2"，只有这样团队生产才会被采用。一般来说，团队生产的这种优势是各生产要素之间依据其比较优势，进行分工协作的结果。联合的团队生产，由于生产规模的扩大，生产的分工协作程度的提高，各要素的利用效率也大大提高，从而增加了产出水平。

新制度经济学家一般不再深入探讨团队生产的这一特点。这可能是由于在他们之前，经济学家已经对这一问题进行了较为全面和清晰地分析。亚当·斯密（1776）认为，有了分工，同数量劳动者就能完成比过去多得多的工作量，其原因有三：①劳动者的技巧因业专而日进；②由一种工作转到另一种工作，通常须损失不少时间。有了分工，就可以免除这种损失；③许多简化劳动和缩减劳动的机械的发明，使一个人能够做许多人的工作。显然，斯密所讲的分工，主要是指企业内部（手工业工厂内部）的团队生产的专业化分工，这种分工的实质就是将整个生产过程，划分为多道专业化的生产工序，从而提高各道工序中生产要素的使用效率。作为具有主观能动性作用的要素，专业化的劳动者还可以在生产过程中不断提高其技术水平，进行发明创造。应该说，以中间产品联结的专业化的生产工序所构成的整体生产过程，是经常能够见到的团队生产过程。但是，并不是所有的团队生产都是由这种相互衔接的专业化生产工工序构成的。

我们看这样一个问题：某个产品的制造过程未形成专业化分工，一个劳动者就可以完成整个制造过程。有劳动者 A、B 二人集中到某个工厂内，分别使用相互分离的生产工具进行生产，但有一部分生产要素投入，假设为要素投入 T，二人在生产中都需要使用到。该问题中的生产是否是团队生产呢？回答是肯定的。A、B 两人之间没有形成专业化的分工，但是那一部分两人共同使用的要素投入 T 的存在，使得集中的生产节约了一部分要素投入，从而形成"1＋1＞2"的产出优势（成本节约）。也正是由于要素投入 T 的存在，两人的生产中也出现了"计量问题"。两人的总产出中，有哪些属于要素 T 的贡献是难以计量的，因此总产出也难以分解为 A、B 二人及其生产工具的贡献之和。当然，与前面的分析不同的是，我们这里所讨论的情况是，在一定条件下，可以计算出 A、B 两人的劳动力要素的边际产出，但是在要素 T 不可替代，其边际产出水平也难以计算的情况下，"计量问题"还是存在的。因此，该问题中的 A、B 二人所构成的没有专业化分工的生产过程作为一个整体，同样具有团队生产的特点。要素投入 T 在生产过程中为 A、B 二人共同使用，所带来的节约，也同样体现了这种团队生产的优势。我们把这种没有专业化分工的团队生产称为简单协作式的团队生产。

团队生产理论所揭示的是，团队生产优势促使企业组织的存在，企业的组织管理的重要职能就是要通过监督来解决"计量问题"所带来的激励不足和约束不足问题。

### （三）"计量困难"

团队生产的一个特点是"技术的不可分性"。即各成员及其要素的贡献不能被精确测量和分解，无法计算各要素投入的边际贡献量。因此无法按照每个人的真实贡献去分配报酬。

我们首先提出这样一个问题：假设一个产品的生产过程分为两道工序，第一道工序将购进的材料生产出的中间产品，提供给第二道工序进行深加工。每道工序都需要多个工人同时协作才能完成，在时间和空间上均不可以再分解——不能分解为几个阶段，每个阶段可以由不同的工人分别负责；也不能分解成几个小部分，每部分由少量工人分别完成。但是第一道工序和第二道工序则是相互独立的，可以在时间和空间分离。对于上述提到的"计量问题"我们需要进一步交代的是，不可再分的工序一的生产和工序二的生产本身，都具有团队生产的特点；此外，如果工序一和工序二在同一个企业内部进行，两道工序作为一个整体的生产过程，其最终的总产出，无法分解为两道工序各自的产出之和——企业内部没有价格关系，因此很难计量处工序二完成的最终产品中，工序一所制造的中间产品贡献了多少价值——因此在同一个企业内部组织的工序一和工序二，作为一个整体的生产过程，同样存在着"计量问题"，具有团队生产的特点。但是，如果这两道工序分别由两家企业来进行，那么负责工序一的企业，必然要将其生产的中间产品按照市场价格出售给负责工序二的企业，这一市场交易过程，解决了两道工序间的价值计量问题，总产出的价值水平可以明确地分解为第一道工序的中间产品的价值和第二道工序的附加值，因此，两个企业间的工序一和工序二作为一个整体的生产过程，其"计量问题"已经获得解决，因此也不再符合团队生产的概念。

"计量问题"之所以是个"问题"，原因就在于，各类要素分别属于不同的要素所有者，如果不能有效计量出各要素的边际产出，就无法使得这些要素所有者准确地获得其要素边际产出，要素所有者也就不能获得充分的激励与约束。因此，"计量问题"的"问题"就在于，它导致团队生产的产权安排无法实现帕累托效率。各要素的边际收益水平无法度量，那么各要素所有者也就不能获得其行为的边际收益，或者团队生产中相互联合的各要素所有者不能获得充分的激励和约束。在这种情况下，如果加倍努力，其收益也不一定增加。偷懒，其收益也不一定减少。这必然会导致相应的外部化收益即增加努力的成本由要素所有者自己承担，而其收益则归整个团队所有。同样，也会形成外部化成本，即偷懒的收益完全由要素所有者自己获得，而其成本则由整个生产团队来承担。显然，在这种情况下，理性的要素所有者将会选择偷懒。要素所有者的偷懒行为，尤其是作为一线劳动者的劳动力要素所有者的偷懒行为，将导致生产团队的瓦解。

### （四）监督与协调成本

要解决计量问题以及其造成的偷懒行为，需要对团队生产中的要素所有者，尤其是一线劳动者进行监督。这里的"监督"是指考察生产团队中各成员的行为，对偷懒行为进行惩罚，对积极地努力行为进行奖励，从而尽量纠正团队生产中的计量问题所导致的"激励不足"和"约束不足"问题。相应地，监督行为也会形成相应的成本，这些成本可以归结为团队生产所对应的要素交易的交易成本。

还需要进一步指出的是，与分散的生产过程相比，团队生产特有的成本不仅仅是监督成本，或者可以这样说，即使计量问题获得了解决，团队生产的成员都具有了充分的激励和约束，团队生产过程中还会形成一些其他的协调成本。团队生产过程中，企业的职能不仅是在对生产团队各成员的"监督"，还需要做好必要的"协调"：团队生产需要把不同的要素组织在一起，需要多个劳动者之间进行分工协作，这都需要企业进行有效的组织、计划、指挥和控制，需要做好各成员间的信息交流与组织协调，而这些都是分散的个人生产所不具有的。我们把企业内团队生产中的这些行为所形成的成本，称之为"协调成本"。当然，在团队生产过程中，监督成本和协调成本往往是交织在一起的，难以区分，但这并不表明两者可以混淆。对此，也有人直接把我们这里所讲的监督与协调，统称为"监督"。阿尔钦和德姆塞茨就因此而重新界定了监督的概念，将所有这些行为都"包括在'监督'的标签之下"。

当然，如果继续深究下去，我们还会发现，单就"生产"而言，团队生产过程的生产成本，也要区别于分散的个人生产的成本。因此要全面分析团队生产对分散的个人生产以及这些分散个人生产之间的相应的市场交易的替代，不仅需要关注交易费用，还需要全面比较其生产费用。也只有总结各方面的成本，并结合其收益综合进行分析才能真正揭示企业存在的意义，进一步回答企业的性质问题了。

## 三、纵向一体化

### （一）含义

企业可以看作是连续生产过程中不完全契约所导致的纵向一体化实体。纵向一体化是指由中间产品联结的上下游企业合并为一的现象，即产业链条中相邻的企业合并起来。纵向一体化问题是一个典型的产业经济学问题，我们在这里并不是要展开关于纵向一体化问题的系统分析，只希望能够通过对纵向一体化问题的分析，进一步厘清我们关于企业性质问题的认识，同时，也试图从企业的性质问题出发，为纵向一体化问题提供一个新的分析角度。

依据其实施方式，纵向一体化可以分为两种：纵向的联合重组和纵向的收购兼并。纵向的联合重组是指具有上下游关系的两个以上的企业相互联合，实现合并，建立一个新的企业；纵向的收购兼并则是指由某一个企业与其具有上下有关系的企业，来实现合并。这种收购兼并分为前向收购兼并和后向收购兼并，所谓前向收购兼并是指上游企业对下游企业的收购兼并，包括收购那些购买其中间产品进行深加工的企业，收购其产品的销售企业等；而后向收购兼并则是指下游企业对上游企业的收购兼并，包括收购其中间产品的提供者，收购其原料供应商等。

在新古典经济学的厂商理论中，企业被看作是一种生产函数，生产中需要哪些生产要素，如何安排生产取决于生产的技术要求。在这种理论前提下，纵向一体化的原因也必然归结为技术因素：如果出现了新的成本更低的技术，使得原来相互独立的两个生产阶段，合二为一后可以降低生产成本，或者能够提高产出水平；如为了节约两个企业间的运输成本；等等。

关于纵向一体化的原因，还有其他方面的解释：为了追求垄断利益；为了避免上游产品供给的不确定性的影响；为了转嫁风险；为了逃避中间产品市场上的税收等。

### （二）交易费用、专用性资产与纵向一体化

关于纵向一体化行为的目的和作用，新制度经济学的回答是旨在节约交易费用。在问题所涉及的两道生产工序之间的中间产品提供问题，有两种解决办法：可以通过中间产品的市场交换来解决，也可以让负责两道工序的企业实行纵向一体化，通过企业内部的行政管理来解决。但是我们在前面讲过，无论是运用市场价格机制，还是运用企业内部的行政命令，这两种解决方式都是有成本的，可将这两方面的

成本分别归纳为产品交易的交易费用和要素交易的交易费用。哪种方式的成本低，就采用哪一种。当企业内部行政命令的费用低于市场中间产品交易的费用水平时，把两道生产工序纳入同一个企业内部就是合算的，纵向一体化行为也就会出现，从这个角度说，纵向一体化的目的之一在于节约交易费用。

资产专用性程度是影响交易费用水平的首要因素。纵向一体化是否会出现就要看两种交易的交易费用水平的高低，而影响交易费用水平的首要因素就是交易中所涉及的资产的专用性水平。资产专用性程度对两种交易费用的影响概括如下：

(1) 资产专用性程度越高，越有利于强化内部权威，企业内部交易费用就越低。资产的专用性程度越高，专用性资产的准租金水平越高，企业内部的依赖性就越大，在再谈判过程中的妥协越容易达成，企业内部的"命令"和"权威"就越有效，依据这一点，可以假设资产的专用性程度越高，企业内部的行政管理的费用水平越低。

(2) 资产专用性程度越高，越不利于企业之间中间产品契约的再调整。中间产品的交易，其契约的签订与执行也会涉及专用性资产问题，专用性资产和准租金问题的存在将导致签约双方在契约所未能规定的情况下，难以做出灵活的调整，专用性资产的所有者，极有可能面临对方分割专用性资产准租金的谈判要求，而双方在谈判过程中的相互博弈过程所形成的相关成本，将提高中间产品交易的交易成本。也就是说，"新情况"的出现，将导致签约双方陷入争夺专用性资产准租金的谈判过程，而无法做出灵活的调整，这当然也会提高企业间中间产品交易的交易费用。当契约不完全时，纵向一体化能够消除或至少能够减少资产专用性所产生的机会主义问题。

## 四、企业家理论

新制度经济学时期，是企业家理论辉煌发展的开始，在此时期内，企业家理论完成了由单独的研究企业家，到将企业家置于企业和市场的大环境中加以分析的发展过程，企业家在社会经济发展中的巨大作用，从理论的角度得到了展示，之前的多种理论，也在新制度经济学的发展框架下得到了圆满的解释。

新制度经济学的企业家理论，多与企业理论相辅相成，而这也恰好解释了这个时期企业家理论获得巨大发展的原因。严格来说，企业理论的奠基人是科斯，他在1937年撰写的文章具有革命性的意义，当哈特提出不完全合同这一概念之后，契约理论又在威廉姆森提出资产专用性的重大发展之后，又获得了突破性进展，解开了交易费用的来源之谜。契约理论作为一个体系就具备了清晰的逻辑：之所以有交易费用（不管是市场交易还是企业内部交易），是因为契约是不完全的，因为不完全所以才需要有一个所有者，而所有者是要靠产权来定义的，按照哈特的观点，产权的核心是剩余控制权。有了产权才有经营权和所有权的分化，随着经营权和所有权的分开开始有了激励不兼容的问题，出现了代理问题，现代企业制度对代理问题的解决办法是，让管理者成为所有者或至少是部分所有者以及建立企业家市场机制。

诺斯在其早年的著作中并未对制度变迁过程中的企业家作用进行分析。他认为，相对价格的变化以及随之而来的利益刺激将会引导人们建构新的制度，不存在企业家的创新、学习和试验，制度将会自发地沿着有效率的方向演进。20世纪90年代后，从熊彼特的企业家理论中得到启发，诺斯重新修正了自己的理论。他将广义企业家引入制度变迁模型中：广义企业家存在于个人、团体和政府三个层次上；稀缺条件下的竞争导致企业家和组织加紧学习以求得生存，在学习过程中发现潜在利润，创新现有制度。然而在这一理论框架中，诺斯着重强调的是制度与组织两者之间的交互作用对制度变迁的影响，从事市场交易活动的企业组织和作为变迁"代理人"的企业家都先验地存在着，企业家作为组织实现最大化的工具，不存在自身的创造性和预见性。企业家仅仅只是诺斯制度变迁理论中的催化剂，而不是制度变迁中基本的作用力量。

阿尔钦和德姆塞茨认为，企业实质上是一种团队生产方式，每个成员的边际贡献不可能精确地分离与预测，为了克服由此而产生的"搭便车"问题，就必须让部分成员专门从事监督其他成员的工作。为了保证其监督的积极性，剩余索取权必须交于监督者，为了使监督有效率，监督者还必须掌握修改合约条款及指挥其他成员的权利，否则他就不能有效履行他的职能。另外，监督者还必须是团队固定投入的所有者，因为由非所有者的监督者监督投入品的使用成本过高。

阿尔钦和德姆塞茨的企业家理论，有力解释了古典企业中的不对称的合约安排，但把企业家的功能仅归结为"监督"，而忽视了企业家其他的更重要的职能。

企业家是一群偏好折腾的人，有成就事业的雄心壮志，因此总是觉得自己的钱财不够用，希望支配更多的稀缺资源。有钱人并不一定就是企业家。企业家是做决策性判断而非做公共预算的人士。企业家精神就是创新精神。就是向一切方向去探索，为客户和社会创造价值。没有企业家，企业就不能存在。在无法保险的不确定条件下，企业是一种人格化的装置，通过它，自信或勇于冒险者承担起风险，并保证犹豫不决者或怯懦者能得到一笔既定的收入。奈特将企业家对工人的权威视为前者对后者提供保障的一种补偿。企业家如有如下五种特质：①创新，五种创新类型：引入新的产品（或改变现有产品质量）；引入新的生产方法；开辟新市场；获取原材料和半成品的新来源；创立新的企业组织。②对市场潜在盈利机会敏感，是"市场过程"的关键因素。③团队生产的协调、监督与管理。④在不确定的环境里，就稀缺性资源的配置作出判断性决策。⑤具有企业家精神。

张维迎认为，企业存在的原因是个人之间的企业家能力的差别。企业是人们之间的一种合作方式，在企业中，最具有企业家能力的人制定经营决策，而企业家能力较低的人从事生产活动（执行决策）。企业的价值就在于通过这种分工来提高效率。由于信息不对称，企业面临着两个基本问题：一是"经营者选择问题"：给定个人能力难以观察，如何保证把最有企业家能力的人选择出来经营企业？二是"激励问题"：给定个人在团队中的贡献难以测度，如何保证企业成员不偷懒？

所谓企业制度安排，就是通过在不同企业成员间分配"委托权"（principalship）（即控制权和剩余索取权）的办法来解决这两个问题。所谓剩余索取权是指获得契约未明确规定其归属的剩余利益的权利。所谓"剩余"是指除了契约中规定的利益分配之外的收益。其最优数量应当等于总产出的边际收益水平。剩余索取权是企业的产权所在。在团队生产中，由于每个人的行为及其贡献难以观察，企业的剩余索取权应该分配给最难以监督而又最重要的成员，而经营者正是企业中最难以监督而又最重要的成员，由他们索取剩余导致的激励损失最小。

## 第四节 公司治理

本节深入公司内部，了解企业的内部运行、组织管理的制度安排等。对于这些问题的讨论一般被归结为"公司治理"理论。

## 一、公司治理的含义

影响企业内部运行的所有制度安排以及市场力量对企业运行构成的外在市场约束。公司治理结构是研究企业权力机构设置、运行及机构间关系的理论。"法人治理结构"一词源于法律用语"治理结构"，原意为公司权力机关的设置、运行以及权力机构之间的法权关系，特指取得法人资格的企业法人。治理结构主要调整企业内部组织及人员关系。现代法人企业通过规范内部组织制度，使权力机构、监督机构和执行机构之间相互独立，权责明确，形成适时而恰当的合作与制约关系：既保证出资者、经营者、生产者的积极性得以调动发挥，又使其行为受到目标的规范和约束。

从广义角度来看，公司治理是保护公司所有者利益实现的一系列制度安排，是把包括公司产权制度、激励约束机制、财务制度、企业文化等在内的利益协调机制。从狭义角度理解，公示治理主要解决公司的委托—代理问题。

## 二、现代公司中的委托—代理问题

委托—代理问题是由于代理人偏离委托人的利益行事导致的问题。该理论发端于1932年伯利与米恩斯《现代公司与私有财产》的"控制权与所有权分离"命题。他们的著作是法人治理结构研究的开山之作。伴随资本市场的发展，股东分散化程度提高，企业所有者对经营者的控制力受到削弱。在关于企业经营状况、经营者努力程度等与企业相关的所有信息的占有上，企业的所有者和经营者之间存在信息的不对称分布，前者在信息占有上处于劣势，成为企业委托—代理关系中的委托人，后者由于占有信息优势而成为委托—代理关系中的代理人。在代理人与委托人存在目标冲突的情况下，代理人可能利用信息优势不为委托人利益服务，甚至损害委托人利益，从而导致现代企业的委托—代理问题。如何解决这种冲突是企业需要解决的核心问题之一。

在现代股份公司中，经理等代理人掌握更多的与组织有关的信息，也更全面、密切地参与经营活动。2016年全美高管收入前10如表5-2所示。代理人的机会主义行为会通过逃避风险、降低经营绩效标准、在职消费、轻易接受代价高昂的裁决、轻易接受高工资要求等表现出来。如何通过设计一套有效的激励约束机制以诱导代理人采取符合委托人利益的行为，达到"激励相容"，从而提高公司的运行效率，是解决委托—代理问题的关键所在。为解决委托—代理问题，有以下几种选择：

表5-2　　　　　　　　　　　2016年全美高管收入TOP10

| 排名 | 姓名 | 公司 | 薪酬 |
|---|---|---|---|
| 1 | 马克·洛尔 | 沃尔玛链锁公司 | 2.4亿美元 |
| 2 | 蒂姆·库克 | 苹果公司 | 1.5亿美元 |
| 3 | 约翰·S.温伯格 | Evercore Partners | 1.2亿美元 |
| 4 | 桑达尔·皮查伊 | 谷歌 | 1.1亿美元 |

续表

| 排名 | 姓名 | 公司 | 薪酬 |
|------|------|------|------|
| 5 | 埃隆·马斯克 | 特斯拉公司 | 1 亿美元 |
| 6 | 弗吉尼亚·M. 罗睿兰 | IBM | 0.97 亿美元 |
| 7 | 米奇·贾博 | Caesars Acquisition | 0.91 亿美元 |
| 8 | 费利佩·道曼 | 维亚康姆公司 | 0.88 亿美元 |
| 9 | 莱斯利·穆维斯 | 哥伦比亚广播公司 | 0.84 亿美元 |
| 10 | 马里奥 J. 盖博利 | Gamco Investers Inc. | 0.76 亿美元 |

资料来源：笔者根据各公司公开数据整理所得。

## （一）公司内部

第一，委托人可花费一些费用，以激励、监控代理人，以使后者为自己的利益尽职尽责。例如强化预算控制；通过定期的内部和外部审计提高财务的公开性或透明度；通过设计基于业绩的报酬和让经理获得"股票期权"等让他们"自己监督自己"。

第二，代理人可以用一定的财产担保不损害委托人的利益，或者即使损害发生也一定会给予补偿。显然，这样就发生了正的委托人监控成本和代理人担保成本。

假定股权市场是有效率的，则监督代理人的行为不仅符合股东等委托人的利益，而且也符合经理等代理人的利益，双方都可以从较高的企业价值中获利。担保成本是由作为代理人的经理支付的，以保证把自身置于公共会计的审计之下，如果他们渎职，其股权价格就会降低。

第三，即便采取了以上两种做法，代理人的决策与使委托人效用最大化的决策仍会有差异，由此造成的委托人利益的损失，叫作"剩余损失"，这也是一种代理成本。也就是说，正的代理成本必然带来"剩余"损失。

## （二）市场竞争压力：对代理人的市场约束

在企业理论中，代理人是企业家、经营人的同义词。代理人具有剩余索取权及控制权。事实上，企业不可能完全替代市场，企业始终存在于市场这个汪洋大海之中，各种市场力量对企业绩效无疑有着重要影响。下面，我们将分析经理市场、产品市场和资本市场对企业绩效的影响。

1. 经理人市场竞争

在经理人市场中，市场力量会监督其过往业绩，并据此评估其未来价值。如果某个经理人业绩不佳，那么在经理市场上其人力资本就会贬值，从而失去竞争力。因此，经理人为了自身的名誉及利益，会选择自我约束，努力工作。例如，通过股票市场定期评估公司绩效来抉择经理的去留；通过高竞争性的产品市场淘汰市场份额下降的不称职公司经理人，这有助于强化股东等委托人的权力并降低其监督成本；形成经理人市场为职业经理人提高声誉提供激励；通过金融机构、评级机构、猎头公司等中介机构对代理人进行专业评估；要求代理人定期、全面地报告其业务活动，让专业人士和新闻记者等公开评价代理人的业绩。

2. 产品市场竞争

经理市场的竞争通过筛选经理机制而对企业经营者产生激励。产品市场的充分竞争则会直接将高效率的企业筛选出来，同时将低效率的企业筛选出去。因此，产品市场的竞争与企业治理与绩效密切相关。如果企业所生产的产品市场是充分竞争的，那么这种竞争也会对经理产生压力。

哈特（1983）曾建立了下面的模型：假定某产品市场上有许多企业，他们的生产成本不确定，但统计是相关的。这样，产品市场的价格既包含了其他企业的成本信息，也包含了被考虑企业的成本信息。如果被考虑企业的所有者与经营者是分离的，那么，只有在产品市场充分竞争的前提下，产品市场的价格才可以向所有者提供企业的成本信息（$p = mc$），在完全没有竞争的市场条件下，则只有经营者知道企业的成本而所有者并不知道。在这二者之间，假如该产品市场中有一部分企业由所有者直接控制，那么由于后者不存在两权分离所产生的代理问题，企业会把成本降到很低，从而压低产品市场的价格以在竞争中获胜。这样，由所有者控制的企业越多，产品市场的竞争就越激烈，产品价格压得就越低，从而对两权分离企业中的经理的压力也就越大，并促使他们努力降低产品成本。而垄断性产品市场上，经理人的压力必然减少。因此，市场竞争越激烈，企业提高效率的努力程度就越高。

3. 资本市场

在现代市场经济中，资本市场持续不断评估着市公司的绩效，一个公司股票价格的升降对于分散的股东来说，是一个能揭示公司管理质量与绩效的可靠且易获得的信号。如果某企业经营不善，其股票价格会下跌，这样，分散在众多投资者手中的股票就可能被集中起来，有能力的企业家或者公司就能以低价买进足够的股票，有被收购接管之虞，取得企业的控制权。因此会刺激在任经理发奋工作。

### （三）发挥公共机构的作用

通过实施强有力的法规约束和政府管制，克服委托—代理问题。

这一方法也存在诸多局限：首先，法律规章的制定和实施也是需要成本的。其次，如果法规泛滥、管制过于严厉，还会损害代理人的企业家精神。例如，如果立法阻碍招投标或禁止外国资本等进入国内市场，就会压制、埋没企业家精神。再次，由于公共机关的执法者或管制者的行为动机、行为能力等也是有限的，这会使得其行为的力度和效果大打折扣，有时他们甚至会出于个人利益最大化动机偏离公共机构的本来目标行动；有时疏于日常监督，等到问题发生之后才做事后诸葛亮；委托—代理问题长期存在于包括所有科层组织之中，是所有人类组织都必须面对的。以上列举的诸多措施只能在一定程度上解决委托—代理困境，而不能从根本上消除所有问题。

## 三、融资结构与控制权

为了降低"剩余损失"，詹森和麦克林等（Jensennd and Meckling，1976）将代理成本与融资结构联系起来，提出了有关融资结构的激励理论。在企业中，代理成本的产生是由于经理人不是公司的完全所有者。不同的资本结构与不同的代理成本相联系，资本结构的选择是为了使代理成本最小化，最优的资本结构实际上也就是企业代理成本最低时的融资结构。让经营者成为完全剩余权益的拥有者，可以降低甚至消除代理成本。

长期以来，资本结构被简单地认为是权益资本和债务资本的比重。詹森和麦克林（1976）对资本结构概念做出了有效的拓宽。他们认为，资本结构不仅包括两者之间的比重，还应包括公司经理和外部人持有这两种资产的比重，以及这两种资产的内部构成。研究资本结构就必须研究债务内部的构成（如长期债务、短期债务、公开发行的债券、私募债券、可转换债券所占的比重）和股权资本内部的构成（如普通股、优先股等比重）。在诸多因素中，"代理成本"是企业资本结构的决定因素。

### （一）M - M 定理

M - M 定理即莫迪利亚尼—米勒定理，是由莫迪利亚尼和他的学生米勒在 1958 年提出的现代资本结构理论。该定理认为，在完善的市场（无交易成本、充分竞争）中，企业资本结构选择与企业的市场价值无关。所谓的企业市场价值是指债券持有者和股票持有者所持有的资产的市场价值总和。该定理的提出引起了很大反响，被认为是现代企业资本结构理论的基石。根据这一定理，企业的金融资本结构对企业的治理结构以及企业的运行绩效没有影响。如果企业经营者的目标在于使企业市场价值最大化，那么，无论企业的金融资本结构如何，投资者使自己财产极大化的目标和企业经营者使企业市场价值极大化的目标具有一致性。

在逻辑上，M－M定理是成立的，但是，由于M－M定理的假设条件只能在理论上存在，在现实中难以满足。因此，该定理在现实中受到了严重的挑战。根据这一定理，似乎企业资本结构的变动没有任何意义，企业融资决策也没有存在的必要，但是在现实中，企业的金融资本结构与企业的市场价值有关，也与企业的治理有关。20世纪70年代以来，经济学家们在逐渐放松M－M理论的假设前提下对该理论进行修正，以解释在现实中通过调整企业资本结构，可以改变企业的治理和企业的市场价值。

### （二）资本结构与激励问题

詹森和梅克林（1976）认为，债务之所以被使用是由于所有者为了获取因自身的资源限制无法得到的潜在有利可图的投资机会。但是，债务的发行在债权人和所有者之间形成一种代理关系，从而产生代理成本。所谓代理成本，按照詹森和梅克林的定义，指债权人的监督费用、代理人受限制的费用及剩余损失之和。而且，代理成本会随着负债水平的增加而增加。发行新股同样存在这种代理成本问题。发行新股是现有所有者以股权来换取新所有者的资金，新老所有者之间不可避免地会引发利益冲突。所以，新所有者为了保证他们的利益不受原所有者的损害，也必须付出监督费用等代理成本。詹森和梅克林指出，只要市场是有效的，权益和负债的定价就能够无偏差地反映企业代理关系所产生的成本，那么，企业最优资本结构应该是在给定内部资金水平下，能够使总代理成本最小的权益与负债比例。因此，最优资本结构取决于"所有者愿意承担的总代理成本"，包括债务发行和新股发行的代理成本。

### （三）资本结构与信号传递

信号传递理论探讨在不对称信息下，企业如何通过适当的方法向市场传递有关企业价值的信号，以此来影响投资者的决策。根据信息不对称理论，内部管理者比外部投资者更为直接地了解到企业内部情况，掌握有关企业未来现金流量、投资机会和盈利的信息。但是内部管理者必须通过适当的企业行为才能向市场传递有关信号，向外部投资者表明企业的真实价值。

外部投资者理性地接受和分析内部管理者的这种行为，在对企业发行的证券进行定价时，他们会企图通过企业采取的财务政策、股利政策和投资决策所传递出的信号来进行推测，然后根据他们的推测按照资本市场完全竞争的思维估计和支付合理的价格。如果存在信号均衡，外部投资者就能在资本市场上依据内部管理者选择的信号进行竞争并支付合理价格，外部投资者也就可以通过内部的决策行为的观察来消除信息不对称现象。与之相适应，内部管理者根据由此产生的市场价格变化来选择新的财务政策以达到个人所得最大化。

在信号传递理论看来，信息非对称扭曲企业市场价值，因而导致投资决策无效率；不同的资本结构向市场传递着不同的企业价值信号，经理人员或内部人通过选择适宜的资本结构向市场传递有关企业质量的信号，并力求避免负面信息的传递。

### （四）资本结构与控制权

企业的金融资本结构不仅决定企业收入流的分配，而且决定企业控制权的配置。根据控制权理论，资本交易不仅会引起剩余收益的分配问题，而且还会引起剩余控制权的配置问题。

内部融资不会对企业现有控制权产生任何影响，股权融资把公司的财产控制权配置给股东，但是信息不对称和搭便车行为使得股东的控制力受到限制，银行借款会加大银行对公司的控制力，使公司对银行的依赖性增强；发行债券存在着偿还约束，但是债权人只在企业无法偿还债务时才行使控制权，这使管理者在经营中对企业的控制权增加。于是，企业在条件允许的情况下，会更倾向于发行企业债券。由于公司管理者存在着对公司控制权的偏好，会通过调整资本结构来影响控制权的配置，从而影响企业的市场价值。这时的融资顺序应该是"内部融资—发行股票—发行债券—贷款"，但从有利于企业治理结构和建立约束监督机制来说，其融资顺序相反。平衡两者后，增大债券融资的比重是最优的。

**案例 5 - 1**

### 国美电器控制权之争

国美电器控股有限公司是在香港交易所上市的综合公司，公司在百慕大注册，是一家连锁型家电销售企业，也是中国大陆最大的家电零售连锁企业，创始人为黄光裕。

黄光裕与陈晓的合作始于 2006 年，双方的矛盾冲突始于 2009 年。2006 年 7 月，国美收购永乐电器，黄光裕任合并后国美集团董事局主席，陈晓任集团总裁。2008 年 11 月，黄光裕因经济犯罪被调查入狱，其间，多次通过其律师给国美董事会和管理层发出指令，通过强调其个人在国美的地位，希望国美将其个人的作用与企业生存发展相捆绑，要求国美采取有利其个人和减轻其罪责判罚的措施。但是，方案没有被接纳。2008 年 12 月 23 日，黄光裕与其妻杜鹃辞去国美董事职务；2009 年 1 月，黄光裕辞去国美董事局主席一职，陈晓正式接任董事局主席，继承了黄光裕被迫交出的一切权力。国美电器董事会开始偏离大股东的利益诉求，并持续实施"去黄光裕化"战略，最终引发了轰动一时的以陈晓为代表的国美电器管理层与创始大股东之间的控制权之争。所有者拥有绝大部分所有权，经营者拥有控制权；同时为了对经营者进行激励，经营者也拥有部分所有权。

这个事件足以成为中国企业发展史上的里程碑。正如美国斯坦福大学商学院院长加斯·塞隆纳所说，从那一刻开始，我们已经意识到，从私人领域走向公共领域，企业已经不再为易于识别的个人拥有，谁来掌管公司，这个管理者或许不再是某个人。

资料来源：马磊：《国美电器控制权争夺案例分析与启示》，载于《第五届中国管理学年会论文集》2010 年。

## 本章思考题

### 一、名词解释
企业　团队生产　准租金　M－M 定理　公司治理　剩余索取权纵向一体化

### 二、简答题
1. 什么是企业？企业是如何产生的？企业的边界和本质是什么？

2. 资本家何以成为资本家？是勤劳节俭、喜好储蓄？还是敢于冒风险、善于创新、发现谋利机会？或者是剥削？

3. 为什么是资本雇佣劳动而不是劳动雇佣资本？

4. 团队生产的特征是什么？企业内部管理成本是如何产生的？

5. 当你进入一家企业以后，是完全按照领导的意思做好自己的事情使领导感到满意呢？还是在企业中逐渐使自己变得重要呢？

6. 什么是代理成本？如何对代理人进行激励和约束？

### 三、论述题
1. 业主制企业、合伙制企业以及公司制企业的产权结构各有什么特征？其各自面临的主要问题是什么？

2. 思考国有企业的起源、存续合理性及其固有弊端，并评价我国国有企业改革时至今日的绩效以及未来改革、演进的路径。

3. 中国目前的企业外部环境对于中国的企业家们会产生什么影响？

4. 超产权论者认为：企业治理及其绩效在短期内受所有权配置影响，而在长期内与产权归属无关，仅受市场竞争的影响。你对此有何看法？

# 第六章
# 国 家 理 论

现代法律主要是约束强势群体的，例如政府、有钱人、各行各业的垄断者、社会秩序的破坏者，等等。这就要治权治吏、反垄断。在现代经济社会发展中，"国家"似乎承受了太多的骂名。但是，国家之形成及存续已有几千年的历史，它不过是人类发明出来的若干组织中的一种特殊的组织。现代经济学的出发点是"理性人"假设，国家也是人们理性选择的产物，国家的存在是有其合理性的。现代经济学理论都认为，现实世界中的经济形态是国家与市场二者交互作用的"混合经济"，他们争论的核心问题不是"要不要国家"，而是在经济发展中，国家"该干什么，什么时候干、怎么干、干多少"之类的问题。

## 第一节　国家：本质、起源及职能

## 一、国家

国家可视为在暴力方面具有比较优势的组织及以其为基础的公共权力机构。从语源上说，国家（state）一词来自拉丁文"status"（站立），更确切地说来自"status"（地位或条件）。地球上的现代国家都有一些共同的可界定的特征：

第一，统一的领土及生活于其上的一定数量的人口。统一的中央政府拥有疆域内排他性和强制性的管辖权。绝大多数国民都无从选择国家，无处逃避。即便逃离本国，别国政府也没有接收的义务。

第二，建立于合法暴力垄断权基础之上，具有强制性的公共权力，这种权力需得到公众的认可与服从。一般认为，国家是由三个不同系列的权力系统组成的，每一系列都有它的既定作用。一是立法机构，国家在其领土之内享有制定法规的垄断权；二是司法机构，它的职责是解释和应用法律；三是作为执行机构的政府，它的职责是执行法律。中央政府垄断对暴力的合法使用权，实施司法裁决，并向私人征税。私人第三方实施者不具有司法效力。

第三，具有专门的机构及其工作人员；国家机构包括：国家权力机关——全国人民代表大会和地方各级人民代表大会；国家主席；国家行政机关——国务院和地方各级人民政府；国家军事领导机关——中央军事委员会；国家审判机关——最高人民法院、地方各级人民法院和专门人民法院；国家检察机关——最高人民检察院、地方各级人民检察院和专门人民检察院。

第四，国家的行为目标是多元的，活动空间和自由度大。其绩效难以计量，行为难以监督。

第五，国家可以提供各类公共服务（科教文卫体等）。

## 二、国家的本质和目的

### （一）国家的本质

关于国家的本质，恩格斯有过详细的阐述，他在《家庭、私有制和国家的起源》一书中认为，国家的实质是阶级专政，是一个阶级统治另一个阶级的工具，国家不仅具有阶级性还具有社会性，是两方面的有机统一整体。这是因为：国家的产生是基于统治阶级的意志；国家政权始终掌握在统治阶级的手中；国家权力始终是用来为统治阶级的利益服务的。国家的本质就是以暴力为后盾的阶级专政，是维护有利于统治阶级的秩序的机器。

旧制度学派认为国家是接管物质制裁权力的组织。在新制度经济学家看来，国家是一种具有暴力优势的组织，它与市场、企业同样都是配置资源的一种方式，只不过国家这种组织是一种具有垄断权的制度安排，它的主要功能是提供法律和秩序。国家既可能发挥增进市场制度的补充作用，又可能由于自身利益而阻碍市场的发展，国家作为一种具有垄断权的制度安排在很多方面不同于一些竞争性的制度安排。国家决定着产权制度的效率，产权内容的改变，取决于统治集团对改变现有的产权安排的事前估计与检查和执行权利结构的改变的事后估计之间的比较。

### （二）国家的基本目的

国家的基本目的有三个：安全、秩序和正义。然而这三个目的的实施需要暴力、权力和权威作为手段和工具，这是因为安全需要暴力、暴力维护安全；秩序需要权力、权力守护秩序；正义需要权威、权威达成正义。事实上，暴力、权力和权威正是站在安全、秩序和正义的对立面的，它们是一对矛盾体。离开了暴力就很难有能力维护安全，有了暴力组织，安全又受到威胁。因此，国家的目的具有矛盾性。

如图6－1所示，国家目的的矛盾性表现在两个方面：首先，致力于民众的基本需求的满足，是任何国家的统治者的基本任务。但是国家一开始就是有利于统治者的工具。这就意味着统治者在实现基本的正义时，也有自己的特殊利益和目的。而且统治者的利益和需求与民众的利益和需求有时是一致的，有时是矛盾的。这种目的的矛盾性和由此带来的冲突的程度，决定了一个国家发展的快慢。其次，现代国家的兴衰说到底是社会正义和统治者利益之间的关系协调问题。无视民众的需求，无视正义和民主，不仅是对民众的打击和忽视，而且最终打击的是统治者自身。

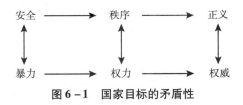

**图6－1 国家目标的矛盾性**

## 三、国家的起源

国家的起因，大致有契约论和暴力论两种理论。

### （一）契约论

1. 基本观点

国家契约理论把国家看作是一种平等人之间的契约安排，其作用是提供公共安全及公共服务，进而提高社会福利水平。国家的存在有利于契约制度的建立和实施。

2. 代表人物

契约论的典型代表是霍布斯、洛克、卢梭、奥尔森等。他们的主要观点是，在政府产生以前的自然状态中，人们之间有战争或许多生活的不便。于是，人们通过契约的签订，把原本属于自己的部分权利让渡给政府，由政府承担保护每个结合者的人身和财富的义务。如果没有国家，那么契约实施的交易成本将会相当高。

（1）霍布斯。

霍布斯（Hobbes，1651）认为，可以提出这样的假设：第一，在国家产生以前的原始状态，是"一切人反对一切人"的无政府状态，其中通行的是弱肉强食的"丛林法则"；第二，国家的产生是为了摆脱自然状态。具体来说，人们为了保护自己的生命和各种权利，通过共同协商，订立合约，把权力交给一些人代管，并让这些人来保护自己不受侵害。因此，根据契约论的观点，国家是公民达成的一种合约安排，而合约的达成是公民进行广泛的社会博弈的结果。也就是说，从合约上讲，国家是被公众创造出来保护公众权益、调解社会纠纷的制度安排。为了能较低成本地保护公众利益调解社会纠纷，国家又被赋予暴力，成为一个暴力机器。以这种暴力作为后盾，国家通过强制性的手段，进行界定产权和执行产权、解决交易纠纷的活动，可以降低成本。从这个意义上说，国家是节省交易费用的一种装置。因此，从节省交易费用的角度看，国家的产生是必然的。

（2）洛克。

洛克（Locke，1690）假定自然状态是一种"完备无缺的自由状态"，这种状态下"人人平等，不存在从属或受制关系"，人与人之间机会均等。理性选择促使人们都遵守自然法，享有自然权利。但是这种绝对自由，也存在种种不便——如果有人违反，不受自然法的约束，而直接诉诸暴力，就会使人们陷入战争，为了克服这种不便，人们就会通过达成社会契约而脱离这种自然状态，并最终组建国家。

（3）卢梭。

卢梭（Rousseau，1755）继承和发展了霍布斯和洛克的自然状态和社会契约理论，但他所关心的并不是国家起源问题中的逻辑关系，而是进行了比较明确的规范分析。卢梭认为，野蛮的自然状态下人是生来自由平等的，是人类的"黄金时代"，而文明社会则破坏了这种原始平等，贫困和奴役相随而来。社会的政治制度和法律非但没有遏制这一不平等的进程，反而不平等、奴役和贫困都是由文明社会造成的。以此为基础，卢梭得出的是反文明、反社会的结论，把理想的社会指向了"自然状态"。总之，在社会契约论者看来，无国家社会与有国家的社会状态相比，具有很多劣势，公共权威缺失所造成的社会混乱或"不便"，是无国家社会的主要劣势所在。为了提高社会的福利水平，人类社会选择有国家的社会状态，达成社会契约则是人类社会建立国家及其各类公共权力机构的途径。

（4）奥尔森。

奥尔森（Olsen，1982）在论文《独裁、民主与发展》中，将最初创建国家的功劳归于"匪帮"。他认为，在以狩猎、采集为主要生产方式的原始社会里，原始部落一般由50～100人组成。由于人数不多，部落内的和平与秩序可以通过自发、自愿的协商来实现。而到了农业社会，生产力提高，人口增长，这时，社会无法自动实现和平与秩序。和平与秩序是一种公共物品。它使个人财产有保障，使人们愿意为积累财富而积极从事生产活动。反之，在缺乏和平与秩序的社会里，在强盗横行的地方，大量资源被用于防盗和保安，人们不积极从事生产活动，甚至装穷、装懒。

在社会人口众多的情况之下，要自愿达成和平与秩序一致协议的成本非常高，个人收益与成本极不相称，"搭便车"是理性的选择。结果，和平与秩序无法自动实现，在这个无政府的社会里，"暴力企业家"很快发现，组织强大的暴力机器进行掠夺是谋生的一种手段。于是，流寇四起、土匪丛生。然而，流寇无组织地竞相掠夺使人民失去投资和生产的积极性，创造的财富越来越少，流寇抢到的东西也越来越少。社会就极为贫困。流寇把富裕的地方抢穷是一种"公地悲剧"。任何一帮流寇都不希望杀掉"会下金蛋的母鸡"，但又唯恐其他流寇先下手，抱着不抢白不抢的心态。聪明的"暴力企业家"发现，只有垄断了掠夺权才能杜绝这种恶性竞争。于是，群雄争霸的局面出现在世界每个地方。能组织最大暴力机器的"暴力企业家"最终胜出，垄断了掠夺权。奥尔森说，理性的自利的流寇头子好像在"一只看不见的手"引导下变成坐寇，戴上皇冠，自封君主、国王、天子，以政府取代无政府状态。坐寇同时还发现，如果提供和平与秩序，保证财产权利和契约的执行以及提供其他公共产品，甚至将抢夺的份额（税率）降低到一定程度，就能够提高生产力从而提高自己的收入，他的理性也会驱使他这样做。于是国家诞生，这个坐寇给社会带来了比无政府状态更高的生产力。

奥尔森以匪帮论来论述国家的起源，开阔了人们关于国家起源问题的视野。虽然奥尔森有关国家起源的理论与诺斯的"暴力潜能"分配理论及契约论，暴力论不同，但就国家的职能而言，他们的相同点在于：提供秩序、安全和保护。

### （二）暴力论

#### 1. 基本观点

国家起源的掠夺或暴力理论主要是欧洲关于国家是暴力工具或阶级压迫工具的观点。这种观点最早起源于黑格尔，马克思和恩格斯继承了这一理论，后来列宁又进行了进一步的发展，另外波斯纳等也是这一理论的主要代表人物。同契约理论相比，暴力论力图从历史事实中找出国家起源的证据。

国家起源于阶级对立和暴力掠夺。暴力论（或掠夺论）的主要观点是政府作为某一集团或阶级的代理者，它的作用是代表该集团或阶级的利益向其他集团或阶级的成员榨取收入。政府会利用公共权力来界定一套有利于统治集团利益最大化的产权体系，而无视其对立集团及其整个社会的福利。

2. 代表人物

（1）马克思与恩格斯。

恩格斯在《家庭、私有制和国家的起源》里描述了原始氏族的解体和国家产生的过程并得出结论指出："国家是社会在一定发展阶段上的产物；国家是表示：这个社会陷入了不可解决的自我矛盾，分裂为不可调和的对立面而又无力摆脱这些对立面。而为了使这些对立面，这些经济利益互相冲突的阶级，不致在无谓的斗争中把自己和社会消灭，就需要有一种表面上驾于社会之上的力量，这种力量应当缓和冲突，把冲突保持在'秩序'的范围以内；这种从社会中产生但又自居于社会之上并且日益同社会脱离的力量，就是国家。"换言之，在马克思主义看来，国家是一个历史范畴，它不是从来就有的，而是同一定的历史发展阶段相联系的，是社会发展到一定历史阶段的产物。只有经济发展到一定阶段出现时国家才会产生。"所以，国家并不是从来就有的。曾经有过不需要国家，而且根本不知国家和国家权力为何物的社会。在经济发展到一定阶段而必然使社会分裂为阶级时，国家就由于这种分裂而成为必要了。"为了缓和阶级冲突，把冲突控制在秩序的范围内，就需要有国家作为表面上凌驾于社会之上的第三种力量来压制阶级的公开冲突，这样国家就应运而生。

他们认为，国家是阶级斗争的产物。当人类社会进入奴隶社会之后，占人口极少数的奴隶主阶级为了维护自己的剥削和统治地位，防止和镇压奴隶阶级的反抗，必须凭借暴力来强制镇压，于是国家就产生了。国家具有对内和对外职能，对内职能主要是阶级统治，同时也有社会管理职能；对外具有保卫国土不受侵犯的职能，同时也具有进行国际交往的职能。国家的这两个职能是互相联系的，对内的职能是主要的、基本的，对外职能是对内职能的继续和延伸。

（2）波斯纳。

对于国家形成前，人们的社会组织状况及其内在秩序安排，新制度经济学提出了一些新的解释。在关于无国家社会的讨论中，波斯纳（1980）以新制度经济学的分析方法提出了新的见解。他认为，在无国家社会，对交易或交换的分析的经济理论基础不是生产的专业化分工，因为在无国家社会交易的主要功能是提供社会所必需的防止挨饿的保险。由于原始社会简单的生产技术加上家庭生产，以及缺乏专业化分工，使得每年的产出一般刚够维持生存，自然条件的变动或许会使每家每年生产的食品有一定的波动，原始的技术却不能使丰年的产品储存起来供荒年使用，而且，在前国家社会也不能用征税和发放救济金的方法影响家庭之间的食物分配。因此，原始社会需要一种比婚姻的形成、家庭或亲属之间的交换，赠送礼品等更为复杂的交易形式，即防止饥饿的保险。原始社会的整个社会制度都有助于提供这种保险服务：祭祀后分给部落成员的祭品等的分割、礼物的赠送、互惠的交易、无息借贷、婚姻和亲戚义务、确定亲属团体规模的习俗以及其他许多原始社会的制度，都可以从保险的角度加以分析。由于原始社会的家庭规模相对太小，无法应付歉收或动物疾病等所导致的产出波动，因此大的亲戚团体就成为基本的保险单位。因为大的团体能降低单个家庭与其生活资料生产之间的相关程度，从而提供更多的保险。但是，随着社会专业化分工和交往范围的不断扩大，社会成员之间狭隘的地域性的血缘联系不断被削弱，社会需要其他更持久更有力也更系统的力量来适应日益复杂化的交易关系，维持必要的社会秩序，为社会成员提供更为复杂的生存保险。在这些所需要的力量中最重要的就是国家。这样，随着社会需求的扩大，保险单位也逐步扩大，一步一步地由家族向社区、自治领地和国家方向转化。

波斯纳的分析从原始社会的胚胎出发揭示了人类社会需要的大范围的生存保险，并进一步说明社会分工和交往范围的扩大，最终导致这一大范围生存保险单位转变为"国家"。

### （三）暴力潜能分配论

新制度经济学家诺斯认为以上契约论和暴力论两种理论所说的国家都能在历史和现实中找到佐证，但是它们均不能涵盖历史和现实中的所有国家形式，因而不具有一般性、普遍性。虽然"契约方法可以解释为什么国家提供一个经济地使用资源的框架，从而促进福利的增加"，但是，国家既作为每一个契约的第三者，又是强制力的根源，其中的每个人必然都希望能有利于自己集团的方式再分配福利和收入。因此，尽管契约论解释了最初签订契约的得利，但却无法说明各利益集团在其后的最大化行为。掠夺论则是忽略了最初签订契约获得的利益，而着眼于掌握国家控制权的人从中榨取租金，不能说明在一个国家内的互利合作关系。因此，在诺斯看来，上述的两种假说都似乎犯了极端化的错误，要么认为国家是万恶之源，要么将之看成全能而仁慈的上帝。诺斯将这两种理论有机地统一起来，认为国家带有"契约"和"掠夺"的双重属性。从理论推演的角度看，国家作为个体公民做出集体决策以达到个人目的的手段和场所，带有"契约"和"掠夺"的双重属性，也就是国家既有生产性也有潜在掠夺性。

国家可视为在暴力方面具有比较优势的组织。作为可以合法使用暴力的组织，国家可以合法征税。这是国家不同于公司等微观经济主体的重要特征。其由追求自身效用最大化的统治者操控，其垄断着暴力和公共服务的供给。道格拉斯·C.诺斯提出了有关国家的"暴力潜能"分配论。若暴力潜能在公民之间进行平等分配，便产生契约性的国家；若这样的分配是不平等的，便产生了掠夺性（或剥削者）。

"暴力潜能"这个范畴具有丰富的内涵。它既包括军队、警察、监狱等暴力工具，也包括权威、特权、垄断权等"无形资产"。国家的"暴力潜能"类似于企业拥有资金、劳动力、技术等生产要素后所具备的"生产能力"。暴力实质上也是一种资源。在国家未产生以前，这些暴力资源都分布在"社区"或"庄园"之类组织的手里。显然，暴力资源的这种分散配置方式无疑是低效的。在这种情况下，产权保护的费用也就相当高了。这时的一个基本规则是，暴力潜能形成的边际成本＝产权保护的边际收益。

国家强制性的后盾是国家暴力。国家暴力是对付暴力的暴力，即对付非法暴力的合法暴力，这种合法性起源于每个人捍卫自己利益，抵御别人侵害的合法权利。国家暴力只有在能够实现某种社会合作，并且比其他制度（如市场和其他组织）更有效时，才被采用。国家暴力资源之所以能更有效的使用在于其能达到规模经济和防止"搭便车"问题。举个例子来说，如在一个可能遭到进攻的社区中怎样建立防御体系的问题。"安全"对社区中的每一个成员来说都是公共品。因此用市场的方法"购买安全"就有可能失败，因为"安全"一旦被提供，对社区的所有成员都是一样的，但不同的成员对安全的需求是不同的，如富人对安全的需求远远大于穷人对安全的需求，并且有人还会采取"搭便车"的行为，即不为"安全"付费也会享受安全的好处。这样一来，整个社区也就建立不起来有效的防御体系。这时，采取政府的形式，强制性地要求每个成员为"安全"付费，就是解决"搭便车"问题的有效方法。政府在这方面的价值，就是政府所保护的社区若没有"安全"这种产品所遭受的损失。在历史学演进中，那些没有建立政府的社区就会因为没有良好的防御体系，被别人征服而消失。

在诺斯看来，国家是一个在行使暴力方面具有比较优势的组织，由一位追求自身福利最大化或效用最大化的统治者操纵，它垄断着暴力的行使权和公共服务的供给，而且是一个带有歧视性的垄断者。凭借其垄断地位，统治者与他的选民达成一种长期的契约关系，该契约的核心在于规定公共服务与税收的交易条件。统治者影响交易条件的能力取决于他所具有的垄断能力。具体地，垄断者实现其效用最大化的能力受三个因素的制约：

第一，来自国内外潜在竞争者夺权的威胁程度，即统治者被替代的可能性。在统治者—替代者这个关系变量中，替代者无时无刻不在抓机会，寻求机遇，通过明争暗斗，取代统治者。由于替代能力依照不同集团本身的实力和谈判地位的差别而各不相同，他们抵制征税的能力也有差别，对于统治者来说，奉行价格歧视政策显然是较为明智的选择。

第二，统治者必须雇佣的，从事公共服务供应和税收活动的代理人的机会主义行为。统治者不可能事必躬亲，只能找一些代理人在委托人（统治者）的约束条件下，为委托人服务。但是，代理人也有自己的效用函数，"代理人的效用函数与统治者的效用函数不完全相同"。并且，代理人有偏离统治者目标的趋势。结果造成统治者垄断租金的减少。因而统治者要设计一套规则以迫使他的代理人与他的利益保持一致。但是，由于存在统治者权力扩散的问题，代理人在一定程度上不受统治者的约束，而且，在某些情况下，代理人与选民在瓜分某些垄断租金时存在着共谋，这就降低了统治者的垄断租金。

第三，各种测度费用，尤其是测度税金的费用。显然，衡量多样化的产品和劳的成本越高，统治者的租金流失就越多。因而，统一度量衡、测度技术进步历来都受到政府的鼓励，因为它具有降低交易费用和使统治者获取最大化租金的功能。

## 四、国家的职能

国家作为一种强制性制度安排的存在，它在一定区域内按照一定的规则运用权力。国家权力分为对内和对外两类。国家的对内职能主要是承担保证社会公平的使命，维持社会秩序，禁止公民利用暴力、欺骗或其他非法形式来实现私人目的，最终实现经济的稳定发展。对内职能的实现需要依靠一整套规则，它适用于全体公民和团体。国家的对外职能是要保证人民安全和领土完整，保护公民眼前的和将来的自由。对外职能主要体现在防止外部威胁、抵御他国的侵略、保护公民的财产和安全不受侵犯、代表人民实施外交行为等方面。国家的这些保护型措施实施过度会导致资源浪费，实施不足又会导致政府失灵。

政府职能是国家权力实质的表现，体现了国家的利益、意志和要求。政府作为国家的代理人，行使国家的职能和权力，政府和国家的职能主要体现在以下几个方面。

### （一）提供制度

国家是一种在特定地区内对合法使用强制性手段具有垄断权的制度安排，其主要功能是提供法律、秩序等一系列制度。一般来说，国家将提供政治制度、产权制度、法律制度、经济制度等一系列制度系统，政府是具体执行这些制度的执行总裁。国家在供给这些制度时设计三个主要问题：一是提供什么性质的制度；二是提供供给的数量和实施的时间、步骤和目标；三是制度供给的效率问题等。

提供什么性质的制度将决定一个国家经济发展和人们选择的基本方向。如果指定的规则是生产性的，那么就会对社会财富的增长变化有极大的影响；如果提供的规则是产权方面的，那么就会对社会的资源和财产分配有极大的影响；同样地，如果政府制定的规则是约束人们行为的，那么将会对社会秩序产生巨大的反应。

任何国家都会提供制度，关键不在于提供制度的多少，而在于所提供的制度的性质和质量。有效的制度可以使社会秩序更好地运行并极大地降低交易费用。制度供给的不足或过剩，都会导致社会秩序的混乱并增加社会经济生活中的交易费用。最理想的状态是制度的供给和制度的需求基本相同。

制度供给的效率在很大程度上取决于制度供给的性质。诺斯认为，在人类历史上，人们选择的制度并不总是最有效率的，主要是因为许多制度的建立并不完全取决于"成本—收益"的计算，还要受到政治制度的制约，而政治市场按照经济学的效率标准往往是低效的。利益集团对制度的选择及制度的变迁也起着极为重要的作用。此外，受人类认知能力的限制，我们的制度选择集及构造制度的能力也是有限的，因此制度的完善是一个试错的过程。

### （二）界定和保护产权

有效率的经济组织是经济增长的关键，而有效率的经济组织的产生需要在制度上界定和保护产权。产权是一种排他性的权利，国家理论面临的关键问题就是界定和行使产权的地位。国家被证明是保护产权的一种成本较低而受益较高的制度安排。公民纳税后，政府提供对于他们财产和生命的保护，并保证市场制度顺利运行。国家通过执行规则为产权的运行提供一个公正、安全的制度环境，加入没有一个公正、安全的制度环境，任何产权都会失去价值。

国家是保护产权的最有效工具，但国家也可能是个人产权的干扰和侵害者。一方面，没有国家也就没有个人产权，因为产权无法得到有效界定和保护；另一方面，国家权力介入产权制度安排和产权交易，有时会限制个人产权，造成产权残缺，这就是有名的"诺斯悖论"。

国家对产权的再分配也可以看作是对收入和财富的再分配过程。再分配过程是一个充满着社会公正的过程，它的基础是在国民和组织之间重新配置产权的各种政治权力。它既可以通过征税和补贴来实现，也可以通过干预市场力量的作用来实现，如通过压低住房价格来提高租房房客的地租控制制度。

### （三） 第 三 方 实 施 者

新制度经济学把国家定义为由个人组成，这些人受制于一个单一的、以使用暴力作为强制度实施手段的最终第三方。它的地域边界是以它的强制实施力来划分的。在此边界内，国家的范围是以所有被第三方以暴力手段强制执行的协议的价值与总产品价值的比率测量的。[①] 作为第三方实施者的国家在一国制度体系的有效性方面起着极为重要的作用。按照诺斯对制度的定义，制度有正式制度、非正式制度及其实施机制。非正式制度主要起源于民间及社会各主体之间的博弈。而正式制度的制定及其实施机制的运作则主要是由国家来完成的。

国家不是唯一的第三方强制实施者，它以使用暴力强制实施为特点。国家在施加大量直接成本上具有比较优势，但是在诸如意识形态等其他手段的地方，第三方在强制事实上有优势。使用暴力的强制实施者使用权力时有可能会被没收被强制者的财产。被强制者可以事先团结起来，建立某个机制以强制实施者，并且能够制约实施者的权力，但也要允许他有足够的权力以强制实施协议。他们会要求强制实施者仅使用明确客观的强制实施标准。在商品交易中，共有标准是最有效的。第三方积累权力的使用，以及国家强制实施的合同下的商品交易都具有规模经济。从这些分析可以看出，国家最终作为正式的具有强制力的第三方的实施者是与其规模经济、比较优势及相对较低的成本有关。

### （四） 协 调 不 同 利 益 集 团

国家的一个重要职能是协调不同利益集团的利益关系与利益矛盾。国家本身就是"社会阶级之间相互妥协的累积过程，每个阶级都企图单独控制隐含在私有制社会中的强制因素"[②]。利益集团在制度的形成尤其是各种正式制度的实施中发挥着极其重要的作用，如何在制度变迁中协调不同利益集团的利益关系是国家的一个重要职能。

制度设计过程实际上是不同利益集团博弈的结果。制度设计常常更多地牵涉利益派别间的谈判和讨价还价，牵涉政府制度的功能发挥。而这也正是康芒斯以及公共选择理论所研究的主题。两者都假定，国家的起因部分来自自发过程运作的限制，部分来自群体改变收入分配增加自身利益的愿望。公共选择理论进一步详细地分析了投票

---

① 科斯、诺斯：《制度、契约与组织——从新制度经济学角度的透视》，经济科学出版社 2003 年版，第 246 页。
② 马尔科姆·卢瑟福：《经济学中的制度——老制度主义与新制度主义》，中国社会科学出版社 1999 年版，第 122 页。

规则、直接民主与代议制民主、政党、寻租、官僚行为等制度形式的实际后果。[①] 个人既可以在既定的制度框架内专心于生产，也可以从规则制定者、立法者和政府机构中争取法律或者规则的有利变动，以实现个人财富最大化，具体的途径取决于改变权利结构的相对成本。当成本较低时，有影响的利益集团会制定一些使社会的生产能力只部分实现的经济制度。为什么我们不能总是选择到最有益于社会财富最大化的制度安排？这与利益集团的存在及其对制度安排的影响是分不开的。诺斯在分析拉美国家经济社会发展不成功的原因时强调，这些国家缺乏一套抵御利益集团对经济发展负面作用的制度体系。

## 第二节 国家模型

### 一、奥尔森的"匪帮"理论

奥尔森认为，国家是由固定下来的匪帮转化来的，专制国家权力的产生是拥有暴力或私人权力的主体以自身利益最大化的方式运用私人权力的结果。国家权力的运作，无论是征收赋税还是提供公共物品，都取决于权力拥有者自身利益最大化的逻辑。不同的共容利益导致了民主与专制政府的不同行为模式。"匪帮理论"可以刻画如下：

第一，前提假设——唯一一个假设条件：国家是"理性的经济人"。

第二，人们生存并获取资源的途径有三种：

一是生产性劳动，如采集、捕获猎物、种植农作物、饲养牧畜等；

二是自愿交换，即用自己拥有的资源同他人交易，获取所需之物；

三是直接通过暴力从他人那里掠夺资源。

人们选择何种方式满足自己的需要，取决于它们之间的成本收益比，成本收益之差又取决于个体自身的比较优势。以暴力为后盾的强制性服从的力量就是权力。私人间的权力源于暴力资源的不平等，同时权力的使用又进一步扩大了实力差距，使其能够进一步扩大权力，这就是权力的"滚雪球"效应。结果，单个强盗发展成众多流窜的匪帮。

第三，匪帮是"理性人"，其行为具有短期性。追求短期行为目标的匪帮不会给被劫掠者留下任何资源，因此，匪帮越来越多而可供

---

① 马尔科姆·卢瑟福：《经济学中的制度——老制度主义与新制度主义》，中国社会科学出版社1999年版，第110页。

劫掠的物品也越来越少。最后，平均劫掠物为零。

第四，劫掠行为的收益小于成本。由于被劫掠对象越来越少，结果，匪帮能够劫获的猎物越来越少，匪首逐步改变劫掠策略，占据一个地方固定下来，由"杀鸡取卵"蛋到养鸡生蛋，从流窜匪帮到固定匪帮。

第五，固定匪帮为自身寻求合法性产生了国家。这一切都是匪帮为追求自身利益最大化而运用权力的结果，其背后是暴力的多少决定资源分享比例的逻辑。

第六，国家存在的一个关键变量——共容利益。所谓共容利益，是权力者个人收入同社会总收入的密切一致性。若国家能够分享社会总收入增加量中的很大一部分，也会承担社会总收入损失中的相当部分，该权力者就在社会中拥有共容利益关系，分享或承担的比例越大，共容利益关系越大，权力者越有激励关心自己的行为对社会总产出的影响。固定匪帮同流动匪帮的行为不同，就在于前者在其领地上拥有巨大的共容利益，而流动匪帮几乎没有共容利益。

第七，税收的征收与使用，也即统治者收入的最大化与税率的确定。历史经验表明，出现追求短期利益最大化的君主的概率可能更大。

第八，统治者由君主换成大多数人，此时他们不仅通过税收获得收入，还直接参与生产与交换，从市场上获得收入。统治者保护公民财产权与其他权利亦是源于其自身利益最大化的需要。

奥尔森国家起源的"匪帮理论"，可以总结为以"理性自利的人"为前提、以追求利益最大化的方式使用权力（或劫掠或保护生产与贸易）的基本逻辑。国家作为理性经济人其最终目标是追求自身利益最大化，为此，国家产生之前是匪帮以"抢劫""赎金"的方式进行短期掠夺行为，国家产生之后则是采取"保护费""皇粮国税"等长期策略行为。因此，在奥尔森看来，税收是合法的保护费，保护费是非法的税收，它们在一定条件下能够相互转化。奥尔森的国家起源理论在逻辑上具有一定的自洽性，但是其最大的问题在于对国家"经济人"的假设。在这一假设下，或许能够按照奥尔森的逻辑往下推演，但是假设条件的科学性决定了其结果的性质。试想一下，若国家"经济人假设"不成立，那么结果会如何？国家"经济人假设"真的是科学的吗？

## 二、诺斯的国家模型

### （一）前提假设

假设 1：国家为取得收入而以一组被称为"保护"和"公正"

的公共服务与全体人民的税收进行交换。由于这些服务的提供有规模经济收益，因此，提供这种服务的国家的社会收益要高于每一个社会个体自己保护自己的产权的收益。

假设2：国家试图像一个带有歧视性的垄断者那样活动。为使国家收入最大化，它将选民分为各个集团，并为每一个集团设计产权。在这里，国家实际上是一个"带有歧视性的垄断者"。

假设3：由于总是存在潜在的竞争对手，国家受制于选民的机会成本。其为公共服务定价的能力受其垄断权力大小的限制。

基于上述这三个假设，诺斯又进行了如下的深入解释：

第一，国家（统治者）提供的基本服务在于宪法的形成和执行——不管它是成文的还是不成文的。宪法规定了选民的产权结构，其目标是最大化受政治和经济交易费用约束的统治者的租金（根据诺斯的新古典原理）。为了达到这一点，它必须提供系列的公共（或半公共）物品和服务"以便降低作为经济交易基础的合约定义、谈判和执行的成本"。

第二，根据诺斯的观点，国家规定产权的目的是最大化其垄断租金。从这个角度可以解释私有产权和公共产权的配置。为了征税，统治者需要征税者（即代理人）。委托—代理问题出现了，统治者的垄断租金在一定程度上被代理人所挥霍，像民选国家中的官僚。

第三，因为总是存在竞争者，统治者要么同别的国家竞争要么同自己国家中的潜在对手竞争。替代者越是势均力敌，统治者所拥有的自由度就越低，选民所保留的收入增长的份额也越大。不同的选民有其不同的机会成本，这种机会成本决定每一团体在界定产权和承受税负方面具有的谈判能力。机会成本同时也反映了统治者提供的服务的配置，这些服务在相当程度上并不纯粹是公共品，而统治者要给那些势均力敌的对手比那些无威胁的人们以更多的服务。选民也许会以某种代价转向某个竞争的统治者（即另一个现存的政治—经济单位）或支持在现存国家中某个统治者的竞争者。前一种选择依赖于相竞争的政治单位的结构。当然，地理上较贴近的就具有优势。统治者争取选民的努力将取决于保护的供给曲线和从增加选民中所得到的边际收益。后一种选择取决于相竞争选民的相对暴力潜能。统治者自己的代理人也许会组织反对势力，并通过更好地分配现有租金来从选民中获得支持者。然而，其他能控制足够的资源来取得军事力量（或在封建社会贵族拥有现成的军事力量）的人也是潜在的对手。

### （二）国家的两个目标与双重约束条件

1. 国家的行动目标

第一，制定社会活动中界定、形成产权结构的竞争与合作的基本规则，使统治者收益最大化。因为参与国家活动的人（包括统治者）也是"理性人"，也追求自己的利益，政府也有自身的利益及追求利益最大化的动机。更为现实的是，每一个国家的各内部机构可能都会有反映各自利益的不同目标。

第二，在第一个目标的框架中，降低交易费用，使全社会产出最大，从而增加国家税收。即，国家有两个目标，使统治者租金最大化和使社会产出最大化。

2. 统治者的双重约束：统治者的交易费用约束和竞争约束

一方面，正的交易费用限制了统治者对有效率产权结构的选择。另一方面，各种利益集团的竞争压力迫使统治者不得不选择一些无效率的产权结构。在竞争约束下，统治者将避免触犯有势力的选民。如果这些集团的势力达到威胁统治者利益的"边界"时，统治者会同意一个有利于这些集团的产权结构而无视它对效率的影响。

### （三）"诺斯两难"

"从历史上看，在使统治者（和他的集团）的租金最大化的产权结构与降低交易费用和促进经济增长的有效率体制之间，存在着持久的冲突。"以上两个目标是内在相互冲突着的。国家未必是中立的，因为，第二个目标是企图建立使社会产出最大化的有效率的制度结构，而第一个目标是企图确立一套制度结构以使统治者自己的收入最大化。这是一个两难选择，很难在二者之间达到均衡。

国家是一种强制性的制度安排。一方面，国家权力是保护个人权利的最有效的工具，国家的出现及其存在的合理性，也正是为了保护个人权利和节省交易费用之需要；因此国家权力就构成有效产权安排和经济发展的一个必要条件。没有国家就没有产权。另一方面，国家权力又是个人权利最大和最危险的侵害者，因为，国家权力不仅具有扩张性质，而且其扩张总是依靠侵蚀个人权利实现的，在国家的侵权面前，个人是无能为力的。如前所述，国家提供的基本服务是博弈的基本规则，主要是界定形成产权结构的竞争与合作的基本规则。没有国家权力及其代理人的介入，财产权利就无法得到有效的界定、保护和实施，因此，国家权力就构成有效产权安排和经济发展的一个必要条件。就此来看，一方面，没有国家就没有产权；另一方面，国家权力介入产权安排和产权交易，又是对个人财产权利的限制和侵害，会造成所有权的残缺，导致无效的产权安排和经济的衰落，这就是有名的"诺斯悖论"。"诺斯悖论"，即"国家的存在是经济增长的关键，然而国家又是人为经济衰退的根源"。总的来说是：没有国家办不成事，有了国家又有很多麻烦。国家出现之后，同样存在一些妨碍经济增长的因素。

### （四）妨碍经济增长的制度安排存在的原因

1. 统治者偏好的多元性与有限理性

统治者偏好的多元性（财富、威望、历史地位、国际影响等）及其有限理性无疑会影响他对产权制度安排的选择。即随着统治者财富的增加，财富的边际效用在降低，其他商品（如威望、历史地位、国际影响等）的边际效用却在增加。在统治者的偏好中，产权有效性可能是一个重要"砝码"，但不是唯一的"砝码"。

2. 不同集团利益的冲突

国家在某种程度上讲是不同集团的集合体。统治者就是这些不同集团利益的"均衡者"。制度安排的变迁经常在不同群选民中重新分配财富、权力和收入。显然，包括产权在内的各种制度安排并不完全取决于效率（或经济）原则，它们还取决于不同利益集团的规模、地位以及与统治者的关系。人类历史上无效率产权之所以成为"常态"的根源也在于此。

3. 路径依赖及累积效应

许多制度安排也许在开始时是最佳的选择，但它发展下去就可能阻碍经济的发展。一种制度安排一旦确定，就可能限定了今后的选择范围。

4. 短期利益和长期利益的矛盾

主要表现在财政收入上。在国家规模增长和财政刚性支出的约束下，统治者更为关心财政收入的增长。另外，统治者的寿命有限或者受到任期约束，使他们更着眼于在位时的短期利益。

5. 统治者的双重目标

我们知道，统治者有两个目标，即社会福利的最大化和自己垄断租金的最大化。统治者追求社会福利的最大化是为了赢得选民的支持，这个目标促使国家去促进经济的增长；而租金最大化的目标则往往会牺牲社会的总福利。在二者之间，往往会因为统治者的机会主义倾向而引起经济的衰退。

6. 相对福利

相对福利理论认为，人们追求的是福利和满足的相对量而非绝对量。也就是说，自私经纪人的"最大化行为"之中的"最大"，仅仅表示每个人或人群处处希望与他人之间的相对差距达到最大。这种情况如果发生在统治者身上的话，那么只要这种制度给统治者带来的害处小于给其他人造成的损失，即使这种制度对社会所有人来说都是"有百害而无一利"，它仍然可能出现并且生存下去。同样，如果另一种制度安排虽然会导致大多数人甚至所有人福利的提高，但只要它造成人们相对福利的改变，也可能引起激烈的反对。这也就是许多良好的改革最终流产的原因。

7. 防范心理

现代财政学原理告诉我们，随着社会的发展，国家的财政支出有越来越增大的趋势。政治学、社会学的一般共识是，国家的权力有自我膨胀的倾向，只要给予国家一定的权力，它就会逐渐侵蚀个人的权利。一个具有较高强制力的政府，效率也许很高，但"一着不慎"，造成灾难性后果的"效率"同样很高。一些自由主义者（如哈耶克）甚至认为世界上最大的坏事都是由好人做的，因此，他们积极提倡"最小政府是最好政府"，试图通过故意建立一个效率低下的政治制度来防止一个即使效率很高但可能会干坏事的政府的危害。

诺斯的国家模型是十分丰富的，诺斯的假定及其分析也是较符合历史演变事实的。诺斯对自己的国家模型理论进行总结，认为主要有如下四点：

第一，虽然"搭便车"可能导致产权无效，但"搭便车"却解释了历史上国家的稳定性。诺斯认为，抵触国家强制力的个人成本通常源于对国家规则的漠不关心与顺从，而与压制无关。当前许多民主制中出现的低投票的情形，与过去个人为阶级和大集团去推翻社会的行动的失败有历史的相似。

第二，制度创新来自统治者而不是选民，这是因为后者总是面临着"搭便车"问题。诺斯写道："对统治者来说，既然他没有'搭便车'问题，他就要不断进行制度创新以适应相对价格的变化。因此，使得劳动更加稀缺的土地与劳动相对稀缺性的变化就会促使统治者变革制度以适当地增加劳动的租金。只要劳动的机会成本不变（即其他统治者的潜在竞争不存在变化），这些创新就会实行。"

第三，革命将是由统治者的代理人或由相竞争的统治者或列宁主义者式的少数精英集团发动的宫廷式革命。

第四，在统治者是一个集团或阶级代理人的地方，某些成功的规则要设计成在统治者死后革命或巨变的机会最小。这是因为正如第三点所述，倒台或革命绝大多数来自统治者的代理人。

虽然上述四点有助于解释历史上国家结构变迁及其稳定的大部分根源，但诺斯认为，如果把分析仅仅局限于识别行动者净私人收益（就狭窄的经济意义来说），会给国家结构变迁的研究设置致命的障碍，因此，为解决"搭便车"难题，诺斯认为需要将意识形态理论引入进来，以使分析更加合理、科学。

## 三、巴泽尔的国家理论

巴泽尔试图用"公共领域"概念替代"交易费用"，从而对国家做出新的解释。巴泽尔认同张五常以契约合同来总括企业与市场的观点，他认为所谓"企业""市场"或者"政府"等组织形式，只不过是人与人之间各种合同的表现形式，它们都可以还原成为个人或者一直联系着的一组合同。而合同的核心也就是界定和转让产权，由于一项资产可以有许多属性（有用性或潜在有用性），并且这些属性完全由一个人占有往往不是最有效的产权安排，所以对一项资产的所有权往往被分割给若干技能各异的人。当这些人的利益之间不完全一致的时候，就产生了"组织"的必要。因此，巴泽尔对组织的定义是，组织是对所有权被分割的实体的管理。而企业存在的理由在于大型设备时常有重要属性易产生公共财产问题，所以它们将由某一集权的组织所拥有，这一集团的组织即为企业。

所谓交易成本是权利的转让、获取和保护所需要的成本，其之所以存在，是因为获取关于资产的各种有用性和潜在有用性的信息是有成本的。由于存在信息成本，任何一项权利都不是完全界定了的。而没有界定的权利于是就把一部分有价值的资源留在了"公共领域"里。"公共领域中的财产既可以扩大，也能缩小，随着商品各种属性的价值不断变化，随着产权界定之测算成本不断增减，人们会相应地改变原来的决定，放弃某些财产，使其化作公共领域的财产；或者对现有的公共领域的财产进行重新界定，使之归于自己名下。"在组织内部，"决定所有权最优配置的总原则是：对资产平均收入影响倾向更大的一方，得到剩余的份额也应当更大。""其方式是使在管理那些容易产生共同财产问题的属性方面具有比较优势的当事人获得对于这些属性的权利。"[1]

这里，巴泽尔提出了"公共财产"概念，用来对企业、市场、中间型组织以及政府国家等组织进行了不同于威廉姆森交易费用概念的解释，其逻辑关系是：这些组织形式是人与人之间各种合同的表现形式。它们都可以还原成为个人以及与之联系着的一组合同：它们的不同在于合同的完整性不同，这又是由于权利——产权的界定及其变化的差异；由于信息成本，任何一项权利都不是完全界定了的，而没有界定的权利把一部分有价值的资源留在了"公共领域"里；产权的界定是一个演进的过程，随着新信息的获得，资产的各种有用性和潜在有用性被技能各异的人们发现，因而各种组织形式实际上乃是恰当利用资产有用性的不同方式方法。就国家层面来看，大量存在着的难以界定产权的公共财产，为了有效利用这些财产，于是出现了各种各样的组织形式，而政府提供和国有制仅只是其中一种，并不是在公共领域中的唯一形式。

---

[1] 巴泽尔：《产权的经济分析》，上海三联书店1997年版，第67页、第159页。

巴泽尔提出了产权和国家演进的逻辑，论述了从专制到法治过程中产权的变化以及作用。统治者和臣民都被假定是利益最大化的，统治者面临着一个两难选择：自身安全和财富追求。控制臣民可以提高统治者的内部安定，代价是产出的降低和专制者财富的减少，而增加财富是抵御外部威胁的保障。巴泽尔认为在现实中不存在绝对的独裁者，因为统治者无法掌握个人能力的完全信息。于是，收取定额租金比给臣民支付固定报酬对双方都是有利的。统治者开始允许臣民拥有财产，私有产权就产生了。下一步臣民可以接受一个更高的定额租金，以换取更多的自由，显然，财产和自由在这里是正相关的。巴泽尔证明，由于信息成本、侵权的交易成本以及信誉等问题的存在，使得统治者侵犯产权的行为会得不偿失。所以，统治者愿意诱导臣民形成一个集体行动的机制，以使自己建立可置信的承诺。在巴泽尔的模型里，集体行动机制乃至法治并非统治者和臣民权力斗争的结果，而是统治者寻求合作和利益最大化的产物。

巴泽尔虽然描述了产权和国家演进的过程，其结果却可以通过比较静态分析得出，譬如定额租金和固定报酬的替代关系。所以，巴泽尔的模型里面并没有真正起作用的时间因素。另外，产权既然是一组权利束，那么私人产权的演进实际就是个人权利不断丰富的过程。但是巴泽尔所论述地从专制到法治，他更重视的是财富数量上的增加以及与之对应的自由的增加。巴泽尔的国家理论总体上说是在科斯的产权理论框架下，运用博弈论的基本分析方法，对新制度经济学国家理论的进一步发展。这个理论主要集中在解释国家是如何起源的以及阐述法治国家产生的演变路径等方面。其基本观点是：国家是一种第三方实施的暴力机制，它在一定程度上比其他机制更有利于契约的实施；人们只有当暴力实施者滥用权力的倾向能被有效制约时，才会使这种实施机制（国家）出现；国家愿意实施的法律权力取决于对界定权力与调解纠纷的交易成本的比较。

## 第三节 强化法治型国家

### 一、奥尔森与市场型国家

美国著名政治学者曼瑟·奥尔森在他最后一本著作《权力与繁荣》中，对国家与社会的关系提出了一种全新的理解——"强化市场型政府"（market-augmentinggovernment）。所谓"强化市场型政府"，其实就是说政府与市场是一体的，市场繁荣，政府的日子就好过；市场萧条，政府就难挨，所以政府有十足的动力利用自己的权力去保护或者推进市场的繁荣。强化市场型政府包含四项内容：创造个人财产权；保护个人财产权；执行各种契约；政府的权力受到限制。建立强化市场型政府的基本前提条件，一是民主制度，即使执政者利益与大多数人利益一致；二是法治化社会，即使国家权力得到有效制约。从根本上来讲，强化市场型国家重在保护个人利益，这是与西方新制度经济学的个体分析方法一脉相承的，这种个体主义分析方法和价值观必然推导出保护个人利益的逻辑。而在马克思主义指导下，在中国特色社会主义国家，我们对制度和国家的构建则要求我们建立在集体主义分析方法基础之上，也就意味着在强调市场作用的同时更加强调对全体利益的保护。

## 二、巴泽尔与法治型国家

法治是人类社会进入现代文明的重要标志。法治是人类政治文明的重要成果，是现代社会的一个基本框架。大到国家的政体，小到个人的言行，都需要在法治的框架中运行。对于现代中国，法治国家、法治政府、法治社会一体建设，才是真正的法治。依法治国、依法执政、依法行政共同推进，才是真正的依法；全面推进科学立法、严格执法、公正司法、全民守法，才是真正的法治。无论是经济改革还是政治改革，法治都可称为先行者，对于法治的重要性，可以说怎么强调都不为过。实施依法治国基本方略、建设社会主义法治国家，既是经济发展、社会进步的客观要求，也是巩固党的执政地位、确保国家长治久安的根本保障。

强化市场型政府与法治型国家的关系也十分密切。所谓法治国家实质是利益集团甚至国家权力受到有效制约的国家。强化市场型政府也是建立在法治型社会基础之上的。维持法律和秩序是经济增长的一个首要条件，许多国家之所以衰落，正是因为国家破坏了既定的规则，损害了绝大多数人的利益而得不到民众的拥护。一个社会，如果不能保护臣民的利益免受侵害，那么这个国家就没有履行好国家职责。

建设法治型社会是建立在可信承诺基础之上的。契约及信用构成了经济有效运行的基础，而信用社会的有效运行必须以法治社会为基础。在一国制度体系中，法律制度起着重要的作用。国家作为第三方实施机制的有效性和权威性主要源于其法律制度及其威慑作用。如果法律没有权威或者在一个非法治的环境里，那么各种机会主义行为和违约行为会大大增加，从而增加经济活动的交易费用。在人类的经济活动中，尽管大量的交易及其纠纷是通过"私了"（交易双方甚至非国家的第三方仲裁者）解决的，但是如果没有法律作为后盾，一些"私了"就不会进行。因为在法律没有权威或执法成本很高的情况下，在交易中处于不利的一方就会选择违约。法治既可以有效保护产权，同时又可以大大地降低契约的实施成本。制度的效率不在于其设计的制度效率，而在于实施的效率。法治国家的交易费用要低于非法治国家的交易费用。

法治的实质就是对权力的约束，包括对公权力的约束，更是对私权力的约束。法治在制度上起始于法律对权力的限制，诚如洛克所论证的，法治的真实含义就是对一切政体下的权力都有所限制。缺乏对权力的制约是国家治理能力低下的重要根源。从新制度经济学的角度来看，法治化社会的建立是一国正式制度完善的重要表现。科斯在《论生产的制度结构》中指出，如果我们从零交易费用的世界走向正交易费用的世界，在这个新世界中法律体系至关重要的性质立刻清晰可见。

在世界上越来越多的国家，使统治者、当选政治家和官员受制于一般性约束规则的宪法设计变得十分常见。一项重要的宪法设计是在立法（规则的制定）、行政（规则的执行）和司法（裁决冲突）之间分解政府的权力，并在控制集体行动的这三类权威的执掌者之间设置监察和平衡系统。[①]

## 三、权力的制约与均衡

有效的国家是如何形成的？在封闭经济条件下，在制约权力的机制中，这三个层次一旦形成并能相互制约就可以解决温加斯特所说国家作用的"本质两难"问题。这三种力量及其均衡机制是新制度经济学需要进一步探讨的理论问题。

### （一）个体权利与国家的关系

理想的国家可以被视为允许行为人通过保证他们产权的安全而获得帕累托最优结果的一个有效率的制度。国家不能侵犯个人的权利并保护个人产权，同时任何个人也不能侵害国家的权利。新制度经济学认为，离开产权，人们很难对国家做出有效的分析。因为产权的本质是一种排他性的权利，在暴力方面具有比较优势的组织处于界定和行使产权的地位。正如诺斯所指出的那样，国家理论"关键的问题是

---

① 柯武刚、史漫飞：《制度经济学——社会秩序与公共政策》，商务印书馆2000年版，第399页。

解释由国家界定和行使的产权类型以及行使的有效性。最富有意义的挑战是，解释历史上产权结构及其行使的变迁"。[1] 国家对于作为整体的社会具有纯粹的分配性的特征。[2] 问题是国家能否做到这种分配是有效率和公平的。国家能够提供有效的产权结构和有效的产权保护主要取决于三个条件：

一是个人产权会对国家权力形成制约。个人权利的强化很大程度上会限制政府的权力。目的就是使一套综合性的规则体现在客观的法律结构中，这套规则不会因出现政治狂热和立法机构的变化而变化。个人没有什么财产，只受过较少教育的公民易于受极权体制支配。而当经济增长造就了一个受过良好教育的中产阶级时，对统治者实施有效的选举控制和司法控制的要求就会进一步普遍起来。在"有产公民"构成的社会里，人们会努力对统治者施加民主和法律方面的限制以巩固全体社会的秩序。

二是政治市场。政治市场的效率是理解这一问题的关键。如果政治交易费用较低，且政治行为者有准确的模型来指导他们，其结果就是有效的产权。但是，政治市场的高昂交易费用及行为者的主观偏好，往往导致产权无法诱致经济增长，组织也不能作为创造更有生产率的经济规则的激励。[3] 按照诺斯的分析，国家有双重目标：一是界定形成产权结构的竞争与合作的基本规则（即在要素和产品市场上界定所有权结构），这能使统治者的租金最大化；二是在第一个目标框架中降低交易费用以使社会产出最大，从而使国家税收增加。换言之，国家有两个方面的目标，它既要使统治者的租金最大化，又要降低交易费用以便全社会总产出最大化，从而增加国家税收。然而，这两个目标是相互冲突的。国家的双重目标为既得利益集团追求最大化留下了活动的空间，如政府官员的设租与相关利益集团的寻租。

三是经济权力与法律权力的关系。第三方暴力实施机制的创立还直接导致了法律体系的出现。在巴泽尔的分析框架里，经济权力是指由个体自发界定的权力，而法律权力是指由国家界定的权力。为了使实施机制有效，国家必须界定可实施的权力和可用于解决纠纷的调解机制。再巴泽尔看来，界定本身是有成本的，因此对一种资产要不要进行保护取决于对产权界定成本的权衡。例如，特质性资产很难进行界定，从而国家也不太可能对此给予保护；同样，如果某些商品很容易导致纠纷且调节成本很高时，国家会简单地选择禁止这些商品的交换。这表明经济权力和法律权力并不一定是完全一致的。经济权力的

① 诺斯：《经济师中的结构与变迁》，上海三联书店 1991 年版，第 21 页。
② 肖特：《社会制度的经济理论》，上海财经大学出版社 2003 年版。
③ 诺斯：《制度、制度变迁与经济绩效》，上海三联书店 1994 年版，第 71 页。

复杂性与法律权力的实施成本使产权的界定和保护不可能是完全的。但是值得指出的是，法治化程度越高，产权的保护就越完善。正因为如此，巴罗就用法治化程度来衡量产权的保护程度。

### （二）集体行动与国家的关系

利益集团对国家制度安排的影响和国家如何有效地平衡不同利益集团的关系是新制度经济学国家理论的重要组成部分。

制度设计实际上是不同利益集团博弈的结果。在社会博弈过程中，与其他集团相比，往往小集团处于有利的地位，对其有利的产权安排不一定有利于其他利益集团。利益集团对制度安排是股强大的影响力量。这就有可能导致制度的非中性。不同利益集团之间的博弈及其不平衡将会影响国家目标及其行为。集体行动主要表现为介于个人与国家之间的各种中介组织，如行会、产业工会、宗教、党派等。这些组织往往代表一个群体的利益，它们与国家之间的博弈关系对于一个国家的制度及其体系的形成产生了重要的影响。

拉丰和梯若尔考察了政治的不确定性将使政府不从长远的角度来制定政策，他们认为，如果当权的政府总是偏向某一个特殊的利益集团，并且放任政府锁定对该利益集团有益的政策，这对社会可能是有害的，因此，制约与平衡是十分重要的。

第一，建立制约政府偏向某一些特殊利益集团的制度安排。让政府自身中立是很难的，必须建立制约政府偏向特殊利益集团的制度安排。第二，通过制度安排约束社会中的强势利益集团，扶助社会中的弱势利益集团。不同利益集团对政府决策的影响是不一样的，让弱势利益集团在政府的决策中也有自己的话语权是国家协调不同利益集团利益关系的基本条件之一。第三，打破垄断、引入竞争、减少管制，尽可能地减少政府对经济的干预是国家能够有效协调不同利益集团利益关系的基本前提。利益集团的形成与国家和经济的关系是联系在一起的。国家应缩小不同利益集团的差距，从而减少利益矛盾。

### （三）法治化社会与国家的关系

法治既可以有效地保护产权，同时又可以大大地降低制度的实施成本。制度的效率不在于其设计的制度效率，而在于实施的效率。在世界上越来越多的国家，使统治者、当选政治家和官员受制于一般性约束规则的宪法设计变得十分常见。一项重要的宪法设计是在立法（规则的制定）、行政（规则的执行）和司法（裁决冲突）之间分解政府的权力，并在控制集体行动的这三类权威的执掌者之间设置监察和平衡系统。①

　　法治，在制度上起始于法律对权力的限制。正如洛克所论证的，法治的真实含义就是对一切政体下的权力都有所限制。诺斯认为发展中国家之所以落后，其根源在于缺乏进入法治化社会的机会，换言之，缺乏对权力的制约是发展中国家落后的重要根源。但是，为什么有些国家进入法治化社会，有些国家又没有进入法制化社会？从新制度经济学的角度来看，法制化社会的建立是一国正式制度完善的重要表现。

　　有效的法律制度对于其他制度的实施提供了一种稳定的预期，在这种预期中，人们会预计到谁违约了，谁违规了，谁最终就会收到更严厉的处罚。许多制度的最终实施机制是在法律领域（如各种合同），但是更多的实施过程是在交易双方之间。许多合同的实施并没有经过法律，而是私了。从这个意义上讲，法律制度与所有的正式制度是一种互补的关系。正式制度的有效性取决于法律制度的有效性。

　　如何建立法治化社会，这是发展中国家和转型国家建立有效制度体系和有效国家体制的关键。已经有一些国家成功地建立了限制国家权力的政治制度。它们成功的关键就在于认识到"权力只有通过权力才能加以控制"，这一命题直接导致了以最为广为人知的"制衡"原则为基础的宪法设计理论。② 在当今相当数量的国家中，存在着公民对公共政策形成的广泛参与，而国家权力的行使也受到一种已经确立的宪政秩序的控制。③ 以法治化为主线来建立正式制度体系既是新制度经济学要探讨的理论问题，也是发展中国家和转型国家发展战略的重要组成部分。

　　如何让国家在制度变迁中发挥积极作用又限制国家的"掠夺之手"是新制度经济学国家理论要解决的核心问题。大量的历史与现实表明，国家在制度变迁中发挥了消极作用，而这又与国家的"掠夺之手"没有得到有效遏制密切相关。

　　我们是在封闭经济条件下分析如何制约国家的问题的，实际上还有第四种力量，那就是开放经济条件下国家与国家之间的竞争，在诺斯等的关于国家的分析中都提到了这个问题，这种国与国之间的竞争不仅有利于制约国家的行为，而且还能促使一个国家不断地完善本国的制度及制度环境。

　　① 柯武刚、史漫飞：《制度经济学——社会秩序与公共政策》，商务印书馆2000年版，第399页。
　　② 戈登：《控制国家——西方宪政的历史》，江苏人民出版社2001年版，第16页。
　　③ 戈登：《控制国家——西方宪政的历史》，江苏人民出版社2001年版，第3页。

## 本章思考题

**一、名词解释**

暴力潜能　诺斯悖论

**二、简答题**

1. 国家起源有哪几种理论？基本观点是什么？

2. 为什么国家的双重目标往往是矛盾的？

3. 为什么妨碍国家经济增长的制度会存在？

**三、论述题**

1. 国家在产权制度形成中起什么作用？

2. 如何避免诺斯悖论？

# 第七章
# 制度变迁理论

## 第一节 制度的起源

　　制度是一系列正式和非正式规则及其实施机制的结合。它来自何处？令人遗憾的是，正像人们至今仍无法得到人类的起源一致性解说一样，新制度经济学家们至今也难以令人满意地解释制度的起源，学者们只能从某些制度安排已经到位的状态出发，通过一些真实的或虚构的案例，在理性世界构想制度的源流，逼近历史的真实。

　　从一般意义讲，新制度经济学家认为，制度的起源在于资源的稀缺性。在一个资源短缺的世界上，如果不存在对于人力资本、非人力资本和自然资源的自由使用进行约束的制度安排，便没有任何社会能够生存。为了生存，为了更好地使资源发挥效率，便产生了约束人们行为的各种制度安排。从这种意义上来说，制度是内生的。具体地讲，制度起源说主要有以下两种：一是合作起源说；二是交易费用说。

## 一、合作起源说

　　这一学说，同样从"囚徒困境"开始，通过博弈分析来解释制度的起源。"囚徒困境"告诉我们，强调个体理性的非合作博弈往往可能是无效率的，相反，重视团体理性的合作博弈则一般可以带来"合作剩余"。合作博弈和非合作博弈的区别就在于人们的行为相互作用时，当事人能否达成一个具有约束力的协议。这个协议的达成过程，其实就是制度起源的过程。纳什均衡说明的是理性人的个体理性行为可能导致集体的非理性。为解决个体理性和集体理性的冲突，不能否认个人理性，而是设计一种机制，在满足个人理性的前提下达到集体理性，因此，又可以说个人理性和集体理性的冲突是制度起源的重要原因。需要指出的是，由于存在着信息不完全和其他障碍，人们是难以有充分理性在分享合作剩余上顺利达成一致，因此，就需要一个强有力的第三者（如国家）出面强迫当事人同意。这就是霍布斯规范定理：通过建立法律结构，使私人协议难以达成所造成的的损失最小。这也解释了强制性制度安排的起源。

如图7-1所示，"囚徒困境"博弈揭示出：个体理性与团体理性之间的冲突——从个体利益出发的行为并不总能实现团体的最大利益。在重复博弈中，对于参与者中任何一方的欺骗和违约行为，另一位参与者总会有机会给予报复。这样，采取违约或欺骗的一方就有可能永远丧失与对方合作的机会，并因此而遭受长期的惨重损失。在长期的交往和"博弈"中，处于"囚徒困境"中的参与者双方会越来越发现合作的重要性，并最终导致有利于合作的制度的自发形成。

**图7-1 囚徒困境**

## 二、交易费用说

交易费用是科斯制度起源理论的核心范畴。按照科斯的理论，如果没有交易费用，那么，亚当·斯密的"看不见的手"就会指引社会资源发挥最佳效率。事实上，社会交易是有成本的，如果不对资源的利用设置一定的规则，那么，"看不见的手"引导的就不会是繁荣，而是混乱。只要交易费用存在，制度就会发挥作用，制度的设立就是为了减少交易费用。科斯制度起源的思想揭示了交易费用与制度形成之间的关系。交易费用的存在导致制度的产生，制度的运行有利于降低交易费用。我们可以从三个层次来理解科斯的制度起源——"制度选择思想"。

第一，"科斯中性定理"：如果交易费用为零，不管初始权利如何配置，自由交易都会达到资源的最优利用状态。科斯中性定理表明，在交易费用为零时，任何一种制度安排（科斯的文章中讲的是法律规则，这可以看作是一种制度安排的特例）只对财富或收入的分配有影响，而对产出的构成，亦即对资源配置没有影响，有效率的结果总可以通过无代价的市场谈判达到。

第二，"科斯定理"：在正交易费用的情况下，法律在决定资源如何利用方面起着极为重要的作用。科斯定理则表明，在交易费用大于零时，制度安排不仅对分配有影响，而且对资源配置，及其对产出的构成有影响。因为在某些制度安排下会产生较高的交易费用，从而使有效益的结果不能出现。

第三，"制度选择思想"：在不同的经济、法律环境下，外在性问题存在不同的最佳解决办法，即需要我们在几种制度安排中间进行选择。在科斯看来，选择的依据是两个层次上的比较：不同的、可供选择的制度类型的交易费用比较；制度变迁、操作的成本与其带来的收益的比较。科斯认为，企业取代市场的过程就是为了降低由于市场交易产生的交易费用的过程。不仅包括企业和大量的法律文本，而且整个社会的制度结构都能够由交易费用来解释。

从新制度经济学交易费用学说来看，为什么人类社会需要制度？主要原因可以归结为：人的有限理性、环境的不确定性和人的机会主义倾向。经济学通常假定认识理性的，他们会选择对自己最有利的行动方案。但是由于社会是由多人组成的，一个人的利益最大化的目标可能是与他人利益最大化目标相冲突的，某人利益最大化的行为会在一定程度上损害其他人的利益，而受到损害的人可能产生报复行为，从而损害前者的利益。制度就是这种协调人与人之间的利益冲突而产生的和发展起来的。

对于制度，不同的经济学家有不同的定义，经济学家把经济过程作为博弈过程处理的同时，不仅把制度看作博弈的规则，也把它作为博弈的结果或均衡。其中比较有代表性的是诺斯的定义：制度是一个社会的游戏规则。① 人是有限理性的，所以制度可以解释为所有人之间相对稳定的最优应对策略。在复杂的社会经济生活中，最终结果既取决于参与人自己的行为，也取决于对方的行为。由于未来的不确定性以及交易过程中机会主义行为的存在，一个人的行为可能严重损害其他人的利益，由于有限理性以及信息的不完全，合作过程所必须的互信的建立需要一定的条件，而每个人都需要对对方的行为作出预期，然后决定自己的行为。那么人们依据什么来形成自己的预期并做出相应的选择呢？只要人们反复地发生交易或其他经济关系，就会通过逐步演化或人为的有意识的设计产生规则、规范、惯例或制度。所以，制度是人与人之间"合作"或者"讨价还价"的游戏规则。

制度在社会经济发展过程中无处不在，制度可以提供信息传递或明确预期的功能，进而影响人的行为。制度影响、决定个人与资本存

---

① 诺斯：《制度、制度变迁与经济绩效》，上海三联书店 1994 年版，第 3 页。

量、劳动产出与收入分配。它通过提供规则和秩序，增加了信息流量，降低了信息成本和交易成本，以便有效利用资源，构建了一个社会的激励结构，因而制度成为经济发展的核心要素之一，而政治与经济制度是经济绩效的根本性决定因素。[1] 制度会随着时间、技术、偏好等因素的变化而变化。如果制度最初形成的条件发生了变化，同时，人们发现有更好的有效率的制度取代现存的制度，就会出现制度变迁的可能，从而产生人与人之间的新一轮的互动过程，这就是制度变迁。

## 第二节　制度的需求与制度的供给

最早对制度变迁进行供求分析的新制度经济学家是舒尔茨。他在1968年明确地提出了制度需求、制度供给、制度供求分析、制度均衡和非均衡等概念，并把它们引入制度变迁的分析中。他说："产生人力资本的制度（如教育与在职培训），作为技术变迁来源的制度（如研究与开发），自由放任的竞争制度……我视这些制度为经济领域里的一个变量，而且这些变语是对经济增长的反映。尽管并非所有的制度变迁都可以这样来分析，但大量的十分重要的制度都可以用这种方式来分析。我们没有将这些被认为处于'自然状态'的制度忽略掉或剔除掉，我们也不会在一个特定的基础上来将它们引入。我们的分析任务就是要将它们引人经济学的理论核心中去。"他还说："制度是某些服务的供给者……对每一种这类服务都有需求，这正好可以在经济理论的范围内，用供求分析来探讨决定每一种服务的经济机制的因素。我们的下一步分析就是要将这一供求分析方法置于均衡框架中。"[2]

戴维斯和诺斯1971年再次将制度供求分析应用到对制度变迁的分析中并对引起制度安排需求和供给变动的因素作了初步的探讨。他们指出："制度均衡状态（安排的变迁将得不到任何好处）在任何时候都是有可能的。可是，成本与收益的变动会使制度产生不均衡，并诱致了安排的再变迁。尽管大多数经济模型将现存的制度安排视为既定，但我们的目的是要将这一常量变成一个变量。不过传统的理论仍为我们目前的工作提供了重要的支持，与传统理论一样，我们的基本

---

[1]　North, Economic Performance Through Time, AER, Vol. 84, No. 83, June. 1994, 359.

[2]　舒尔茨：《制度与人的经济价值的不断提高》，载《财产权利与制度变迁》，上海三联书店1994年版，第256~258页。

假定是，安排变迁的诱致因素是期望获取最大的潜在利润；而且，我们所使用的模型是非常传统的经济学家所常用的，即'滞后供给'模式的一个变形。在滞后供给模型中，某一段时间的需求变化所产生的供给反应是在较后的时间区段里作出的。在此模型中，产生于安排变迁后的潜在利润的增加，只是在一段滞后后才会诱致创新者，使之创新出能够获取潜在利润的新的安排。"[1]

拉坦1978年明确使用了"制度变迁的需求"和"制度变迁的供给"概念，并对引起制度变迁需求与供给变化的因素作了进一步的分析。他还指出了舒尔茨和诺斯等的制度供求分析的不足，即对制度变迁的供给缺乏分析。他说："无论是诺斯和托马斯还是舒尔茨都没有试图提供一个制度变迁供给的理论，而且我们发现老的和新的新制度学派文献对此都少有助益。"[2]

非尼1988年对制度变迁供求分析中过于强调需求忽视供给的不足再次提出了批评，他说："正像早期就技术变化所作的研究中有很多集中分析需求引致这个机制一样，制度变化方面的若干重要论著是遵循科斯的观点，即认为制度是在变化所得利益通过变化所需成本时改变的。这种观点确认交易成本在影响制度安排的选择中的重要性。遗憾的是，制度变化中的供给的政治经济方面普遍地未作明白交代。"他还说："制度变化的供给是重要的；需求的变动趋势虽为必要条件，但不是了解变化路线的充分条件，政治经济分析的要素是决定性的，对于统治精英的政治经济成本和利益，是对制度变化的性质和范围作出解释的关键。"[3] 林毅夫1989年总结说："制度能提供有用的服务，制度选择及制度变迁可以用'需求—供给'这一经典的理论框架来进行分析。"[4]

## 一、制度的需求及其影响因素

### （一）为什么会产生制度需求？

人们之所以对制度产生需求，是因为制度能够给人们提供便利、增进人们的利益。人们在什么情况下会产生制度需求？"按照现有的

① 戴维斯、诺斯：《制度创新的理论》，载《财产权利与制度变迁》，上海三联书店1994年版，第296页。
② 拉坦：《诱致性制度变迁理论》，载《财产权利与制度变迁》，上海三联书店1994年版，第328页。
③ 非尼：《制度安排的需求与供给》，载《制度分析与发展的反思》，商务印书馆1992年版，第126、130页。
④ 林毅夫：《关于制度变迁的经济学理论》，载《财产权利与制度变迁》，上海三联书店1994年版，第371页。

制度安排，无法获得某些潜在利润。行为者认识到，改变现有制度安排，他们能够获得在原有制度下得不到的利益，这时就会产生改变现有制度安排的需求。"所谓"潜在利润"就是外部利润，是一种在已有的制度安排结构中主体无法获取的利润。只要这种外部利润存在，就表明社会资源的配置还没有达到帕累托最优状态，还可以进行帕累托改进，即在不损害其他任何人利益的前提下，至少还可以使一个人的处境得到进一步的改善，使社会净收益增加。帕累托改进实质上是指现有资源的配置还有改进的余地或潜力。由于外部利润不能在既有的制度结构中获取，因此，要实现帕累托改进，要获取外部利润，就必须进行制度再安排，即制度创新。这种新的制度安排的目的就在于使显露在现存的制度安排结构外面的利润内部化，以求达到帕累托最优状态。

### （二）影响制度需求的因素

#### 1. 产品和要素相对价格

相对价格的变化改变了人们之间的激励结构，同时也改变了相互之间讨价还价的相对能力，这样就会导致重新缔约的努力。要素和产品相对价格的长期变动是诱致历史上多次产权制度变迁的主要原因。当某种要素或产品因为某种原因变得稀缺因而相对价格（或价值）上升时，其所有者可以从对这种要素或产品的所有权中获得更多的收益，当所有者从对产品或要素的专有权中获得的收益大于保护这种专有权而支付的成本时，产权制度的建立就会成为迫切需要。

德姆塞茨是最早对要素和产品相对价格变动影响制度变迁需求进行论述的新制度经济学家。在 1967 年发表的《关于产权的理论》一文中，他考察了美国印第安人土地私有产权的发展。德姆塞茨认为美国山区的印第安人之所以在 18 世纪之后开始形成了土地的私有产权，主要原因是动物皮毛的贸易大大地提高了动物的相对价格。动物相对价格的提高促进了更为经济地畜养皮毛动物。畜养皮毛动物要求有能力阻止偷猎，于是抑制了对圈养皮毛动物的土地私有产权进行界定和保护的制度的产生。相反，美国西南部印第安人却迟迟未发生私有产权的制度变迁，因为平原地区的动物和森林地区皮毛动物相比并没有商业上的重要性，而且平原动物主要是食草动物，其习性是在广阔的土地上慢跑，因此，为确立私有狩猎边界所获得的价值，因阻止动物跑到相邻的土地的成本相对较高而降低了。德姆塞茨由此证明，新的产权制度的形成是相互作用的人们对新的成本—收益的渴望进行调整的回应。而相对价格是决定这种新的收益—成本比较的关键因素。

#### 2. 宪法秩序

宪法秩序的变化，即政权的基本规则的变化，它是制定规则的规则，因而它能深刻影响创立新的制度安排的预期成本和利益，因而也就深刻影响对新的制度安排的需求。有一套长期有效的规则，经济与社会便有了长期稳定与发展的基础和保障。宪法就是一套最基本的规则，构成基本的制度；日常各种社会经济问题好解决或不好解决，都能从宪法的结构中找到原因。这就是为什么制度变革最终总会成为"宪法变革"的原因所在。

宪法规则的改变对一个国家的社会经济影响是全方位的，其中一个突出问题是，宪政规则改变对经济绩效的长期效应和短期影响并不总是一致的，如在法国，宪政秩序形成于法国大革命，持续了大约一个世纪。法国大革命对经济的短期影响是灾难性的。但是，从旧制度到新宪政秩序漫长的转轨过程中出现的拿破仑法典和许多其他制度及政策对于法国的经济发展具有长期的正面效应。

3. 技术进步

在新制度经济学家看来，技术变化决定制度结构及其变化。技术发展水平及其变化对制度变迁的影响是多方面的。例如，技术的进步降低了交易费用并使得原先不起作用的某些制度安排起作用。技术进步能降低产权的排他性费用，从而使私有产权制度成为可能。过去牧场由于围栏费用过高的原因而属于共同所有，但是，用带铁蒺藜的铁丝构成的低费用围栏的创新，却导致美国西部公共牧场出现私人所有和牧场出租。同样，在今天，围箱技术的出现，使得养殖海产品的可能性变为现实。这表明，对任何制度的需求都不能离开技术这个因素。人类对于"好"的制度的需求，除了受收益、相对价格等因素的制约以外，还要受技术因素的制约。

戴维斯和诺斯在1971年出版的《制度变迁与美国经济增长》一书中认为，尽管几乎有无数事件可能引起外在于现存安排结构的利润产生，但在美国历史上有三类事件曾经是特别重要的。他们在过去对新制度安排的"需求"做过很大贡献，可能在将来仍能继续起主导作用。其中，技术进步就是这三类事件中最重要的一个。他们认为，技术对改变制度安排的利益有着普遍的影响。在过去两个世纪里，技术进步使产出在相当范围里发生了规模报酬递增，因此使得更复杂的组织形式的建立变得有利可图。同时，技术进步产生了工厂制度，也产生了使当今城市工业社会得以形成的经济活动之凝聚。这些结果反过来产生了广泛的外部效应（如环境污染和交通拥挤）。在某些外部效应已为自愿组织所内部化时，有些则没有变化，这种未获得利润的存在是诱致政府干预经济这种制度创新的主要力量。

技术变化对制度需求的影响是多方面的，既可能是改变了潜在利润从而提高了对制度变迁的激励，也可能是降低了制度变迁费用使得原本因费用过高而不起作用的制度安排变得可行。此外，技术变迁和它带来的新收入流的分割还可能导致与制度绩效的增进相联系的效率收益，这是进行进一步制度变迁的一个主要激励。技术进步可能会调动个人对其资源进行重新配置的积极性，也调动了为重新界定产权以实现新收入流的分割而组织和引进集体行动的积极性。

### 4. 市场规模

市场规模越大，社会分工也就越细。这个道理同样适用于制度需求分析。市场规模扩大对制度需求的影响表现为：市场规模越大，市场的交易量就越大，交易规模越大，而市场的制度成本确实固定成本，所以，市场规模扩大实际上提高了市场的制度效率。市场规模扩大和效率的提高就可能创造出一些与之相适应的新制度安排，如股份公司制度、跨国公司制度、金融衍生品交易制度等。同时，市场规模扩大使得某些制度的运作成本大大降低。例如，在期货交易市场，合约是标准化的，设计一个品种的合约，其成本是固定的，而这份合约可以满足全世界的交易者对该品种的交易行为。随着这份标准化合约交易量的增大，涉及合约和履行合约的成本将大幅度降低甚至可以忽略不计。

将市场规模看作是影响制度变迁需求的一个重要因素的新制度经济学家也是戴维诗和诺斯。在1971年的《制度变迁与美国经济增长》一书中，他们指出：市场规模的变化能够改变特定制度安排的利益和费用：搜集信息或排除非参与者的成本并不随交易的量而同比例增长，这两类活动都体现了成本的递减特性。菲尼1988年指出：市场规模一扩大，固定成本即可以通过很多的交易、而不是相对很少的几笔交易收回。这样，固定成本就成为制度安排创新的一个较小的障碍了。19世纪美国州政府公司一般法的创立提供了一个例子。有限责任保障企业投资者的预期利益，即使股票受严格控制时也不例外。有限责任还大大促进了必须积累充分的资本以获得规模经济的很多投资者的参与组建公司。由于交通部门的发展扩大了市场规模，由于技术的进步提高了规模经济的重要性，因此，随着时间的推移，这些变得更加重要了。

市场规模扩大对制度需求的影响表现为：首先，市场规模的扩大，会使单位成本降低，缩短收回固定成本的时间，固定成本可以通过很多的交易，而不是相对很少的几笔交易收回。这样固定成本就成为制度安排创新的一个较小障碍，会增加对制度的需求。其次，市场规模的扩大加深了分工的程度，分工细化使得交易费用上升。交易费用的增加要求有可以降低交易费用的新的制度安排出现，从而转化为对新的制度的需求。再次，市场规模的扩大使一些与规模经济相适应的制度安排得以创新，如股份公司制度、跨国公司制度等。以上分别说明了各个因素变化产生的影响，在现实中，每一个制度变迁需求的实例则涉及一个或多个因素，只不过不同的实例中有着各不相同的突出影响因素而已。

5. 偏好的变化

偏好的变化是影响制度变迁需求的又一个重要因素。这里所指的偏好并不是一般意义上的个人的偏好，而是群体的偏好，即某一集团的共同的爱好、价值观念等。偏好的形成与变动，有一部分原因是相对价格的变化，是相对价格长期变化缓慢地促成的。但是，文化无疑是偏好的决定性因素。一个民族或国家的历史文化传统、社区的由来已久的习俗都决定性地影响着集团的偏好。同样，偏好的改变也基于文化的变迁。偏好与一个社会占统治地位的意识形态有着十分密切的关系。意识形态与社会性偏好之间存在着互动关系，一方面，人们之所以接受某种意识形态，往往与该社会由来已久的历史文化传统所造就的社会偏好结构有关。另一方面，长期受占统治地位的意识形态的影响，社会偏好也会在潜移默化中发生变化。时髦现象是比较常见的、重要的社会偏好变化的情况，在任何社会和任何时代都存在着的时髦现象。

偏好变化对制度变迁需求的影响有直接和间接两种情况。前者指偏好变化直接地导致制度变迁需求；后者指偏好的变化并不直接指向某一制度安排，而是在一个较长的时期里影响制度环境和制度选择的集合空间并最终导致制度安排发生变化。偏好影响制度变迁需求，本质上是由于它改变了人们的效用函数，从而改变了人们的成本—效用比较链条。由此而导致人们的利益判断的变化。这意味着原来符合人们的利益判断的制度安排变得不再与这种利益判断相符，制度变迁成为人们改变利益判断的客观要求。

6. 偶然事件

影响制度变迁需求的因素除了上面所列的五种以外还有一种重要的因素，这就是偶然事件。在某种情况下，偶然事件对制度变迁需求的影响是很大的。例如，2003 年发生在中国等国家的 SARS 病毒流行事件，对有关流行病防治法、公共卫生法等制度变迁的需求就有很大的影响。还有像发生在美国的"9·11"恐怖袭击疫情，它对美国公共安全方面的法律等制度变迁的需求就产生了直接的影响。在 2020 年初中国湖北爆发的新型冠状病毒肺炎疫情，就对中国的国家治理体系提出了更高的要求，省市对口支援、教育在线直播等一系列的制度变迁的需要都相应衍生出来。

林毅夫在其 1989 年发表的《关于制度变迁的经济学理论》一文中还分析了引起制度变迁需求的另一种重要因素——其他制度安排的变迁。他指出：由于某个制度结构中制度安排的实施是彼此依存的，因此某个特定制度安排的变迁，可能引起对其他制度安排的服务需求。一种新的制度安排的出现往往会拉动相关的制度安排发生相同方向的变迁，这种连锁效应十分类似于产业变动的连锁效应。与产业变动的连锁效应一样，制度变迁也具有前向连锁和后向连锁两种效应。例如，我国企业的股份制改革，一方面会推动证券市场的制度创新，另一方面又会拉动企业的领导制度改革。前者是前向连锁效应，后者是后向连锁效应。在影响制度变迁需求的上述六种因素中，要素和产品相对价格的变化与技术进步且有更为本质性的意义。至于市场规模和其他制度安排的变迁等，归根结底也可以用对价格的变动或技术进步这两种因素加以解释。

## 二、制度的供给及其影响因素

### （一）制度供给

制度供给的主体可以是政府，可以是一个阶级，一个企业或别的组织，也可以是一个自愿组成的或紧密或松散的团体，也可以是个人。在这些制度变迁供给主体中，政府（国家）是最重要的。

在微观经济学中，一种商品的供给是指生产者在一定时间内各种可能的价格下愿意而且能够提供出售的该种商品的数量。生产者之所以愿意供给某种商品，显然是因为供给它的收益大于成本，即有利可图。以此推论，所谓制度变迁供给，就是一种新制度的供给主体在制度变迁收益大于制度变迁成本的情况下设计和推动制度变迁的活动，它是制度变迁的供给主体供给愿望和能力的统一。

显然，制度变迁的供给与一般商品的供给也是有所不同的。一般商品的供给主要涉及的是供给数量的问题，而由于制度变迁的供给具有单件性，供给者要解决的就不是供给多少数量的制度的问题，而是供给什么性质和质量的制度的问题。这是理解度变迁供给的含义需要注意的。

制度变迁的供给主体在什么情况下会进行制度变迁的供给，其原则是什么？显然只要制度变迁的供给主体是经济人，其进行制度变迁供给的基本原则就一定是：只有当制度变迁的收益大于或等于制度变迁的成本时，制度变迁主体才会供给或者说推动某一项制度变迁。正如戴维斯和诺斯所说："如果预期的净收益超过预期的成本，一项制度安排就会被创新。只有当这一条件得到满足时，我们才可望发现在一个社会内改变现有制度和产权结构的企图。"[1] 制度可能由人们有

① 戴维斯、诺斯：《制度变迁的理论》，载《财产权利与制度变迁》，上海三联书店1994年版，第274页。

意地设计出来，也可能是逐步演化而自发形成，这两种不同的制度供给方式有不同的特点。设计创造的制度是正式制度，逐步演化的制度是非正式制度。

1. 正式制度的供给

正式制度是管束群体竞争与合作关系的正式规则，它对群体的所有成员具有强制约束力。在国家出现之前，正式制度的供给量极易受搭便车的困扰而显得不足，维系社会运转的更多是靠非正式制度。

国家能够增加制度供给量是因为暴力国家作为专业化的制度供给者通过规模经济克服了个别制度供给者遇到的私人净收益和社会净收益不对称时的斤斤计较。国家本身是一种制度安排，其特殊性在于它在暴力方面是具有规模经济的组织，国家是暴力的自然垄断。暴力国家作为专业化的制度供给者，它不必要求一致同意就能推行规则，在至少能维持其已有利益水平时就可能发生。国家虽然不可能提供垄断正式制度的供给，但在正式制度供给上有举足轻重的地位。不过国家供给制度会出现另外一个问题，即正式制度供给有时不是自由契约的结果，它包含国家的强力意志。国家强力意志没有有效的制衡机制时极易演变为只是官僚们实现自身利益的工具，扭曲制度供给。

2. 非正式制度供给

非正式制度是指人们在长期的社会生活中逐步形成的习惯习俗、伦理道德、文化传统、价值观念及意识形态等对人们的行为产生非正式约束的规则，是属于文化遗产的一部分。非正式制度的供给不包含集体行动，是自我实施的行为规则，它是个人行为扩散的结果。非正式制度的供给完全取决于个别人对供给的收益和成本的计算。一般说来，只要个人觉得制度创新有利可图，他就会创造新的习惯和道德。个人进行理性权衡之后，可能首先违背已有行为规范和创造新的行为规范，给社会造成一种冲击。当社会中的大多数人接受了新的行为规范后，制度的供给就实现了。

与正式制度供给不同的是，非正式制度供给不包含集体行动，因而个别供给者的行为尽管有外部效应，但不存在搭便车的问题。制度的供给完全取决于个人对供给的成本和收益的计算。这里供给成本不仅是供给过程中时间、财力和精力的支出，而且还包括所处的环境形成的社会压力，如道德和习俗等。这正是一个社会中非正式制度变迁缓慢的原因，国家的强力干预也不得不顾及这个事实。第二次世界大战后日本的基本正式制度被西方化了，但是直到今天，其诸多非正式制度还是依然保留了下来。

尽管如此，非正式制度也不是永远凝固不变的。在人类的历史长河中，我们看到习俗、习惯、紧急等都已经发生和正在发生着变化。也就是说，非正式制度的供给是存在的。只要个人觉得制度创新有利可图，他就会创造新的习惯和道德，而不管诸如此类的规则看上去是如何根深蒂固。影响非正式制度供给的一个因素是社会中的相互作用程度。在一个"三从四德"的封闭社会，一个女子很少敢不循规蹈矩，原因在于人的流动性低，相互作用频率高，她必须继续在这个环境中生活。如果她的流动是可能的，就会增加她"犯规"的可能。在相互作用频率低、流动性高的社会里，非正式制度的约束力就会降低，非正式制度的供给将会减少，达到社会秩序的目的将依赖于更多的正式制度供给。

### （二）影响制度供给的因素

**1. 宪法秩序**

宪法秩序从五个方面影响制度创新和制度供给。一是宪法秩序通过对政体和基本经济制度的明确规定来界定制度创新的方向和形式。二是宪法可能有助于自由调查和社会实践，或者可能起到根本的压制作用。三是宪法秩序将直接影响进入政治体系的成本和建立新制度的立法基础的难易度。如果在现有宪法秩序下利益主体无法承受进入政治体系的成本或者既得利益格局对新的立法阻力过大，都将有可能限制制度创新；反之，则有助于制度创新。四是一种稳定而有活力的宪法秩序会给政治经济引入一种文明秩序的意识，从而大大降低创新的成本和风险。五是宪法秩序为制度安排规定了选择空间集合并影响制度变迁的进程和方式。总之，宪法秩序对经济的影响是通过一套多样化的市场制度规则、个人选择与宪法秩序的相互作用来实现的。

**2. 制度设计成本**

制度供给的基本原则是制度变迁的收益大于制度变迁的成本，因此，在制度变迁的收益已定的情况下，制度变迁的成本，包括制度设计的成本和实施新制度安排的预期成本等，就成为影响制度变迁供给的重要因素。

每一项能带来收益的制度安排都要耗费成本。制度设计的成本，取决于设计新的制度安排的人力资源和其他资源的要素价格。以人力资源为例，如果要保障某种新制度安排的供给是非有高度熟练而尖端的劳动投入不可的话，那么这种制度安排的设计，耗费必然很大；如果反之，有欠熟练的劳动投入也就足够了，这种设计，耗费自然小些。这可以从 19 世纪美国技术变化的发展趋势中找到印证。19 世纪初中叶的那一系列机械创新依靠的是直觉知识和反复试验，在提供新的机械技术上，自耕农发明家就可以同受过训练的工程师媲美。但 19 世纪晚期，随着电学、磁学和化学知识的进步并成为创新的重要来源，新技术的设计就非有更为尖端的、训练有素的劳动投入不可。这有赖于专业工程师和科学家以及现代公司的正规研究开发部门发挥作用了。

### 3. 知识积累及其社会科学知识的进步

最早认识到社会科学知识的进步是影响制度变迁供给的重要因素的新制度经济学家是拉坦。他指出：正如当科学和技术知识进步时，技术变迁的供给曲线会右移一样，当社会科学知识和有关的商业、计划、法律和社会服务专业的知识进步时，制度变迁的供给曲线也会右移。为什么呢？因为社会科学和有关专业知识的进步降低了制度发展的成本[1]，正如自然科学发工程知识的进步降低了技术变迁的成本一样。社会知识使制度绩效和制度创新得以增进，主要是通过成功先例的逐渐积累或作为行政与管理知识与经验的副产品来实现的。在最近的一个世纪，社会科学知识的进步已为制度创新的效率开辟了新的可能性。

现实中，制度变迁并不完全依赖于对社会科学和有关专业的新知识的正规研究，制度变迁也可能源于政治家、官僚、企业家以及其他人指导他们的日常活动时所实施的创新努力。他们的实践应用提高了资源配置的效率，同时可以积累与发生制度变迁相联系的实践经验，所有这些都可以作为对新知识正规研究的一些有益补充。

### 4. 实施新制度安排的预期成本

制度从潜在安排转变为现实安排的关键就是制度安排实施上的预期成本的大小。一些好的制度安排因实施的预期成本太高而无法推行。戴维斯和诺斯1971年还分析了影响制度设计和实施新制度安排的预期成本的一些因素。他们指出，在美国发展史上，有四件事对实施新制度安排的预期成本特别重要。其一，如果一个其组织费用因某种意图已有人愿意承付的安排能够用于实现另一个这样的安排，那么安排革新的成本可以显著地减少。在设立任何组织所需的成本中，组织费用几乎总是一个主要部分。如果组织费用已被支付的话，使一种安排调整到实标的方向上来的边际成本可能低到足以使革新变得有利可图。其二，技术革新，特别是使信息成本迅速降低的技术发展，如电报、电话、广播和计算机，使得一系列旨在改进市场和促进货物在市场间流通的安排革新变得有利可图。其三，知识的积累、教育体制的发展导致了社会和技术信息的广泛传播，以及与工商业和政府机构的发展密切相关的统计资料储备的增长，减少了与某种革新相联系的成本。其四，政府权力的稳固上升和它对社会生活更多方面的渗透，明显减少了政府制度变迁的供给成本。

---

[1] 拉坦：《诱致性制度变迁理论》，载《财产权利与制度变迁》，上海三联书店1991年版，第336页。

### 5. 现存制度安排

现存的制度安排影响制度提供新的安排的能力。初始的制度选择会强化现存制度的刺激和惯性，因为沿着原有制度变迁的路径和既定方向前进，总比另辟路径要来得方便一些。如果初始制度安排（尤其是宪法秩序）选择方向正确，那么这种"惯性"有利于社会经济的发展；反之，这种"惯性"就成为新制度安排的一个障碍（或制约因素）。

### 6. 规范性行为准则

规范性行为准则是一个植根于文化传统的制度类型。新制度经济学家们反复强调制度安排应与文化准则相和谐，否则就使一些制度安排难以推行或者使制度变迁的成本大大地提高。规范性行为准则是制约制度供给的一个重要潜在因素。例如，在日本，传统准则特别重视个人顺应和遵从社会职责。这些职责包括参与兴建、管理和维护地方水利灌溉系统，与此相适应，日本政府也颁布了相关的法律。这样使日本有条件在 19 世纪和 20 世纪实现生物技术进步高度发达的给水排水系统和各种其他基础设施，这清楚显示了传统准则与强制机制和新的法规的影响。在整个南亚和东南亚的很多地区，对肥料敏感的现代稻种应能带来利益，然而却迟迟不得实现，部分原因就在于当地缺乏给水排水系统。导致这种状况的一个重要原因是个人主义以及相应的规范性行为准则，没有导致需要集体行动的制度安排。

文化背景、社会习俗、意识形态、公众态度等非正式制度也是制度环境的构成部分，这些规范性行为准则也会深刻地影响对制度安排的看法和选择。制度安排要和社会行为规范、文化准则等相和谐，我们常常会发现，在一种文化下运行良好的制度安排在另一种文化中可能是无效的。制度供给必须考虑与规范性行为准则协调、相容的问题，否则，即使有制度供给，那也将是无效的。

### 7. 上层决策者的净利益

上层决策者如何在个人利益和社会利益之间选择也会影响制度变迁的供给。如果上层决策者是个利他主义者，真正"先天下之忧而忧，后天下之乐而乐"，以人民的福祉增进为己任，则任何有利于增进社会利益的制度供给都将轻而易举；反之，则将困难重重。而按照经济学的假设，上层决策者也是"经济人"，他不可能是一个社会利益最大化者，因此，从这个角度而言，上层决策者的净利益大小某种程度上将成为制度能够供给的决定性因素。上层决策者的净利益如何影响制度供给是一个比较复杂的问题。这首先取决于一个国家或地区的集权程度。在一个高度集权的国家，上层决策者的净利益对制度供给将起着至关重要的作用。

## 三、制度供求的均衡与非均衡

### （一）制度的均衡

1. 定义

从供求关系来看，制度均衡，是指在影响人们的制度变迁需求和供给因素一定时，制度变迁的供给适应制度变迁需求、制度安排不再变动的一种相对静止状态。之所以不再变动，主要是因为改变现存制度安排的成本超过了变迁带来的收益。

2. 制度均衡不等于制度最优

就制度变迁需求来看，每个人对制度变迁的需求不可能完全一致，甚至会存在根本对立的态度。要使一种制度的变迁或供给完全适应所有人的制度变迁需求是十分困难的。因此，诺斯说，"制度均衡这一状态并不意味着，每个人对现有规则和合约都满意，只是由于改变合约参加者游戏的相对成本和收益使得这样做不值得，现存的制度制约确定和创立了均衡。"制度供需均衡是制度变迁过程中的偶然现象。制度的非均衡现象则是常态。

### （二）制度非均衡及其类型

1. 定义

所谓制度非均衡就是人们对现存制度的一种不满意或不满足，意欲改变而又尚未改变的状态。从供求关系看，制度非均衡就是指制度供给与制度需求出现了不一致。

由于现行制度安排和制度结构的净收益小于另一种可供选择的制度安排和制度结构，也就是出现了一个新的盈利机会。人们为了捕捉这种新的盈利机会，就会力图改变原有的制度安排和制度结构，选择和建立一种新的更有效的制度。只是由于变迁成本的关系，出现"意欲改变而又尚未改变"的制度状态，这就是制度非均衡。

2. 制度非均衡的类型

（1）制度供给不足。制度供给不足是指制度的供给不能满足社会对新制度的需求从而导致制度真空的存在或低效制度的不能被替代。制度供给不足存在两种情形：一是制度的短期供给不足。在要素和产品相对价格等发生变动的情况下，制度变迁的需求曲线会右移，即产生对新制度服务的需求，但由于该制度实际供给的形成往往要经过一段时间，即诺斯所说的制度供给"时滞"，从而造成制度的暂时供给不足。制度的短期供给不足一般会随着制度的实际供给即制度的变迁而得到克服，至于制度短期供给不足到底会持续多长时间，这取决于制度变迁"时滞"的长短。二是制度的长期供给不足。制度的长期供给不足，是指制度的供给长期不能满足社会对新制度的需求，从而导致制度真空的存在或低效制度的持久不能被替代。

产生制度供给不足的原因：制度供给的"时滞"；因外部效果、"搭便车"等问题导致诱致性制度变迁中出现制度供给不足；强制性制度变迁中，由于上层统治者利益方面的原因而出现制度供给不足。还有一种体制性制度供给不足，在压制创新体制中政府处于垄断地位，垄断了制度的供给。

（2）制度供给"过剩"。制度供给过剩是指相对于社会对制度的需求而言有些制度是多余的，或者是一些过时的制度以及一些无效的制度仍然在发挥作用。制度供给过剩显然也有短期和长期之分。短期过剩主要与制度变迁需求或供给的变动有关。一般来说，如果制度变迁供给或需求能够随着制度供给的过剩而得以自动调整（时间当然不能太长），制度的供给过剩也就不会持久。新制度经济学家比较关注的是后一种制度供给过剩，即制度的长期供给过剩。一般商品出现长期供给过剩常与政府的价格控制（支持价格）有关。制度的长期供给过剩与政府的干预、管制也有密切的关系。政府过多的干预、管制会导致前面讨论过的寻租与设租活动。而在存在寻租与设租活动的情况下，就难以避免制度的长期供给过剩。

产生制度供给过剩的原因，一般来讲，供给主导型制度变迁（或者政府主导型的制度变迁）容易产生制度供给过剩问题。供给主导型制度变迁制度供给取决于一个社会的各既得利益集团的权力结构或力量的对比。制度的长期供给过剩与政府的干预、管制有密切的关系。政府过多的干预、管制会导致寻租与设租活动。这就难以避免制度的长期供给过剩。

在制度的形成和发展过程中，制度非均衡是一种"常态"。制度均衡是很少出现的，即使"偶尔"出现也不会持续存在，这是因为影响制度变迁需求与供给的因素始终处在不断变化之中。制度变迁实际上是对制度非均衡的一种反映。正是制度非均衡的出现促使人们推进制度的变迁和创新。当然，制度非均衡并不等于制度变迁。制度非均衡是制度变迁的必要条件，却不是充分条件。制度变迁只可能在非均衡状态下发生，而非均衡却不一定导致、更不等于制度变迁。至于从非均衡到制度变迁有多长时间，非均衡发展到什么程度才会发生制度变迁，还取决于许多的因素。

总之，制度供给不足与制度供给过剩是制度非均衡的两种基本形式。制度供给不足表明潜在利润的存在，制度创新能弥补制度供给不足，并能增进经济效率；制度供给过剩也表明潜在利润的存在，不过此时不是增加制度供给而是要取消一些制度。减少规章制度也能带来巨大的经济效益。

## 四、制度变迁的周期

### （一）制度变迁的定义

制度变迁实际上是对制度非均衡的一种反应。制度变迁是指制度的替代、转换与交易过程，它的实质是一种效率更高的制度对另一种制度的替代过程。

### （二）制度变迁的周期

制度变迁的周期是指在主导型利益集团的推动下，制度从僵滞阶段、经由创新阶段而到均衡阶段所构成的周期循环过程。

1. 制度变迁的起点：僵滞阶段

僵滞阶段的制度特征：在该阶段我们称其主导利益集团为独占型利益集团。特征是独占型利益集团与国家力量结合在一起对资源的垄断。面对这种垄断，任何创新都显得毫无意义。对各种利益集团而言，理性的选择是从制度现有的总收益中，争取更大的分配份额。这种制度极不合理，但由于独占型利益集团与政府结盟，故该阶段在一段时期内是稳定的，此时整个社会的发展是缓慢的，资源配置处在一种十分扭曲的状态中。

收益递减导致制度创新：由于整个社会长期陷入僵滞状态，从而制度的收益渐次递减，独占集团直接的收益也不断递减，国家依赖独占集团获得的收入也越来越难以维持自身运作。此时制度的收益已经维持不了制度的存在，从而导致不同资源要素相对价格的变化。制度变迁的发展在所难免，制度变迁进入了第二个阶段——创新阶段。

2. 制度变迁的发展：创新阶段

创新阶段的一个主要特征就是新的产权形式的出现。而且这种新产权形式演进的方向是：越来越与个人的努力成正比，使个人收益与社会收益日趋一致。利益的重新分配，造成社会上创新集团的崛起与独占利益集团衰退同时并存的局面。政府开始保护创新集团。随着创新集团力量的增大，势必要求政府重新建立有利于它们的正式规则。为此创新集团必须拿出一部分利益交给政府，作为政府进一步保护它们的代价。而政府此时从创新集团取得的收益也大于在僵滞阶段取得的收益，政府也会为其取得更多的利益而开始保护创新集团，这些新出现的非正式规则逐渐演变为正式规则。这样，制度变迁在逻辑上合理的选择便进入了其第三阶段——制度均衡阶段。

3. 制度变迁的结束：制度均衡阶段

制度均衡阶段的特征是分享型利益集团的形成。仅以创新集团一个集团的力量是难以完成制度变迁的，必须拿出其收益的一部分与社会其他集团分享，此时便形成了一个新的主导利益集团——分享型利益集团。集团一旦形成，进一步推动制度变迁的发展。该集团为了使其收益能长期化，就必须使在创新阶段形成的新规则法律化、制度化。当这些基础性规则通过宪法和法律修订的形式确定下来时，标志着新制度代替旧制度的完成，从而形成制度均衡。

分享型集团将演变成独占型集团，均衡被打破。制度均衡阶段实为各利益集团博弈的均衡结果，此时制度带来的利益处在帕累托最优。由于制度均衡阶段是"帕累托最优状态"，缺乏通过制度创新而获得新增利益的动机。利益集团要想获得新增收益，就只能从现有制度的总收益中去获取更多更大的份额。分享型利益集团中将逐渐演变出独占型利益集团。制度均衡阶段再次走向制度僵滞阶段。

## 第三节　制度变迁的动因与路径依赖

## 一、制度变迁的动因

对制度变迁的动因的分析也是诺斯等新制度经济学家制度变迁理论的核心内容。新制度经济学是以现代微观经济学的框架来研究制度变迁的，因而，它是从制度变迁的主体的行为动机或追求来解释制度变迁的原因。按照经济学的一般理论，制度变迁的主体都是财富最大化或效用最大化者。他们从事制度创新与变迁都是为了最大化自己的利益，无论政府、团体、个人其制度变迁行为的最终目的都是如此。也就是，制度变迁的内在动因是主体期望获取最大的"潜在利益"即"外部利润"。"正是获利能力无法在现在的安排结构内实现，才导致了新的制度安排的形成。"因而，只有当制度创新与变迁所获取的收益大于为此而支付的成本时。制度创新与变迁才有可能发生。正如诺斯所说，如果预期的收益超过预期的成本，一项制度安排才会被创新。只有当这一条件得到满足时，我们才可望发现在一个社会内改变现有制度和产权结构的企图。总之，在新制度经济学家看来，"经纪人"是制度变迁主体人格结构中的基本构成因素。例如，舒尔茨曾分析了由于人的经济价值的提高，导致对有官制度需求的改变打破了原有的制度均衡，也就是资源相对价格的变动导致了制度需求或制度偏好的变化，提供了制度创新与变迁的动力。诺斯更是将相对价格变化导致制度需求或制度需求或制度偏好价格的变化是制度变迁的动因，它提供了一个建立新的制度安排的激励。需要注意的是，"相对价格变化"在诺斯那里被赋予了很广泛的含义，所有与成本—收益有关的变化都包括在里面。在他看来，制度变迁的动因在于企业家所洞察到的获利机会。企业家将现存制度框架下独立契约所可能获得的益处进行评估，并把此收益与把这种资源用于改变既存制度框架所获收益相对比，以此来决定制度变迁的成本，从而做出是否进行制度变迁的决策。

总之，无论是个人，还是团体、政府，都是从自身利益出发，并基于自身的成本—收益计算来推动制度变迁。但是，由于不同行为主体的效用函数和约束条件的差异，他们对同一制度安排的收益和成本可能会有不同的评价，要求全体行为主体对每一制度安排作出一致协议或一致同意往往是不可能的。并且，由于制度变迁的成本—收益的分布往往是非对称的，也就是受益者未必承担成本或承担较少成本，这样，某些制度变迁就有可能以很多人的利益损失为代价而让少数人获益。例如，统治者为了自己的利益调整产权结构，而调整的产权结构却阻碍了经济的增长。

### （一）制度的稳定性

稳定性是制度存在的理由。制度的稳定性使人们能形成对未来的稳定预期，从而达到减少生活不确定性的目的。稳定性又是制度变迁的原因。

制度作为人们的行为规则和规范，是现实的和具体的，并非超时空的，而且也是不能自行改变的。人一方面需要制度提供的稳定功能，另一方面又会被其稳定不变性困扰。原因在于制度沿时间空间展开过程中，会由于条件和环境的变化而失去原有的许多功能，原来适宜的制度就变成了过时的制度。制度不能自行变更的事实就要求人们采取行动，改变或打破旧的稳定性，建立新的稳定性。

### （二）环境的变动性和不确定性

环境的变动性和不确定性一方面，源于物质世界的运动，人类对其尚未认识或有一定认识但却无法对付，如地壳的运动、宇宙星体运动对地球的影响等，人类在很大程度上只能被动地接受它们的影响；另一方面，人类通过科学技术对物质的搬迁、转化、合成、分解等种种利用方式改变了自然环境，这些改变常常是不能很好预测的，于是在人们达到某些目的的同时出现了意想不到的副产品，如物种灭绝、环境污染、疾病流行等很多问题也是人类生产力进步的"成果"。如果从微观的层次来考察，个人、个别家庭或个别地区面临的变动性和不确定性还包括个体之外的人为部分。如果环境不发生变动，则人们一旦建立一套有效的制度就不必再为之操劳，制度变迁就不会发生；但世界是运动、变化、发展的事实，要求人们适时改变和调整已有的行为规则才可能使自身的利益极大化。

### （三）利益极大化努力

利益极大化是节约的经济原则，这是人类能不断进步、生存的技巧。需要强调的是，个人理性的极大化如何导致了制度这种公共物品的提供。

对于非正式制度，由于它仅取决于个人对收益和成本的计算，只要违反非正式制度的收益看来要大于违反的成本，个人就有动力违反已有的规则，并逐步导致制度变迁。对于正式制度，由于"搭便车"的困扰而有供给不足，但供给也是存在的，这是因为有选择性激励使制度供给成为可能。

## 二、制度变迁的过程

诺斯等把制度变迁视为一种制度均衡—非均衡—均衡的过程。所谓制度均衡实际上就是现存的制度结构处于"帕累托最优状态"之中，在这一状态中，现存制度安排的任何改变都不能给经济中的任何人或任何团体带来额外收入。诺斯认为制度变迁的过程包括五个阶段：

第一，形成"第一行动集团"阶段。所谓"第一行动集团"是指那些能预见到潜在市场经济利益，并认识到只要进行制度创新就能获得这种潜在利益的人。他们是制度创新的决策者、首创者和推动人，他们中至少有一个成员是熊彼特所说的那种敢于冒风险的、有敏锐观察力和组织能力的"企业家"。

第二，"第一行动集团"提出制度创新方案的阶段。新的方案可能来自其他经济体系在类似活动方面的制度安排，也可能来自社会科学研究已取得的新发明，还可能来自局部实践和探索所取得的经验。如果这时还没有一个可行的现成方案，那就要等待制度方案的新发明。这个等待的时间可能很长，因为对制度初始条件的估价，对方案的设计是复杂的，涉及面很广。需要指出的是，初级行动团体所提出的方案应该得到基本制度结构或制度环境的许可。否则必须首先推动制度环境的变革，以排除来自现行制度环境对制度变迁构成的障碍。

第三，"第一行动集团"对已提出的各种创新方案进行比较和选择的阶段。选择的标准就是利润最大化原则。

第四，形成"第二行动集团"阶段。所谓"第二行动集团"是指在制度创新过程中帮助"第一行动集团"获得经济利益的组织和个人。这个集团可以是政府机构，也可以是民间组织和个人。"第一行动集团"可以通过选举、贿路、收买等手段建立"第二行动集团"，或在现有的制度结构中自动产生"第二行动集团"，或利用专门提供制度变迁服务以获利的社会经济团体。

第五，"第一行动集团"和"第二行动集团"协作努力，实施制度创新并将制度创新变成现实的阶段。当某项制度变迁实现以后，"第一行动集团"和"第二行动集团"之间可能就制度变迁的收益进在分配。

## 三、制度变迁的时滞与路径依赖

### （一）制度变迁的时滞

制度非均衡意味着制度变迁潜在利润的存在，从而产生了制度变迁的可能性。但是从认知制度非均衡、发现潜在利润的存在到实际发生制度变迁之间存在一个较长的时期和过程，这就是制度变迁过程中的时滞现象。

诺斯对制度变迁时滞的分析认为，制度变迁模型是一种"滞后供给"模型，就是在潜在利润出现和使潜在利润内部化的制度创新之间存在一定的时间间隔，即制度创新滞后于潜在利润的出现。根据诺斯的分析，制度变迁中的时滞可分为四个部分：

时滞1：认知和组织的时滞。

认知和组织的时滞是指从辨识潜在利润的存在到组织初级行动团体所需要的时间。这个时滞的长短主要取决于：潜在利润的大小、合法的制度安排选择单子的长短、组成有关行动团体的成员数量、原型组织是否存在、通信和交通条件好坏等多方面的因素。一般来说，一种制度安排创新中得到的潜在利润愈大，时滞就愈短；已知的合法制度安排选择单子愈长，时滞愈短，因为选择单子愈长，某种创新获取利润的可能性愈大；组成中有初级动团体的成员愈少，时滞愈短，如果组成有关行动团体成员的原型组织已经存在，则时滞将较短；通信和交通条件愈好，时滞愈短。

时滞2：发明的时滞。

外部利润能否内在化，很大程度上取决于制度安排形式的选择。"发明"一种制度形式也是需要时间的。与技术发明不同，制度的"发明"者既不能获得专利，其发明的成本也难以完全得到补偿。发明时滞的长短主要取决于：从新安排中得到的利润、可以借用的创新方案、法律和政治环境的可靠性、经济环境对可选择方案的制约等因素。一般来说，从新制度安排中能够实现的利润愈大愈确定，发明时滞就愈短；以完整的形式被借用或修正了的形式运作于其他行业或经济中的相似安排数目愈多，时滞就越短；基于法律和政治环境的经济安排愈可靠，能为将来安排的广延性提供基础的现存安排数目愈多，发明的时滞就愈短；经济环境对可选择方案的制约越少，时滞就愈短。

时滞3：菜单选择时滞。

菜单选择时滞是指搜寻已知的可替换的单子和从中选定一个能满足初级行动团体利润最大化的安排的时间。一般来说，在已知菜单上可行的安排选择数目愈多，时滞就愈长；显现在菜单上的选择方案的现值分布（即方案之间的差距）愈大，时滞将愈短；对外部利润内在化至少能起部分作用的现存安排的总成本中固定部分愈大，时滞则愈长。

时滞4：启动时滞。

启动时滞是指可选择的最佳安排和开始旨在获取外部利润的实际经营之间存在着时间间隔。启动时滞的长短主要取决于制度主体的不同，制度主体有个人、团体和政府，不同的制度主体因在规模、达成一致意见的时间上存在差异，就必然导致启动时滞。启动时滞是指选择最佳的制度变迁方案和实际进行的制度变迁之间的时间间隔。启动时滞的长短与制度变迁供给主体有密切的关系。制度主体有个人、团体和政府，不同的制度主体因在规模、达成一致意见的时间上存在差异，就必然导致启动时滞。首先，无论是个人安排的变迁，还是自愿团体或政府安排的变迁，都有一个共同的特点，即潜在利润愈大愈确定，启动时滞愈短。一般来说，选举频率愈高，时滞愈短；相互对立的政治联盟的力量愈是平衡，在这一特定问题上受初级行动团体影响的代表的热情愈少，时滞就愈长。

影响制度变迁时滞长短的因素有很多，如人的有限理性、信息成本、意识形态等。在诸因素中，诺斯认为，有三个方面因素特别重要。

第一，现存的法律和制度安排。尽管法律是可以变化的，但至少在短期内，它制约了安排的选择，而且，现存制度的残存价值会阻碍新制度的替代，即使就发明而言，如无现存制度的借鉴则新制度的发明时滞必然很长。另外，制度创新作为一个利益调整的过程，也必然受到现存制度安排的影响。斯蒂格利茨曾经指出，虽然民主国家任期制政府不可能约束其继任者，但事实上，规则一旦确立就很难改变，否则要付出大量的交易成本。居先的法律和其他制度安排的存在不仅影响安排革新的形态，而且还影响安排创新需要酝酿的时间。

第二，现存的制度技术状态也以另一种方式影响供给反应的时滞。我们知道，只要在旧技术的平均可变成本还低于新技术的平均总成本期间，企业一般就不会在短期内革新一个新的技术程序。对于制度安排来说，相同的规则似乎也是成立的。

第三，如果革新必须要等待新安排形式的发明，则新制度安排的供给实际也需要一个很长的过程。现存法律和制度安排的状态是产生时滞的最重要因素。因为：①它限制了制度安排的演化范围；②现存制度安排可能还有残存价值；③发明是一个困难的过程；④制度创新是一个利益调整过程。这种利益调整过程是艰难且又复杂的过程。制度创新既有帕累托改进型的，也有非帕累托改进型的；在非帕累托改进型的制度创新过程中，就有一个对受损者的补偿问题。如果不能对受损者进行相应的补偿，那么新制度的推行就会被延期，甚至最终不得不被取消。

制度供给中的时滞还与人的有限理性、信息成本、甚至意识形态都有关。随着技术的发展及其知识存量的增加，制度供给时滞有缩短的趋势。尽管我们知识及其技术的进步能使制度供给曲线向右移，但这仅仅只是一种潜在的制度供给曲线，要使这条潜在的供给曲线转变为实际的供给曲线，那就需要各利益主体达成"一致同意"。

### （二）制度变迁的路径依赖

诺斯为了解决"是什么决定了历史上社会、政治或经济演进的不同模式"和"如何解释那些经济绩效极差的经济还生存了相当长的时期"两大理论问题，将路径依赖分析框架引入制度变迁分析之中，并建立起了分析制度变迁路径及其绩效的一般理论框架。用"路径依赖"概念来描述过去的绩效对现在和未来的巨大影响力。

1. 路径依赖的定义和实质

路径依赖是指一个具有正反馈机制的体系，一旦在外部性偶然事件的影响下被系统所采纳，便会沿着一定的路径发展演进，而很难为其他潜在的甚至更优的体系所取代。也就是说，经济究竟向哪个方向发展，是"敏感地依赖于初始条件"的，这就是路径依赖的经济学本质。路径依赖是描述过去对现在和将来产生强大影响的术语。人们过去的选择决定了他们现在可能的选择。"路径依赖"的基本含义是今天的制度创新受以往制度的影响。

一个国家一旦形成某种特殊的发展轨迹以后，无论是好是坏，都有一种沿着这种路径走下去的"惯性"。沿着既定的制度方向或路径，经济和政治制度的变迁可能进入良性循环的轨道，并迅速优化；也可能顺着原来的错误方向或路径往下滑；弄得不好，它们还会被锁定在某种制度无效率的状态之中。而如果制度创新进入了锁定状态，要纠偏归正就会变得十分困难。任何一项制度一旦实行开来，将会导致产生一种自我强化机制，这种机制使沿着某种方向或路径运作的制度会在以后的发展中得到自我强化或自行发挥自己的影响，由此制约下一轮的制度创新。

路径依赖思想最早是从技术变迁分析中产生的，由大卫和阿瑟在20世纪80年代后期先后提出。大卫1985年以QWERTY键盘的历史发展为例（尽管QWERTY键盘与德沃夏克（Dvorak）于1936年发明的DSK键盘相比效率较低，但仍在市场上占据了支配地位），用三种机制解释了技术变迁中的路径依赖。它们是：①技术的相关性，技术的相关性与键盘技术和打字者的能力之间的相容性需要有关：按QWERTY顺序安装的键盘越多，学会按QWERTY键盘打字的人就越多，拥有这种能力的打字者就越多，购买这种技术的雇员就越多；②规模经济，或采用这种技术的报酬递增，来自使用QWERTY键盘的成本递减，这种技术增加了打字者拥有所需能力的可能性；③投资的准不可逆性，重新训练打字者使他们由一种标准转向另一种标准的成本过于高昂，导致了在专用键盘技术上的投资的准不可逆性。由于技术不是根据效率选择，而是由递增报酬和偶然事件决定的，因此缺乏效率的技术可能流行。

阿瑟1989年提出：一种技术的市场份额不是依赖偏好和技术的可能性，而是由于报酬递增导致"锁住"的历史小事件，即指"那些在观察者的事前知识之外的事件或条件"，它们决定几种可互相替代的方案中哪一种可能产生。某些小的事件可能会使一种技术比另一种技术更有优势。因此，一种技术将获胜并维持一种垄断地位，尽管它的成功同被废弃的可选技术相比处于劣势。

路径依赖原理告诉我们"历史是至关重要的"，人们过去做出的选择决定了他们现在可能的选择。初始的制度选择即使是偶然的，但由于其带来"报酬递增"，结果强化了这一制度的刺激和惯性。

诺斯指出，时间对于制度演进至关重要。具体地说，在路径依赖理论中所谓的历史事件包括在经济动态发展中的事件和环境，尤其指那些在传统经济学中被遗忘和忽略的微小事件和偶发事件，例如，当事人的政治倾向、前期经验、合同签订时间、影响时间和决策的突发事件以及事件发生的具体次序等。可以说，对历史事件的地位的承认，正是路径依赖概念的根本之所在。

路径依赖类似于物理学中的"惯性"，一旦进入某一路径就可能对这一路径产生依赖。他指出，一国的经济发展一旦走上某一轨道，它的既定方向会在往后的发展中得到强化，所以人们过去的选择决定着他们现在可能的选择。制度给人们带来的规模收益决定了制度变迁的方向，并最终使得制度变迁可能呈现出两种截然相反的轨迹：当收益递增普遍发生时，制度变迁不仅得到巩固和支持，而且能在此基础上一环紧扣一环，沿着良性循环轨迹发展；当收益递增不能普遍发生时，制度变迁就朝着非绩效方向发展，而且愈陷愈深，最终"锁定"在某种无效率状态。沿着既有的路径，经济和政治制度的变迁可能进入良性循环的轨道并迅速优化，称之为诺斯路径依赖 I；顺着原来的错误路径往下滑，称之为诺斯路径依赖 II。

2. 产生路径依赖的原因

由于自我增强机制在起作用。自我增强机制包括四个方面：

（1）规模效应。设计和推行一项制度必须投入大量的初始资本，而随着这项制度的推广，单位成本和追加成本都会下降。

（2）学习效应。在这样一个制度框架中，适合于这一制度框架的组织会逐步建立，并在历史的进程中积累经验。其结果是各种组织必将利用该制度框架下所提供的各种机会，同时反过来强化了制度本身。不过这绝不意味着制度本身的强化一定会导致经济绩效的增加，也许会导致经济效率的降低。

（3）协作效应。在既定的制度框架下组织与组织之间会产生显著的协作效应，使人们习惯于既定的制度框架，例如在计划经济体制下，整个社会都习惯于上下隶属式的协作关系。

（4）适应性预期，随着某一制度不断居于支配地位，人们对制度会持续下去的预期普遍化，反过来会强化对制度的预期。简单地说，这种制度矩阵的相互依赖的构造会产生巨大的报酬递增，而报酬递增又成为阻碍制度框架变革的保守力量。不过，如果相应的市场是竞争性的，即政治市场是竞争性的，或即便是大致接近于零交易费用，报酬递增造成的对低效率路径的依赖，是容易得到校正的。这时，制度变迁的轨迹将是有效的，经济长期运行的轨迹也是有效的，即经济总会保持增长的势头，也就不会出现发散的轨迹和持久的贫困。但是一旦市场是不完全的，信息的反馈又是分割的，且交易费用也是十分显著的，那么，当事人根据不完全的信息建立的主观模型不仅是不完全的，而且也是多种多样的，从而会使制度变迁的轨迹呈现发散的状态，并使无效的制度保持下去，从而贫困不可避免。

3. 路径依赖的运行机理

路径依赖的运行机制可以概括为给定条件、启动机制、形成状态、退出闭锁四大表现或过程。

（1）"给定条件"指随机偶然事件的发生，即启动并决定路径选择的外部偶然性事件发生，如偶然性战争爆发。

（2）"启动机制"指系统中的正反馈机制随给定条件的成立而启动。通常的表现是：投资一大笔初始设置成本建立一项制度；适应制度而产生的组织抓住制度框架提供的获利机会，相互学习，产生学习效应；通过组织间的相互缔结契约，以及互利性组织的产生与对制度的进一步投资，实现协调效应，并因一项正式规则的产生而导致其他相关正式规则乃至一系列非正式规则的产生，以补充和协调这项正式规则发挥作用；随着以特定制度为基础的契约的普遍履行，适应性预期产生，使这项制度持续不下去的不确定性因素随之减少。

（3）"形成状态"指正反馈机制的运行使系统出现某种状态或结果。通常出现的结果就是如前所述的多重均衡、锁定、可能非效率和路径依赖等。

（4）"退出闭锁"是指通过政府干预和一致行动，实现路径替代。路径依赖的特性可能会导致低效制度均衡的长期存在。因为即使均衡是低效甚或无效的，但是放弃它的成本却非常高昂，从而使得低效制度均衡长期存留于许多发展中国家而无法产生帕累托最优的制度变迁。

路径依赖理论能较好地解释历史上不同地区、不同国家发展的差异。路径依赖理论对于处于经济体制转型过程中的国家来说显然具有重要的现实意义。

4. 路径依赖理论的启示

路径依赖的存在提醒人们在进行制度创新时，初始的制度选择是极为重要的，否则，初始的制度选择有差错，在以后的发展中，将可能会使整个制度创新最终远远偏离目标，即"差之毫厘，失之千里"。路径依赖的影响在渐进性制度创新的过程中有更大的可能性，这就要求人们在渐进的过程中，做出任何一项制度变革，都要十分谨慎，不仅要考虑其直接后果，还要研究其长远的路径影响，以免出现积重难返的情形。而且在偏离的路径上走得愈远，回到正确路径需要的代价就会愈高，以致最后导致整个制度创新的失败。

## 第四节 制度变迁的方式

## 一、制度变迁的分类

### （一）制度变迁的层次

1. 基础性制度安排

基础性制度安排是指一系列用来建立生产、交换与分配基础的政治、社会和法律基础规则。基础性制度安排也可称为制度环境，是一

*171*

国的基本制度规定。它决定、影响其他的制度安排。在这里，宪法和法律结构又是至关重要的。

## 2. 次级制度安排

次级制度安排是指在一定的制度环境下的支配经济单位之间，可能合作与竞争的方式的一种制度安排。这里的制度安排也可称之为"第二级制度安排"。

次级制度安排与基础性制度安排的关系：次级制度安排一般在制度环境的框架里进行。制度安排可能包括单个人，一批自愿合作在一起的人，或政府。一般来说，制度环境决定着次级制度安排的性质、范围、进程等，但是制度安排也反作用于制度环境。从制度的层次来看，制度变迁中制度环境与制度安排的矛盾可能表现为两种情况，一是制度环境的变迁滞后于制度安排；二是制度安排滞后于制度环境的变化。

一项新制度安排的评价标准有两个，即帕累托改进和卡尔多—希克斯改进。帕累托标准是指制度安排为其覆盖下的人们提供利益时，没有一个人因此会受到损失；卡尔多—希克斯标准是指，尽管新制度安排损害了其覆盖下的一部分人的利益，但另一部分人因此而获得的收益大于受损人的损失，总体上还是合算的。

## 3. 对发展中国家制度变迁的分析

发展中国家可能偏向于移植次级制度而不改变基础性制度。第一，因为，宪政规则的改变对一个国家的经济社会影响是全方位的，且宪政规则改变对经济绩效的长期效应和短期影响并不总是一致的。这成为发展中国家愿意移植次级制度而不愿意改变宪政规则的重要原因之一。第二，交易费用的差别。与基础性制度安排相伴随的变革费用要大大超过以契约形式为代表的与第二级制度安排相伴随的费用。因而在一个渐进性的历史变革过程中，在基础性制度变迁之前，很有可能发生的是第二级的制度变迁。这种背离、修改或者绕开现存基础性制度安排的变化会不断地产生压力，从而引致对基础性制度安排进行更根本性的修改。莱索托认为，资本主义在很多发展中国家没能成功的原因并不是因为没有启动资本，而是因为没有能够长期促进和保障资本积累的法律制度环境。换言之，不是因为没有钱，而是因为没有促进和保障钱生钱的制度。制度就是一国各方面的（包括政治和经济）行为规则，这种规则的形成根源于一国的历史、文化、社会的价值观及意识形态等因素。

一些发展中国家可能在宪政制度上移植了发达国家的宪政，但是与之相适应的制度安排，或者经济基础并不配套，这也会产生基础性制度与次级制度安排的矛盾。在许多国家，政治制度存在着系统性差异，而制度移植是理解其差异的关键。因为建立与宪政制度相适应的制度体系不是在短期内能完成的，这需要时间和成本。在这种宪政格局下，一些发展中国家可能在宪政上改变了，但与此适应的制度安排还严重滞后，也可能导致制度移植的低效。

### （二）制度变迁的规模

从制度变迁的规模来考察可以把制度变迁分为整体制度变迁和局部制度变迁。局部制度变迁是同一轨迹的单个制度变迁，如粮食流通制度变迁、土地制度变迁、社会保障制度变迁等。与局部制度相对应的制度均衡称为局部制度均衡。当然，这种变迁也可以与整体制度变迁同时进行，因为整体制度变迁就是由同一轨迹的单个制度变迁加总组成的。

整体制度变迁是一个国家或者一个地区制度体系的改革，这种制度变迁涉及几乎所有的制度，这又可称之为宏观制度变迁。在宏观制度变迁的背景下，各种制度变迁交叉推进。与整体制度相对应的制度均衡可以称之为一般制度均衡。整体制度变迁就是特定社会范围内各种制度相互配合、协调一致的变迁。整体制度变迁的本质在于各种制度的协调、配套。整体式制度变迁基于特定社会范围内各种制度之间的内在联系和互动性。

### （三）制度变迁的主体

从制度变迁的主体来考察可以分为诱致性制度变迁和强制性制度变迁。诱致性制度变迁与强制性制度变迁的区分是新制度经济学中最重要的一种制度变迁方式分类。

1. 诱致性制度变迁

诱致性制度变迁是来自地方政府和微观主体对潜在利润的追求，改革主体来自基层，程序为自下而上，具有边际革命和增量调整性质。其特征是：在改革成本的分摊上向后推移，在改革的顺序上，先易后难、先试点后推广、先经济体制改革后政治体制改革相结合和从外围向核心突破相结合，改革的路径是渐进的。诱致性制度变迁的优点有：①具有坚实的组织保障机制，具有自动的稳定功能。改革震动效应在预期内，具有内在的优化演进机制和广泛的决策修正机制，降低了决策失误率。②激励机制持久起作用，保证源源不断的改革动力。改革收益外溢性和改革主体的受益性，保证了改革的不可逆性。缺陷包括：①改革难以彻底，核心制度难以突破。或强制性制度供给长期滞后，制度需求缺口大。②改革时间较长，改革成本较大且有向后累积的趋势；改革主体可能会出现逐步位移。③还可能导致"双轨制"长期存在，加大了政府和官员的"寻租"空间。

2. 强制性制度变迁

强制性制度变迁是国家在追求租金最大化和产出最大化目标下，通过政策法令实施的，它是以政府为制度变迁的主体，程序是自上而下的激进性质的存量革命。强制性制度变迁又可以进行以下分类：①从制度变迁的主体来看，可以分为两种：中央政府为主体的制度变迁和地方政府为主体的制度变迁。②从对制度需求的回应来看，也可分为两种：需求回应性的强制性制度变迁和没有需求的强制性制度变迁。③从制度变迁的暴力性质来看，有暴力性质的强制性制度变迁和非暴力性质的强制性制度变迁，前者称为自下而上的暴力革命，后者称为自上而下的改革。

既然制度安排是一种公共物品，"搭便车"便是其固有的问题。由于广泛的外部性的存在，制度创新的私人收益小于社会收益必然会使得制度短缺或者说制度供给落后。这样，就需要国家或政府介入制度变迁的过程。

### （四）制度变迁的速度

从制度变迁的速度来考察可以分为激进式制度变迁和渐进式制度变迁。

1. 激进式制度变迁

激进式的制度变迁是以终极预期目标为参照系数，采取迅速而果断的行动，一步到位安排预期制度的方式，"破"与"立"同时进行，也就是在新制度安排的同时，否认现存的组织结构和信息存量。

激进式制度变迁的内容可以概括为萨克斯的"休克疗法"。简单地讲，"休克疗法"（或激进式改革）是由三部分组成的：稳定宏观经济、经济自由化和私有化。三者之间，稳定宏观经济是必要条件，私有化是基础，而经济自由化是核心三者构成一个完整的体系，追求在尽量短的时间内三者同时实现。其优点是：①减少不必要的争论；②减少变迁成本向后累计的风险；③急需的核心能够较快安排到位。缺陷在于：①现存的组织结构和信息存量的破坏，人们无法形成稳定的预期从而增大改革的组织成本和信息成本；②改革具有不可逆性，无法对不适应实际的制度进行必要的修正和调整；③如果是整体制度变迁，一旦把握不好，可能会出现政权易位。

2. 渐进式制度变迁

渐进式的制度变迁是假定每个人、每个组织的信息和知识存量都是极其有限的，不可能预先设计好终极制度的模型，只能采取需求累增与阶段性突破的方式，逐步推动制度升级并向终极制度靠拢。渐进式制度变迁的特征是：①渐进式改革是先试点后推广；②渐进式改革经常选择双轨制改革方案；③渐进式改革是一种自上而下的强制性制度变迁的过程；④渐进式改革是一种增量改革、边际改革。也就是在保留、改革旧体制的同时，不断地引入新体制因素。

激进式制度变迁与渐进式制度变迁的差别有：一是改革的内容上的差别，其差别主要表现在所有制改革和经济自由化上，最本质的差别是在所有制的改革的方向或取向上不一样。二是改革的过程不同，这两种改革方式在改革的顺序、改革中的"破"与"立"、改革的可逆性、改革的速度、改革中的试验、改革的设计及改革中经济的"二元"性上都存在差异。三是改革的哲学和理论基础的差别，激进式改革者认为，"跨越深渊时不可能用两步"。而渐进式改革者认为，"摸着石头过河"。这两种改革方式最主要的差别主要体现在意识形态和理论基础上。激进式改革的意识形态取向就是资本主义，其经济学的理论基础就是在西方占主流地位的新古典经济学。而渐进式改革的意识形态取向就是社会主义，其经济学理论基础是马克思主义经济学，不过在其改革过程中又有选择地吸收了一些经济学流派的观点，如新制度经济学，产权经济学及公共选择学派的观点和方法。渐进式制度变迁和激进式制度变迁都有被采用的价值。

渐进式变迁所需时间长，新旧制度对峙、摩擦大，而且，本来为了缓和或不激化矛盾，协调好各方关系，却也可能使矛盾悬而未决，而且，还可能增加新矛盾。但是，它毕竟不会引起大的社会动荡，见效虽然慢一些，但成功率较高，风险也较小。突进式制度变迁确实可能短时间解决关键性问题，但是风险大，不成功就是失败，就会造成大的社会震动，如果缺乏较强的社会承受力，就会引发社会动乱。所以，人们应该从实际出发，谨慎选择，要充分考虑两种方式的预期成本、收益和风险。

## 二、制度变迁的相机组合模式

组合一：强制性制度创新方式＋激进方式的变迁模式，简称激进式强制性制度变迁组合模式。

这种模式是一种"暴风骤雨"式的变革方式，在实践中也称为"休克疗法"。主要特点：是以政府为主导，政府是制度变迁的主体，变迁程序是自上而下的，变迁时间较短，可以在比较短的时间实现制度结构的大变革。优点：①制度安排的速度快，可以保证看准了的制度迅速安排好并有效地发挥作用，从而节省变迁时间，减少制度"阵痛"时间。②减少利益集团制度寻租的机会，节约制度实施成本。③变迁的力度大，核心制度易于被摧毁而让位于新制度。缺点：①有很大的破坏性，可以引起社会大的震荡，一旦安排的制度缺少制度需求，也不符合制度变迁的方向，则会使制度跌入供给陷阱，即前一种制度的法理基础被破坏，而安排的新制度却因制度环境不成熟和制度执行者经验不足等原因而难以有效发挥作用，制度变迁风险大，稍不注意就可能会出现政权易位。②制度变迁具有不可逆性，缺乏弹性的修正的合理时滞。③切断了原有制度的联系，损失了信息存量。

组合二：强制性制度创新方式＋渐进方式的模式，简称渐进式强制性制度变迁组合模式。

这种制度变迁的组合模式是指在一段较长的制度体系变革中，从整体上来讲，占主导地位的制度变迁方式是以政府为主的强制性制度变迁，但是有渐进因素：①在单一制度的变迁轨迹上又具有一定的渐进性质；②核心制度和配套制度安排上有先有后，而且还有一定的时滞；③注意交替使用强制性制度供给满足制度累增的需要。优点：这种制度变迁组合模式较之模式一相对比较温和，有些制度也给制度需求主体一定的内生需求时间和空间，制度安排有一定的调整余地，避免制度震荡和破坏性，制度作用对象也有一定的时间来适应，可以减少制度作用对象对新制度的抵制，制度安排的摩擦成本较组合一要低。缺点：①利益集团寻租的可能增强和各种"搭便车"的现象不可避免；②可能会出现制度变迁的强度不够的现象；③制度的内生诱导仍然不够。在这种制度变迁模式下关键要处理好两个问题，一方面是制度变迁的强度，另一方面是要及时根据制度需求的累计情况，安排好强制性供给的时机。我国改革开放以来的国有企业制度变迁就属于这种模式。

组合三：需求诱导性制度创新方式＋激进方式的组合模式，简称激进式需求诱导性制度变迁组合模式。

在整体看，采取的是需求诱导性制度变迁方式，但是在单个制度的安排有激进性质体现。这些单个制度主要是核心制度，在核心制度采取激进的方式安排后，制度体系的其他配套制度就采取诱导性制度来逐步完善。优点：①因为有充足的内生需求，制度安排一般符合社会发展规律的要求，制度实施的阻力小，实施成本低；②制度安排成功的概率相当高；③制度供给较及时，可以较大地缩小制度供需缺口；④制度安排的可逆性大，便于制度修正和调整，是一种较为理想的制度变迁组合模式。缺点：①这种类型导致核心制度更替脱节，反过来又加大制度供需缺口，使制度跌入供给陷阱；②制度变迁的时间较长；③制度变迁成本向后累计推移，从而使矛盾和问题积累起来。这种制度变迁的组合模式关键也是要处理好制度强度问题，要保证核心制度按时出台。我国1978年以来的农业制度变迁正是这种模式。

组合四：需求诱致性制度变迁＋渐进方式的组合模式，简称渐进式需求诱致性制度变迁组合模式。

这种制度变迁的组合模式就是以市场微观主体为制度变迁的主

体，通过微观主体的内生制度需求，来渐进地、缓慢地推动制度变迁。优点：①社会震荡小；②制度内生需求充分，能够较准确地把握制度变迁的方向；③制度安排成功概率高。缺点：①变迁时间长，"搭便车"的多，利益集团的寻租多；②变迁强度不够，不能很好地把握制度变迁的好时机；③制度供需缺口大，制度跌入供给陷阱的概率极高；④制度变迁成本高，而且越往后成本越高。我国在1978年在家庭联产承包责任制确定以后的农业制度变迁属于此种类型。

## 三、制度变迁模式的选择

**1. 因地制宜用好组合模式**

制度变迁不能生搬硬套，一定要结合本地的实际，充分考虑制度需求状况、制度初始条件、预期制度与制度环境的兼容性。一般而言，对于整体性制度变迁最好不要使用激进式强制性制度变迁组合模式，也就是说激进式的强制性制度变迁最好只用于局部制度变迁。其他的既可适用于整体制度变迁，也适用于局部制度变迁。

**2. 把握模式的转换时机**

这就要求选准强制性制度出台的时机，尽量避免超前出现，但是也要尽可能地缩短制度供给滞后的时滞，避免使制度供给跌入陷阱（即核心制度供给滞后，其他配套制度供给边际为零甚至为负的状态）。因此，把握制度转换的时机是降低制度变迁成本，提高制度效益的关键。

**3. 各种组合模式互补搭配**

由于制度创新方式和制度演进方式在变迁中力度有强有弱、速度有快有慢，必须充分考虑两者的优势和劣势，尽量形成互补优势，如果万一不能形成互补的态势，也要取其函数的极值。

**4. 把握好制度变迁的强度**

对于强制性制度变迁而言，强度过大，变迁成本太高，可能会引起微观主体的不满。强度不足，增加双轨体制运行的时间和摩擦成本，直到跌入制度供给陷阱。诱致性制度变迁的强度主要是在诱导需求达到极点后，决策者安排新制度的强度要适宜，不能因为是诱致性制度变迁就拒绝使用一定的行政力量。

**5. 把握好制度变迁的时间长度**

激进式强制性制度变迁时间不能太长，其限度是以预期制度安排到位为准，长了不便于检验制度的正确性，也不便于对制度进行动态修正。

**6. 要考虑制度需求累增效应，及时推动制度升级和完善**

这要把握两个方面：一是各种模式都要尽量培养内生诱导性制度

需求；二是要把握好制度累计的临界点，达到临界点后，要及时调整制度变迁模式。

## 本章思考题

### 一、名词解释

制度均衡　制度变迁　制度变迁的时滞　路径依赖

基础性制度安排　强制性制度变迁　诱致性制度变迁

激进式制度变迁　渐进式制度变迁

### 二、简答题

1. 简要说明制度的起源。

2. 简述影响制度需求与供给的因素。

3. 简述制度非均衡的含义以及主要类型。

4. 简述制度变迁的周期。

5. 简要说明制度变迁的动因与过程。

6. 路径依赖对制度变迁有什么影响？

### 三、论述题

1. 试分析诱致性制度变迁与强制性制度变迁的特点以及二者的关系。

2. 试分析激进式和渐进式制度变迁的异同。

# 参 考 文 献

[1] 阿尔钦：《产权：一个经典注释》，载于科斯等《财产权利与制度变迁》，上海三联书店 1994 年版。

[2] 阿兰·斯密德：《制度与行为经济学》，中国人民大学出版社 2004 年版。

[3] 艾格特森著，吴经邦、李耀、朱寒松和王志宏译：《新制度经济学》，商务印书馆 1996 年版。

[4] 艾克纳：《经济学为什么还不是一门科学?》，北京大学出版社 1990 年版。

[5] 艾克斯罗德：《对策中的制胜之道——合作的进化》，上海人民出版社 1996 年版。

[6] 奥尔森：《集体行动的逻辑》，上海三联书店 1995 年版。

[7] 奥尔森：《权利与繁荣》，上海世纪出版集团 2005 年版。

[8] 奥斯特罗姆：《机会、差异及复杂性》，载于奥斯特罗姆等《制度分析与发展的反思》，商务印书馆 1992 年版。

[9] 巴罗：《经济增长的决定因素：跨国经验研究》，中国人民大学出版社 2004 年版。

[10] 巴泽尔：《产权的经济分析》，上海三联书店 1997 年版。

[11] 巴泽尔：《国家理论——经济权利、法律权利与国家范围》，上海财经大学出版社 2006 年版。

[12] 贝卡里亚：《论犯罪和刑法》，中国大百科全书出版社 1993 年版。

[13] 伯利与米恩斯：《现代公司与私有财产》，商务印书馆 2005 年版。

[14] 波斯纳：《法律的经济分析》，中国大百科全书出版社 1997 年版。

[15] 波斯纳：《法理学问题》，中国政法大学出版社 1994 年版。

[16] 布罗代尔：《15 至 18 世纪的物质文明、经济与资本主义》，上海三联书店 1992 年版。

[17] 布坎南：《自由、市场与国家》，北京经济学院出版社 1989 年版。

[18] 陈瑞华：《信息经济学》，南开大学出版社 2006 年版。

[19] 陈郁：《企业制度与市场组织》，上海三联书店 1996 年版。

[20] 陈曦文：《英国 16 世纪经济变革与政策研究》，首都师范

大学出版社 1995 年版。

[21] 程恩富：《西方产权理论评析》，当代中国出版社 1997 年版。

[22] 程恩富、伍山林：《西方制度经济学：传统与现代理论》，载于《财经研究》1998 年第 4 期。

[23] 程恩富、张建伟：《问题意识与政治经济学革新》，载于《经济学家》1999 年第 3 期。

[24] 程恩富、胡乐明：《新制度经济学》，经济日报出版社 2004 年版。

[25] 崔之元：《"看不见的手"范式的悖论》，经济科学出版社 1999 年版。

[26] 丹尼尔·W. 布罗姆利：《经济利益与经济制度》，上海三联书店 1996 年版。

[27] 德勒巴克：《新制度经济学前沿》，经济科学出版社 2003 年版。

[28] 德姆塞茨：《关于产权的理论》，载于科斯等《财产权利与制度变迁》，上海三联书店 1994 年版。

[29] 戴维·菲尼：《制度的供给与需求》，载于奥斯特罗姆等编《制度分析与发展的反思》，商务印书馆 1992 年版。

[30] 戴维斯、诺斯：《制度变迁的理论：概念与原因，制度创新的理论：描述、类推与说明》，载于科斯等《财产权利与制度变迁》，上海三联书店 1994 年版。

[31] 迪克西特：《经济政策的制定：交易成本政治学的视角》，中国人民大学出版社 2004 年版。

[32] 菲吕博顿等：《产权理论：近期文献的一个综述》，载于科斯等《财产权利与制度变迁》，上海三联书店 1994 年版。

[33] 菲吕博顿、芮切特：《新制度经济学：一个交易费用分析范式》，上海人民出版社 2006 年版。

[34] 菲尔德：《利他主义倾向——行为科学、进化理论与互惠的起源》，长春出版社 2005 年版。

[35] 福格尔、恩格尔曼：《对南北战争以前的南方农奴相对劳动效率的分析》，载于《美国经济评论》1977 年第 6 期。

[36] 高力克：《历史与价值的张力——中国现代化思想史论》，贵州人民出版社 1992 年版。

[37] 格鲁奇：《比较经济制度》，中国社会科学出版社 1985 年版。

[38] 哈丁：《公地的悲剧》，载于《科学》1968 年第 162 期。

[39] 哈特：《企业、合同与财务结构》，上海三联书店 1998 年版。

[40] 韩毅：《比较经济体制研究的新方法》，载于《经济社会体

制比较》2002 年第 1 期。

[41] 赫尔曼、施克曼：《转轨国家的政府干预、腐败与政府被控》，载于《经济社会体制比较》2002 年第 5 期。

[42] 何增科：《新制度主义：从经济学到政治学》，载于刘军宁等《市场社会与公共秩序》三联书店 1996 年版。

[43] 亨利·勒帕日：《美国新自由主义经济学》，北京大学出版社 1985 年版。

[44] 胡鞍钢、过勇：《公务员腐败成本—收益的经济学分析》，载于《经济社会体制比较》2002 年第 4 期。

[45] 胡寄窗：《1870 年以来的西方经济学说》，经济科学出版社 1988 年版。

[46] 胡乐明、贾书明：《企业所有权与公司治理》，载于《山东财政学院学报》2005 年第 2 期。

[47] 胡乐明等：《真实世界的经济学——新制度经济学纵览》，当代中国出版社 2002 年版。

[48] 胡乐明、刘刚：《新制度经济学》，中国经济出版社 2009 年版。

[49] 霍布斯：《利维坦》，黎思复、黎廷弼译，商务印书馆 2017 年版。

[50] 霍奇逊：《现代制度主义经济学宣言》，北京大学出版社 1993 年版。

[51] 加尔布雷斯：《新工业国》，嵇飞译，上海人民出版社 2012 年版。

[52] 贾根良：《制度主义与比较经济学的新发展》，载于《经济社会体制比较》2002 年第 5 期。

[53] 杰弗里·巴勒克拉夫：《当代史学主要趋势》，上海译文出版社 1987 年版。

[54] 卡西迪：《经济学的衰落》，载于《现代外国哲学社会科学文摘》，1994 年第 4 期。

[55] 康芒斯：《制度经济学》，商务印书馆 1981 年版。

[56] 克拉格：《制度与经济发展——欠发达和后社会主义国家的增长与治理》，法律出版社 2006 年版。

[57] 柯武刚、史漫飞：《制度经济学——社会秩序与公共政策》，商务印书馆 2000 年版。

[58] 科斯、诺斯等：《制度、契约与组织：从新制度经济学角度的透视》，经济科学出版社 2003 年版。

[59] 科斯等：《财产权利与制度变迁：产权学派与新制度学派译文集》，上海三联书店 1991 年版。

［60］科斯：《企业、市场与法律》，上海三联书店 1990 年版。

［61］科斯：《论生产的制度结构》，上海三联书店 1994 年版。

［62］科斯：《社会成本问题》，载于科斯等《财产权利与制度变迁》，上海三联书店 1994 年版。

［63］考特：《科斯定理》，载于《新帕尔格雷夫大辞典》，经济科学出版社 1992 年版。

［64］考特、尤伦：《法和经济学》，上海三联书店 1998 年版。

［65］拉坦：《诱致性制度变迁理论》，载于科斯等《财产权利与制度变迁》，上海三联书店 1994 年版。

［66］利贝卡普：《产权的缔约分析》，中国社会科学出版社 2001 年版。

［67］李约瑟等：《中国与西方的职业和工匠》，剑桥大学出版社 1970 年版。

［68］厉以宁：《非均衡的中国经济》，经济日报出版社 1990 年版。

［69］梁漱溟：《梁漱溟文选——儒家复兴之路》，上海远东出版社 1994 年版。

［70］林毅夫：《关于制度变迁的经济学理论：诱致性制度变迁与强制性制度变迁》，载于科斯等《财产权利与制度变迁》，上海三联书店 1994 年版。

［71］林毅夫：《制度、技术与中国农业发展》，上海三联书店 1994 年版。

［72］刘伟、李凤圣：《产权通论》，北京出版社 1997 年版。

［73］刘芍佳、李骥：《超产权论与企业绩效》，载于《经济研究》1998 年第 8 期。

［74］卢瑟福：《经济学中的制度：老制度主义和新制度主义》，中国社会科学出版社 1999 年版。

［75］卢梭著，邓冰研译：《论人类不平等的起源和基础》，浙江文艺出版社 2015 年版。

［76］卢现祥：《西方新制度经济学》，中国发展出版社 1996 年版。

［77］卢现祥：《论制度变迁中的制度供给过剩问题》，载于《经济问题》2000 年第 10 期。

［78］洛克：《政府论》，中国社会科学出版社 2017 年版。

［79］罗兰：《转型与经济学》，北京大学出版社 2002 年版。

［80］罗马塞特：《19 世纪夏威夷财产权和政治制度共同演变的一个例证》，载于奥斯特罗姆等《制度分析与发展的反思》，商务印书馆 1992 年版。

［81］罗斯托：《这一切是怎么开始的——现代经济的起源》，商务印书馆 1997 年版。

[82] 马克·埃尔文：《中国过去的模式》，斯坦福大学出版社1973年版。

[83] 马克思·韦伯：《新教伦理与资本主义精神》，上海三联书店1996年版。

[84] 马克思·韦伯：《儒教与道教》，商务印书馆1997年版。

[85] 马乌：《转轨与发展：俄罗斯的10年》，载于《经济社会体制比较》2002年第4期。

[86] 麦克内尔：《新社会契约论》，中国政法大学出版社1994年版。

[87] 米尔顿·弗里德曼：《弗里德曼文萃》，北京经济学院出版社1991年版。

[88] 纳尔逊、温特：《经济变迁的演化理论》，商务印书馆1997年版。

[89] 聂辉华、杨其静：《产权理论遭遇的挑战及其演变——基于2000年以来的最新文献》，载于《南开经济研究》2000年第4期。

[90] 诺曼·尼克尔森：《制度分析与发展的现状》，载于奥斯特罗姆等编《制度分析与发展的反思》，商务印书馆1992年版。

[91] 诺斯：《制度、制度变迁与经济绩效》，上海三联书店1994年版。

[92] 诺斯：《诠释人类历史的一个概念性框架》，载于吴敬琏《比较》（第30辑），中信出版社2007年版。

[93] 诺斯：《国家经济角色的昨天、今天与明天》，载于斯蒂格利茨《政府为什么干预经济——政府在市场经济中的角色》，中国物资出版社1998年版。

[94] 诺斯：《经济史中的结构与变迁》，上海三联书店1991年版。

[95] 诺斯：《新制度经济学及其发展》，载于孙宽平《转轨、规制与制度选择》，社会科学文献出版社2004年版。

[96] 诺斯：《西方世界的兴起》，学苑出版社1988年版。

[97] 诺斯：《制度研究的三种方法》，载于柯兰德《新古典政治经济学——寻租和DUP行动分析》，长春出版社2005年版。

[98] 奥尔森著，李增刚译：《国家的兴衰》，上海人民出版社2018年版。

[99] 钱德勒：《看得见的手》，商务印书馆1987年版。

[100] 钱颖一：《企业理论》，载于汤敏，茅于轼主编《现代经济学前沿专题（第一集）》，商务印书馆1989年版。

[101] 青木昌彦：《比较制度分析》，上海远东出版社2001年版。

[102] 青木昌彦、奥野正宽：《经济体制的比较制度分析》，中国发展出版社1999年版。

［103］青木昌彦、金滢基、奥野·藤原正宽：《政府在东亚经济发展中的作用：比较制度分析》，中国经济出版社1998年版。

［104］塞缪尔斯：《制度经济学》，载于《新帕尔格雷夫大辞典》，经济科学出版社1996年版。

［105］塞缪尔斯：《制度经济学的现状》，载于《当代经济科学》1999年第2期。

［106］盛洪：《中国的过渡经济学》，上海三联书店1994年版。

［107］盛洪：《我读科斯（之二）》，载于《读书》1996年第3期。

［108］盛洪：《现代制度经济学》，北京大学出版社2003年版。

［109］单伟建：《交易费用经济学：应用及偏颇》，载于汤敏，茅于轼主编《现代经济学前沿专题（第一集）》，商务印书馆1989年版。

［110］舒尔茨：《制度与人的经济价值的不断提高》，载于科斯等《财产权利与制度变迁》，上海三联书店1994年版。

［111］施莱弗、维什尼：《掠夺之手——政治病及其治疗》，中信出版社2004年版。

［112］施米德：《财产、权利和公共选择》，普拉格出版社1987年版。

［113］斯蒂格利茨：《社会主义向何处去——经济体制转型的理论与证据》，吉林人民出版社1998年版。

［114］思拉恩·艾格特森：《新制度经济学》，商务印书馆1996年版。

［115］思拉恩·艾格特森：《经济行为与制度》，商务印书馆2004年版。

［116］塔洛克：《寻租——对寻租活动的经济学分析》，西南财经大学出版社1999年版。

［117］特伦斯·W.哈奇森：《经济学的革命与发展》，北京大学出版社1992年版。

［118］滕祥志：《诺斯的意识形态理论》，载于《学术月刊》1999年第2期。

［119］汪丁丁：《制度分析基础》，中国社会科学文献出版社2002年版。

［120］汪丁丁：《在经济学与哲学之间》，中国社会科学出版社1996年版。

［121］汪丁丁：《经济发展与制度创新》，上海人民出版社1995年版。

［122］威布尔：《演化博弈论》，上海三联书店2006年版。

［123］威廉姆森：《阿罗与新制度经济学》，载于阿罗《经济政策的理论基础》，麦克米伦出版社1975年版。

［124］威廉姆森：《反托拉斯经济学》，经济科学出版社 1999 年版。

［125］韦森：《社会制序的经济分析导论》，上海三联书店 2001 年版。

［126］吴承明：《经济学理论与经济史研究》，载于《经济研究》1995 年第 4 期。

［127］吴宣恭等：《产权理论比较》，经济科学出版社 2000 年版。

［128］伍山林：《企业性质解释》，上海财经大学出版社 2001 年版。

［129］西蒙：《现代决策理论的基石》，北京经济学院出版社 1991 年版。

［130］肖特：《社会制度的经济理论》，上海财经大学出版社 2003 年版。

［131］熊彼特：《经济分析史》，商务印书馆 1992 年版。

［132］杨瑞龙：《企业理论：现代观点》，中国人民大学出版社 2005 年版。

［133］杨瑞龙、聂辉华：《不完全契约理论：一个综述》，载于《经济研究》2006 年第 2 期。

［134］杨瑞龙、杨其静：《阶梯式的渐进制度变迁模型——再论地方政府在我国制度变迁中的作用》，载于《经济研究》2000 年第 3 期。

［135］杨小凯：《经济学原理》，中国社会科学出版社 1998 年版。

［136］易宪容：《科斯评传》，山西经济出版社 1998 年版。

［137］赞恩：《法律的故事》，江苏人民出版社 1998 年版。

［138］张军：《"双轨制"经济学：中国的经济改革（1978－1992）》，上海三联书店 1994 年版。

［139］张军：《合作团队的经济学：一个文献综述》，上海财经大学出版社 1999 年版。

［140］张乃根：《经济分析法学》，上海三联书店 1995 年版。

［141］张群群：《交易概念的不同理论传统及其比较》，载于《财经问题研究》1997 年第 11 期。

［142］张仁德：《新比较经济学研究》，人民出版社 2002 年版。

［143］张五常：《交易费用的范式》，载于《社会科学战线》1999 年第 1 期。

［144］张五常：《卖桔者言》，四川人民出版社 1988 年版。

［145］曾荣湘：《走出囚徒困境——社会资本与制度分析》，上海三联书店 2003 年版。

［146］朱民、刘俐俐：《企业金融结构之谜》，载于汤敏，茅于

载主编《现代经济学前沿专题（第一集）》，商务印书馆1989年版。

［147］周瑞华：《形式理性、制度变迁与反腐败》，载于刘军宁等编《经济民主与经济自由》，三联书店1997年版。

［148］Acemoglu, Johnson and Robinson, Reversal of Fortune：Geography and institutions in the Making of the Modern World Income Distribution, The Quarterly Journal of Economics, 2002. November.

［149］Acemoglu, Johnson and Robinson, The Rise of Europe：Atlantic Trade, Institutional Change and Economic Growth, NBER Working Paper 9378, December 2002.

［150］Acemoglu, Robinson and Johnson, Institutions as the Fundamental Cause of Long – Run Growth, NBER Working Paper 10481, May 2004.

［151］Akerlof, The Market for Lemons：Quality Uncertainty and the Market Mechanism, Quarterly Journal of Economics, 1970, 84.

［152］Alchian, Some Economics of Property Right, Ⅱ Politic, 1964, 30（No. 4）.

［153］Arthur, Competing Technologies, Inceasing Returns and Lock-in by Historical Enents, Economic Journal, 1989, 99.

［154］Brousseau and Glachant, New Institutional Economics：A Guidebook, Cambridge University Press, 2008.

［155］Coase, The Lighthouse in Economics, The Journal of Law and Economics, 1974, 17, No. 2.

［156］Clague, Knack and Llson, Contract-Intensive Money：Contract Enforcement, Property Rights and Economic Performance, Journal of Economic Growth, 1999, 4.

［157］Colby, Transaction Costs and Efficiency in Wwstern Water Allocation, American Journal of Agricultural Economics, 1990（72）.

［158］Godon, The Economic Theory of a Common Property Resource：The Fishery, Journal of Political Economy, 1954, 62（April）.

［159］Hardin, The Tragedy of the Commons, Science, 1968（162）.

［160］Hodgson, Dichotomizing the Dichotomy：Veblen versus Ayres, in：Institutionalist Method and Value：Essays in Honour of Paul dale Bush, Edward Elgar Publishing Limited, 1998.

［161］Joskow, Vertical Integration and Long Term Contracts：The Case of Coal Burning Electric Generating Plants, Journal of Law, Economics and Organization, 1985（1）.

［162］Knack and Keefer, Institutions and Economic Performance：Cross – Country Tests Using Alternative Institutional Measures, Economics and Politics, 1995, 7 (3), November.

[163] Libecap, State Regulation of Open Access, Common – Pool Resources, NBER Working Paper No. 19/2003.

[164] Mccann and Easter, Transaction Costs of Policies to Reduce Agricultural Phosphorous Pollution in the Minnesota River, Land Economics, 1997, 75 (3).

[165] Menard and Shirley, Handbook of New Institutional Economics, Springer – Verlag Berlin Heidelberg, 2008.

[166] Schultz, Investment in Human Capital, American Economic Review, 1961, 51 (March).

[167] Spence, Job Market Signaling, Quarterly Journal of Economics, 1973, 87.

[168] Wallis and North, Measuring the Transaction Sector in the American Economy, 70 – 1970, in: Long – Term Factors in American Economic Growth: Studies in Income and Wealth, Chicago and London, 1986, Vol. 51.

[169] Williamson, Contract Analysis: the Transaction Cost Approach, The Economics Approach to Law, 1981.

[170] Williamson, The Institutional Economics: Taking Stock, Looking Ahead, Jouranl of Economic Literature, 2000, Vol. 38, No. 3.